Encontros com a Verdade

Elisa Masselli

Encontros com a Verdade

Revisão
Katya Laís Ferreira Patella

Capa
Cler Mazalli
Zap design & publicidade

Diagramação
Edmilson Moreira

1ª Edição da Mensagem de Luz
4ª impressão
Fevereiro de 2009

Publicação e distribuição
MENSAGEM DE LUZ EDITORA

Av. Presidente Costa e Silva, 609 - sala 309
Boqueirão - Praia Grande - SP - CEP 11701-000
Telefax: (13) 3592-2794
Site : www.mensagemdeluz.com.br
E-mail : info@mensagemdeluz.com.br

Sumário

O chamado

O dia estava amanhecendo e os primeiros raios do sol começavam a surgir. Marina acordou, espreguiçou-se e sorriu, feliz. Estava ansiosa, pois, na tarde do dia anterior, recebera um recado para que, no dia seguinte bem cedo, estivesse na sala de Humberto. Aquele recado a deixara eufórica. Sabia que, quando Humberto chamava alguém, era para transmitir uma boa notícia. Provavelmente seria convidada para participar de uma equipe e isso era o que mais queria, desde que tomara conhecimento de sua situação.

Morava em uma casa, junto com outras pessoas que, assim como ela, não tinham parente algum ali.

Viviam bem. Lógico que havia alguns problemas de adaptação, mas sempre conseguiam resolvê-los. Quando alguma coisa se tornava difícil, Ana, que sempre recebia com muito carinho a todos que chegassem, estava ali para colocar as coisas em seu devido lugar. Dizia:

— Todos estão aqui por pouco tempo, por isso é melhor que façam o possível para se adaptarem. A oração é a melhor conselheira.

Marina havia chegado ali há algum tempo. Demorou para aceitar e entender aquela situação, que, para ela, era nova. Todavia, com a ajuda de Ana e das outras pessoas, aos poucos foi se acostumando e, agora, estava muito bem. Por isso, estava tão ansiosa para o seu encontro com Humberto. Queria saber qual era a boa notícia e se ele a convidaria para viajar em uma equipe de socorro ao lado de espíritos superiores. Ela sempre ouvia falar sobre eles, mas ainda não havia conhecido nenhum. Esperava por aquele momento por tanto tempo que, às vezes, julgou que não chegaria. Mas, enfim, chegou.

Olhou para o relógio, era muito cedo, mas, mesmo assim, levantou-se. Já de pé, esticou os braços para cima e alongou a coluna. Era uma prática que adquirira há muito tempo. Saiu para o quintal da casa. Olhou para o céu, que estava se tornando vermelho, e, depois, para o jardim, que mostrava flores de todas as cores. As folhas das árvores estavam muito verdes e brilhantes. O perfume das flores a invadiu. Ela respirou fundo e, sorrindo, pensou:

Como é lindo este lugar! Toda essa beleza só poderia partir de um Deus maravilhoso que ama seus filhos. Ele nos deu tudo para sermos felizes, por que complicamos tanto? Por que insistimos em ser infelizes? Bem, por tudo o que aprendi, desde que cheguei, Ele sempre soube que seria assim, por isso não deve ficar muito brabo. Se quisesse que fôssemos perfeitos, teria nos feito assim, mas, não... deixou que cada um de nós escolhesse o nosso caminho, para que pudéssemos aprender vivendo...acho que Ele, quando fez isso, sabia qual seria o resultado.

Ficou ali, olhando tudo, por um bom tempo. O céu, agora, estava quase todo claro e as nuvens, muito brancas, formavam figuras deslumbrantes. Marina tinha tudo para ser feliz e era. Estava morando lá há muito tempo. Nem podia precisar quanto. Trabalhava em um hospital, dando assistência na parte burocrática. Não lidava com os pacientes. Não se sentia preparada para isso. Sentia muita pena das pessoas que chegavam, não sabia como conversar com elas, por isso preferiu não trabalhar com elas diretamente. No início, sentiu-se mal por ter aqueles sentimentos, sabia que, assim que chegavam, precisavam de alguém que as recebessem, cuidasse e conversasse com elas. Quando explicou a Humberto sua dificuldade em lidar com pessoas doentes, ele, sorrindo, lhe disse:

— Não se preocupe com isso, Marina. Seu trabalho, embora seja burocrático, também é importante, pois tudo precisa correr bem para que todos também fiquem bem.

Ela se lembrou do que Humberto lhe disse e sorriu, pensando:

Depois que conversei com ele, fiquei mais calma e continuei o meu trabalho, mas hoje sei que tudo vai mudar.

Sinto que poderei fazer aquilo com que sempre sonhei e por que estive esperando durante todo esse tempo. Rever minha família e saber como todos estão.

Entrou em casa, voltou para seu quarto para se vestir.

Enquanto se vestia, tornou a pensar:

Preciso me vestir com esmero. Preciso estar bonita para encontrar Humberto. Ele precisa sentir que estou bem, que pode confiar em mim e permitir que me ausente.

Estava saindo, quando Ana abriu a porta de seu quarto. Encontraram-se no corredor que levava à sala principal. A sala era grande, com móveis bem dispostos. A decoração era sóbria, mas bonita. Belos quadros de pintores famosos enfeitavam as paredes. Era toda pintada de branco para contrastar com os móveis escuros. A cortina em verde-claro dava ao ambiente muita paz.

Ana, assim que viu Marina no corredor e, antes de entrarem na sala, disse, sorrindo:

— Bom-dia, Marina. Sabia que hoje você acordaria cedo. Está ansiosa, não está?

— Bom-dia, Ana. Estou mesmo muito ansiosa. Sabe o quanto esperei por este dia. Finalmente, chegou. Espero que Humberto tenha boas notícias.

— Na maioria das vezes, as notícias, quando partem dele, são boas. Hoje também devem ser.

— Estou esperando por isso. Você sabe que, desde que cheguei e fui recebida aqui em sua casa, sempre fiz o possível para aceitar a minha situação e aprender o máximo possível. Acho que estou pronta.

— Está sim, você se esforçou muito. Humberto distribui tarefas, formas equipes e, com certeza, está chamando você para dizer que participará de uma delas. Poderá, assim, voltar para a Terra e rever os seus. Sei que é o que mais deseja.

— É, sim, Ana, o que mais quero, desde que cheguei.

— Agora, não adianta especular sobre esse assunto, está na hora de se encontrar com Humberto e saber do que se trata. Você está muito bonita!

— Não sei se estou bonita, mas me esmerei. Quero parecer bem para que ele não relute em me apresentar um trabalho nem em permitir que eu vá até lá em casa para ver como todos estão. Antes de sair, quero lhe agradecer toda a paciência que teve comigo quando cheguei e por ter me recebido em sua casa com tanto carinho.

Ana, passando, com carinho, a mão nos cabelos de Marina, disse, sorrindo:

— O que é isso, Marina? Você sempre foi uma boa moça e eu entendi a sua situação. Também cheguei aqui muito jovem e também deixei minhas crianças e um marido que amava. Assim como você, por não ter ninguém da minha família nesta cidade, fui recebida pela Otília, que me deu muito carinho e atenção.

— Mesmo assim, você foi mais do que uma mãe. Sabe que, de minha família, fui a primeira a chegar. Estava apenas com trinta e dois anos, quando tudo aconteceu. Não me conformava com a doença que me atacou nem por ter deixado meus filhos tão pequenos, além do meu marido, que sei o quanto me amava. Não entendia por que, apesar de ter tudo para ser feliz, aquela doença apareceu e me afastou deles.

— Entendi que tinha razão em pensar aquilo, mas, hoje, você já sabe que foi preciso que tudo aquilo acontecesse e que tanto seu marido como seus filhos precisavam caminhar sem a sua presença.

— Sim, hoje sei, mas foi difícil aceitar. Meus filhos eram muito pequenos e eu e meu marido nos amávamos. Éramos uma família feliz e não entendia nem aceitava e, para ser sincera, ainda não aceito ter sido necessário abandoná-los. Durante muito tempo, eu quis retornar para visitá-los, mas, não sei por que, nunca me foi permitido. Agora será diferente, fazendo parte de uma equipe de trabalho, poderei visitá-los, saber como estão. Minha filha, Berenice, não é mais uma criança, está com quase vinte anos, e o Joel, com vinte e quatro. Devem estar se formando. Ela queria ser professora e ele, aviador. Será que foram encaminhados para isso? Será que mudaram de idéia? O Norberto sofreu muito com a minha doença, esteve ao meu lado durante todo o tempo. Além de marido, foi companheiro e até enfermeiro. Como será que ele sobreviveu à minha falta?

— Não sei, mas agora você terá a oportunidade de ter todas essas perguntas respondidas.Vá logo! Se continuar conversando, vai se atrasar. Está na hora de ir.

Marina disse, sorrindo:

—Tem razão! Não sei quando aprenderei a controlar a minha ansiedade.

— Esse é o problema de todos nós. Mas vá logo!

Assim que Marina saiu, Ana pensou:

Ela não imagina o que está para acontecer. Que Deus a proteja e a ajude neste momento...

Marina saiu da casa e caminhou por uma praça rodeada por vários prédios. As árvores estavam verdes e muito brilhantes. As flores, para ela, naquele dia, pareciam mais coloridas e perfumadas. Passou por uma fonte onde a água jorrava cristalina e com abundância. Parou diante da fonte, molhou as mãos e passou-as pelo rosto. Sentindo o frescor da água, sorriu e continuou andando. Ela já havia passado por aquela praça muitas vezes, mas, naquele dia em especial, tinha a sensação de que estava mais bonita. Continuou caminhando, mas alongou os passos. Entrou em um dos prédios que, de fora, parecia ser muito grande. Já lá dentro, olhou à sua volta e novamente se deslumbrou. Tudo muito limpo e bonito. Belos quadros estavam pendurados nas paredes. Conhecia Humberto, pois várias vezes ele havia ido visitá-la na casa de Ana, mas nunca havia entrado naquele prédio. Sabia que ali as equipes de socorro eram formadas por ele. Caminhou por um imenso corredor e parou diante de uma porta branca. Respirou fundo, bateu levemente e entrou. Foi recebida por um jovem que sorriu e se levantou.

— Olá Marina! Bom-dia. Estava te esperando. Está tudo bem com você?

— Bom-dia, Humberto. Estou muito bem, mas pode imaginar a minha ansiedade. Não via a hora que a noite passasse para que pudesse vir falar com você.

Ele sorriu e lhe apontou uma cadeira. Ela se sentou e ficou olhando para ele.

— Sei que está ansiosa, mas agora pode ficar tranqüila. Finalmente, para você, o dia chegou. Fará parte de uma equipe muito importante que está partindo para a Terra e poderá visitar sua família.

— Fico feliz em saber que vou participar de uma equipe de socorro e muito mais por poder, finalmente, rever meus familiares. Foi sempre o que mais desejei, desde que cheguei aqui.

— Poderá sim, mas não por muito tempo. Terá muito trabalho junto aos outros.

— Farei o máximo possível para me sair bem. Prometo que obedecerei a todas as ordens que me forem dadas.

— Sei disso. Mostrou, durante todo esse tempo, muita dedicação. Por isso, terá a oportunidade de prestar um grande trabalho. Mas não está indo acompanhando a equipe para acatar ou aceitar ordens. Está indo para aprender e, assim, em um futuro, poder participar de outras equipes, talvez como dirigente a fim de ajudar outros para que também façam parte de uma.

— Sabe que não sei como agradecer o que está fazendo por mim. Quero muito participar de uma equipe de socorro. Ainda me sinto culpada por não haver conseguido trabalhar ao lado de pessoas doentes. Não suporto ver a sua dor e não sei como ajudar.

— Isso faz parte do aprendizado, Marina. Ainda bem que muitas pessoas, tanto aqui como na Terra, não pensem assim. Se assim fosse, quem cuidaria dos doentes?

— Tem razão. Mas está além das minhas forças. Você sabe que tentei, Humberto...

Ele sorriu, levantou-se e se encaminhou em direção a ela. Pegou em seu braço e fez com que o acompanhasse. Enquanto caminhavam, disse:

— Venha, vou apresentar você aos demais participantes da equipe. Estão nos esperando para os últimos preparativos e para receberem as instruções.

Ela o acompanhou sem nada dizer. Caminharam pelo mesmo corredor por que ela havia passado. Algumas portas à frente, ele bateu e entraram. Lá dentro, estavam um casal idoso e um rapaz que sorriram ao vê-los. O senhor idoso disse:

— Que bom que chegaram, Humberto. Estamos terminando os preparativos para a viagem.

Marina se espantou:

— Vou com o senhor?

— Claro que sim, mas por que o espanto?

— O senhor é médico...

— Sim, mas o que tem isso?

— Eu vou ter que conviver com pessoas doentes?

— Claro! Alguém precisa cuidar delas...

Ela olhou para Humberto e disse, com olhar desesperado:

— Você sabe que não vou suportar, Humberto... eu lhe disse que não consigo...

Ele, beijando sua testa, disse:

— Claro que vai suportar, Marina. Você está preparada e vai ver que não é tão difícil. Se não conseguir, poderá voltar a qualquer momento, mas precisa tentar. Se conseguir, verá quanta coisa poderá aprender com essa equipe que não vai tratar só de doentes, mas de outras coisas também.

— Não sei, acho que poderia deixar que eu fosse com uma outra equipe. Nessa, sei que não vou conseguir...

— Sabe que precisa superar isso. Você foi tão valente no tempo em que esteve doente...

— Por isso mesmo é que não suporto ver ninguém doente. Durante todo o tempo em que estive doente, as minhas idas e vindas ao hospital e os milhares de exames, a que me submeti, alguns tão doloridos, muitas vezes me fizeram desejar a morte. Hoje, que tudo passou, estou bem, mas ainda não posso conviver com pessoas doentes e seus sofrimentos. É muito para mim. Sinto que não poderei ajudar, estarei o tempo todo sentido pena, dor e sei que isso não será produtivo. Participando de uma equipe como essa, só vou atrapalhar. Não posso! Não posso!

— Você pode, Marina. Você conseguirá se superar. É mais forte do que imagina e, quando voltar, sei que estará e pensará diferente, mas, mesmo assim, se perceber que não vai conseguir, voltará e tudo ficará bem. Precisa tentar, será para o seu próprio bem.

Ela olhou para todos e, embora não estivesse convencida, disse, quase chorando:

— Está bem, se acha que vou conseguir, Humberto, vou tentar, mas, assim que perceber que estou atrapalhando, voltarei na mesma hora...

— Assim que se fala, Marina.

Humberto, olhando para Ademir, o senhor que era o chefe da equipe, disse:

— Ademir, preparem-se e, assim que estiverem prontos, passem em minha sala, lá eu darei o itinerário que deverão seguir.

— Está bem, Humberto. Fique tranqüilo, tudo dará certo e essa linda moça será de muita utilidade.

Humberto saiu da sala. Ademir se voltou para a mulher e disse, sorrindo:

— Marina, preciso lhe apresentar Jaime e minha companheira de muito tempo. Ele é médico e vai nos acompanhar para aprender como o plano espiritual trabalha na assistência aos espíritos na hora de voltarem.

Marina olhou e sorriu para eles, que também sorriam. Ademir continuou:

— Bem, minha gente, está na hora de nos prepararmos. Vamos dar as mãos e pedir ajuda para conseguirmos fazer bem o nosso trabalho e para podermos fazer esta viagem sem contratempo algum. Muitos irmãos estão precisando de nossa ajuda, assim, como um dia, também precisamos.

Deram-se as mãos e acompanharam Ademir na sua oração. Ele, concentrado e com os olhos fechados, disse:

— Senhor nosso Pai, que a Sua Luz Divina nos acompanhe nessa empreitada. Sabemos que encontraremos obstáculos, alguns difíceis de serem superados. Sabemos que teremos momentos em que precisaremos tomar decisões difíceis, mas, sabemos também, que estamos sob a Sua proteção Divina.

Quando terminou, estava emocionado. Abriu os olhos e perguntou, sorrindo:

— Estão prontos?

Todos concordaram com a cabeça, menos Marina, que permaneceu calada e de cabeça baixa. Ademir, ao ver a expressão de seu rosto, disse:

— Marina, não fique assim. Sabe que poderá voltar quando quiser. Por isso, pode ficar tranqüila.

— Está bem, já que confiam em mim, tentarei fazer o melhor possível. Só espero não atrapalhar.

— Não fará isso. Antes de irmos, precisamos passar na sala de Humberto. Ele nos dirá por onde começar e o que precisamos fazer. Sei que esta missão é muito importante. Vocês, que estão indo pela primeira vez, terão a oportunidade de aprender como ajudar alguém que está em um leito de dor. Eu e Donata poderemos rever velhos amigos e, apesar da longa experiência, aprendermos mais, pois sempre é tempo de se aprender. Vamos?

Encaminharam-se à sala de Humberto e o encontraram sentado, olhando para uma folha de papel estendida sobre a mesa. Ao vê-los, disse, sorrindo:

— Entrem. Estou aqui verificando este mapa para demarcar os lugares a que devem ir.

Todos se aproximaram e olharam para o papel. Com uma das mãos e com um dos dedos Humberto apontava os lugares e dizia:

— Ademir, você já conhece esses lugares, sabe o que vai encontrar. Acredito que precisará só de alguns dias e poderão voltar.

Depois, Humberto se voltou para um jovem alto, forte, com cabelos pretos e olhos claros, que estava lá o tempo todo, calado, mas prestando atenção à conversa, e disse:

— Jaime, você terá a oportunidade de aprender muito e como ajudar a quem precisa. Aprenderá uma medicina diferente daquela que aprendeu. Marina, você apenas observe, procure aprender e, se gostar deste trabalho, poderá continuar nesta equipe ou participar de outras e até se tornar a chefe de futuras equipes.

O rapaz continuou calado, mas sorriu.

Marina olhou para Humberto e disse, com o olhar suplicante:

— Humberto, você tem certeza que devo ir mesmo?

— Claro que sim e, quando voltar, conversaremos, mas lembre-se de que poderá voltar a qualquer momento.

Ela ficou calada e forçou um sorriso.

— Estão prontos? — Humberto perguntou.

Todos concordaram com a cabeça, mas Marina, como havia feito antes, permaneceu calada e de cabeça baixa. Ademir disse:

— Marina, não fique assim. Volto a repetir que poderá voltar quando quiser. Isso, por si só, já pode lhe dar tranqüilidade.

— Está bem, tentarei. Farei o máximo que puder. Só espero não atrapalhar.

— Não fará isso. Vamos agora?— Ademir falou.

Deram-se as mãos e desapareceram.

Assim que saíram, Humberto levantou os olhos para o alto e pensou:

Senhor, meu Pai, que a Sua proteção os acompanhe nessa jornada. Que tenham toda ajuda de que necessitarem, principalmente Marina, para que compreenda o motivo de sua ida. Que ela possa aprender, entender e ajudar no que for preciso.

A viagem

A equipe, ainda abraçada, e, depois de algum tempo, chegou a uma praça que, para espanto de Marina, era sua conhecida. Nascera naquela cidade e foi ali que conheceu Norberto, casou-se e teve seus filhos. Extasiada e feliz por retornar ao local onde vivera tantos momentos felizes, disse, sorrindo:

— Que bom estar de volta! Sempre adorei esta cidade e, principalmente, esta praça. Nela brinquei muito quando criança e, depois, na minha juventude, também vivi momentos inesquecíveis. Mas tudo está muito diferente. Não estou vendo o cinema e a sorveteria onde todos os domingos, à tarde, tomávamos sorvetes. Onde estão as lojas que ficavam deste lado da praça?

Ademir sorriu e respondeu:

— Faz muito tempo que você se foi e muita coisa mudou. Prepare-se. Terá muitas surpresas. Esta cidade já não é a mesma que você conheceu. Não só a cidade, mas o mundo mudou. O progresso chegou aqui e aquele cinema e a sorveteria já não existem mais. Naquele lado da praça, construíram aquele prédio grande e dentro dele estão muitas lojas, cinemas e um lugar a que se dá o nome de praça de alimentação, onde estão não só as sorveterias, mas diferentes tipos de comida. É um lugar onde as pessoas se encontram para comer e conversar. Posso lhe dizer que é muito agradável. Quando você entrar lá, vai gostar muito do que vai ver.

— Nunca pensei que poderia existir um lugar assim! Parece mesmo que é agradável. Gostaria de conhecer por dentro.

— Antes de voltarmos, faremos isso e você verá como o homem, quando quer, constrói coisas maravilhosas como essa.

Marina continuou olhando.

— Da praça que conheci, só restam algumas casas e a igreja com sua torre. O resto mudou mesmo. Nem mesmo a loja de tecidos do senhor Jacó está lá e em seu lugar, há, agora, um salão de beleza. Como pode ter mudado tanto, Ademir?

— Foi o progresso. Sabe que a humanidade está sempre procurando uma maneira de melhorar sua vida. Deus quer que todos tenham uma vida perfeita e com felicidade, por isso, manda, de vez em quando, espíritos que, além de aprenderem, resgatarem, amarem seus amigos e, principalmente, perdoarem seus inimigos, trazem consigo a missão de inventar e construir coisas que fazem bem para a humanidade. Assim, as idéias vão surgindo e as coisas vão mudando.

— Está dizendo que Deus é quem manda os inventores e os cientistas?

— Tudo o que acontece é sempre por vontade de Deus. Muitas vezes não entendemos, mas é assim. Está admirada, por quê?

— Sempre pensei que as invenções fossem sonhos dos inventores.

Ademir começou a rir e perguntou:

— De onde vêm esses sonhos?

Marina ficou olhando mostrando no seu semblante que só naquele momento percebeu o que Ademir estava dizendo.

— É, deve ser Deus, mesmo, senão todos poderiam sair inventando coisas.

— Isso mesmo, Marina. Muitos espíritos, quando nascem, trazem uma missão. Muitos inventam aparelhos tecnológicos que facilitam a vida na Terra, outros descobrem a cura para uma doença existente e, assim, a humanidade vai progredindo.

— Então, aqueles que inventam e fabricam armas de destruição também foram enviados por Deus para essa missão?

— Não, Marina. O espírito é sempre enviado para praticar o bem, e sua missão deve ser sempre para o bem, mas, como Deus nos deu o livre-arbítrio, pode decidir o que fazer. Muitas vezes, na ilusão do dinheiro e do poder, o homem se desvia e faz coisas que não estavam planejadas, mas terá de responder por isso.

— Como o que aconteceu no Japão, no final da segunda guerra?

— Exatamente. Como acontece com todos, a hora da verdade sempre chega e cada um de nós tem de encarar a nossa verdade. Alguns daqueles que se deixaram envolver pela ilusão do dinheiro e do poder e inventaram, construíram e ordenaram aquele massacre, já voltaram, encararam sua verdade e entenderam o que fizeram, sabem que para resgatar todo aquele mal, terão de reencarnar em condições muito difíceis, sabem também que, mesmo assim, uma só reencarnação não bastará para resgatar tudo. Isso se chama justiça Divina e dela ninguém escapa.

Marina acompanhou tudo o que Ademir falou e, quando ele se calou, ela suspirou e disse:

— Como Deus é maravilhoso...

Ademir olhou para Donata e sorriu.

Marina, admirada, continuava olhando, quando levou um susto, deu um pulo para trás e se abraçou em Jaime que estava ao seu lado. Gritou:

— Ademir! Que monstros são aqueles que estão vindo na nossa direção?

Ademir voltou o olhar para onde ela apontava e sorriu:

— Não se assuste, Marina, são encarnados que estão caminhando pela praça. Isso ainda não mudou, continua como sempre. As pessoas gostam de caminhar.

— Por que eles têm aqueles fios brilhantes por todo o corpo? Nunca vi isso! Estou com tanto medo que o meu corpo está todo arrepiado!

— Nunca viu, porque, desde que desencarnou, não havia voltado à Terra e, portanto, nunca tinha visto um encarnado na sua aparência espiritual.

— O que são aqueles fios e por que não os estou vendo em vocês ou em mim própria?

— Vou lhe explicar de uma maneira bem simples. São fios que ligam o espírito ao corpo. Nós não os temos mais, pois nosso espírito, agora, não está mais ligado ao corpo. Você não se lembra de quantas vezes, durante a noite e enquanto dormia, acordou dando um pequeno pulo na cama?

Ela pensou um pouco e depois respondeu:

— Sim, estou me lembrando, aconteceu muitas vezes, o que sempre me assustava. Quase sempre eu acordava com o coração disparado.

— Isso acontece, porque quando o corpo dorme, o espírito sai dele e vai para muitos lugares. Vai encontrar com entes queridos que partiram antes, conhecer novos lugares, assistir a aulas e, muitas vezes, trabalhar.

— Trabalhar? Como?

— Nesta nossa viagem, você terá a oportunidade de ver como os encarnados, mesmo sem imaginarem, trabalham enquanto dormem. Posso garantir que trabalham muito, mesmo. Muitas vezes, quando sonham, eles ficam tão felizes pela liberdade que sentem que não querem mais voltar ao corpo. Só quando se assustam com alguma coisa, são obrigados a voltar rapidamente. Por isso, o encarnado dá aquele pequeno pulo e acorda. Mas isso você verá muito. Esse será um dos nossos trabalhos, cortar os fios de alguns irmãos que estão prontos para retornar para a casa você verá, também, que, às vezes, não é fácil.

Ao ouvir aquilo, ela perguntou mais assustada ainda:

— Vamos lidar com moribundos, Ademir?

— Sim, Marina. A nossa presença, nesse momento, é muito importante e necessária. Sem ela, o sofrimento seria muito grande. O espírito não poderia se libertar, mesmo estando em um corpo morto. Deus fez tudo certo. Para isso existem as equipes de socorro. Elas foram e são criadas para ajudar o encarnado em todos os momentos de sua vida.

Ao ouvir aquilo, Marina disse, quase chorando:

— Sei que Deus sempre faz tudo certo, mas, a cada minuto que passa, mais me convenço de que não deveria participar desta equipe. Sinto que não vou ser de serventia alguma e que, ao contrário, só vou atrapalhar...

— Por que está dizendo isso, Marina?

— Eu não suporto ver as pessoas doentes, imagine se conseguirei vê-las agonizando! Não vou suportar! Tenho medo, Ademir...

— Não entendo como você ainda guarda esse sentimento. De todos os sentimentos, o medo é um dos piores. Por causa do medo, tanto o encarnado como o desencarnado fica sem ação, sem saber o que fazer ou que caminho tomar. Muitos, por medo, deixam de tomar as decisões certas e fazem coisas das quais se arrependerão por muito tempo. Outros, quando chega a hora, demoram a se entregar, somente pelo medo da morte que lhes foi ensinado e que cultivaram durante toda a vida terrena. A morte não é algo de que se possa fugir. Ela faz parte da vida e, mais tarde ou mais cedo, chega para todos. É um bem precioso... é um presente de Deus para o ser humano. Você já passou por isso muitas vezes. Sei que não se lembra das encarnações anteriores, mas da última tem a lembrança bem presente e sabe que não é tão doloroso como se pensa. Sabe que, depois da morte, o espírito se liberta e tem uma sensação jamais imaginada pelo encarnado. Por isso, a morte não tem que ser temida. Não entendo por que ainda pensa assim, Marina?

Sei de tudo isso, mas, mesmo assim, sinto muita pena da dor do corpo e, principalmente, da família. Até hoje, embora tenha entendido, não me conformo por ter deixado meu marido, meus filhos, meus pais e irmãos e no sofrimento que eles sentiram com a minha morte. É muito triste ver um ente querido sofrendo em uma cama, sem poder ajudar ou fazer algo para que aquele sofrimento seja atenuado...

— Tem razão, mas, mesmo assim, sabe que o ser humano é mortal e que a qualquer momento terá de enfrentar essa hora. Mas você sabe também que ele nunca estará só. Terá, sempre ao seu lado, espíritos amigos que estarão lá para lhe dar toda a assistência necessária e que ele passará sem perceber. Dormirá e acordará em outra dimensão e, assim que souber e aceitar o que lhe aconteceu, ficará feliz por ter voltado. Você sabe que é assim, já presenciou a chegada de muitos e já viveu a sua própria. O passado ficou para trás, precisa aprender a viver o presente. Daqui para frente, só ele importa. Assim também deveria ser com o encarnado. Deixar o passado para trás e viver o presente da melhor maneira possível, se conseguir, não cometer os mesmos erros. Sei que é difícil, mas não impossível...

— Sei de tudo isso, mas não consigo me controlar.

Marina olhou para Jaime que, assim como ela, ouvia tudo e prestava muita atenção. Ademir olhou para Donata e sorriu, no que foi correspondido. Donata disse:

— Acho que vocês dois não precisam se preocupar. Entendemos o que estão sentindo. Já fazemos esse trabalho há muito tempo, mas não podemos nos esquecer, Ademir, que assim como eles, também nos assustamos a primeira vez de que participamos de uma equipe como esta. Você se lembra como foi difícil e complicado entendermos tudo o que acontecia?

Ademir sorriu e respondeu:

— Claro que sim, Donata, mas, depois, nunca mais quisemos deixar de participar e estamos até hoje.

Donata sorriu e continuou falando:

— Marina, não se desespere assim. Estamos aqui ao seu lado. Esta missão logo terminará e você voltará e decidirá se quer continuar em nossa equipe ou não.

Olhou para Jaime que a olhava, também muito intrigado, e continuou falando:

— O que eu disse para Marina serve também para você, Jaime. Quando voltarmos, se quiser, poderá continuar ao meu lado e do Ademir, se não quiser, poderá participar de uma outra equipe. Sabem que existem muitas, mas, por enquanto, precisam dar o melhor de si para que esta nossa jornada termine bem. Um precisa dar força para o outro e, nos momentos de indecisão, teremos de escolher qual será o melhor caminho para seguirmos, mas, na hora da indecisão, só existe um caminho: a oração. Ela sempre nos conforta e nos esclarece.

Marina e Jaime baixaram os olhos e depois a cabeça, num sinal de entendimento. Agora, Ademir, demonstrando muito carinho na voz, foi quem falou:

— Não precisam ficar assim, entendemos muito bem o que estão sentindo. Não o medo da Marina, mas o medo do desconhecido, de não saberem como será o nosso trabalho, mas fiquem tranqüilos, logo verão que é bem diferente do que estão pensando e sentirão a importância dele.

Marina, ao ouvir aquilo, perguntou:

— Faz tempo que participam de uma equipe como esta, Donata?

— Sim, eu e o Ademir estamos juntos há muito tempo. Somos velhos amigos e na última encarnação trabalhamos em um hospital como médicos. Nós nos preocupávamos com os doentes ditos terminais. Muitas vezes nos revoltamos por não podermos salvar as pessoas. Quando morremos, depois de algum tempo, fomos convidados para participar de uma equipe como esta. Ficamos felizes, pois, agora, como espíritos desencarnados, julgamos que poderíamos salvar todas as pessoas, pensávamos que tínhamos esse poder. Era isso que havíamos aprendido. Embora fôssemos médicos, desde criança, ouvíamos as pessoas pedirem coisas para aqueles que haviam morrido, como se, ao morrerem, tivessem se tornado santos e sabedores de tudo. Mas logo percebemos que não era bem assim, que tudo tem a sua hora, inclusive a morte, e que ela é necessária. Depois da primeira equipe e de termos aprendido o quanto ela ajudava, decidimos continuar. Com o tempo, fomos adquirindo mais experiência e nos tornamos uma espécie de professores. Muitos, assim como vocês, nos acompanharam. Alguns continuaram e, hoje, prestam esse trabalho em vários lugares pelo mundo. Outros não gostaram e seguiram caminho diferente, foram trabalhar em equipes que fazem outro tipo de trabalho, mas que também são importantes. O mesmo está sendo oferecido a vocês. No final, se não quiserem continuar, terão toda a liberdade para decidir que tipo de trabalho preferem. Lembrem-se de que o espírito é livre para decidir o que quer e ninguém é obrigado a fazer o que não quiser. Todos, na Terra, sempre tiveram a liberdade de escolha e, no plano espiritual, têm muito mais.

— Não entendo como alguém possa gostar e querer continuar em um trabalho como esse...

— Ainda bem que existem aqueles que gostam, Marina. O que aconteceria se não existissem?

Marina ficou sem saber o que responder. Ademir disse:

— Bem, ainda temos tempo, antes do nosso trabalho de hoje. Pensando bem, poderíamos entrar no prédio e você, Marina, poderá matar sua curiosidade e ver como é por dentro.

— Podemos mesmo, Ademir?

Ademir respondeu, sorrindo.

— Sim, temos um pouco de tempo. Vamos olhar por aí. Sei que vai gostar e, talvez, encontrem algo que lhes chame a atenção.

Os três voltaram os olhos para a grande porta que existia na entrada do prédio. Marina estava realmente curiosa. Jaime nem tanto, pois, já conhecia um igual na cidade em que morou. Ademir e Donata entraram e eles os seguiram. As pessoas continuavam caminhando. Algumas acompanhadas, outras sozinhas. Algumas conversavam alegremente, outras pareciam discutir. Algumas paravam para ver vitrines, outras entravam nas várias lojas que existiam ali. Marina estava encantada com tudo o que via. Jaime sorria por ver a maneira como ela estava. Aquelas pessoas que caminhavam sozinhas, na maioria das vezes, pareciam tristes e pensativas. Algumas pessoas estavam sentadas nos bancos espalhados por todo lado. Liam um jornal ou simplesmente ficavam paradas, olhando as pessoas passarem. A vida transbordava naquele lugar. Marina disse, admirada:

— Donata! Como é lindo esse lugar! Nunca poderia imaginar que, algum dia, poderia existir um lugar como esse! As vitrines das lojas são lindas! Aliás, tudo aqui é maravilhoso!

— Tem razão, Marina. Também fiquei entusiasmada quando vi pela primeira vez.

— Olhe lá aquele aparelho de televisão! É colorido, Donata!

Donata olhou para Jaime e Ademir e os três riram. Marina continuou:

— Quando a televisão apareceu, eu fiquei encantada. Já estava doente e meu marido comprou um aparelho. Quando estava internada no hospital, eu ficava o tempo todo assistindo à programação e imaginava como seria bonito se fosse colorido! Disse isso ao meu marido e ele comprou um pequeno pedaço de plástico colorido para que fosse colocado na frente dela. Assim, eu podia ver algumas cenas coloridas! Mas nunca poderia imaginar que fosse tão bonito!

— É bonito, sim, Marina. Muita coisa mudou desde que partiu. A tecnologia avançou e, além da televisão, outras coisas a surpreenderão.

— É uma maravilha, Donata!

— É sim, mas, com a chegada da televisão, um problema, para as famílias, também surgiu...

— Que problema?

— As pessoas ficam assistindo à televisão e não têm mais tempo para conversar e, por isso, cada vez, estão se sentindo mais sozinhas.

— Está acontecendo isso?

— Sim, Marina, infelizmente.

Marina começou a olhar com mais atenção, viu uma moça que passava por eles e quase gritou:

— Que roupas são essas! A saia está acima dos joelhos? No meu tempo, as saias eram três dedos abaixo dos joelhos!

Donata, ainda rindo, disse:

— Como já disse, muita coisa mudou e não foi só a tecnologia, Marina. Usos e costumes também mudaram. As coisas estão muito diferentes. Você, durante esta visita, poderá confirmar e se surpreender muito mais.

Ademir, também sorrindo, disse:

— Sei que você está admirada, Marina, mas não podemos continuar aqui. Vamos embora e prometo que assim que terminarmos o que viemos fazer e, antes de voltarmos, passaremos por aqui para que possa ver tudo. Está bem, assim?

Um pouco a contragosto, mas sabendo que ele tinha razão, ela respondeu:

— Tem razão, Ademir, me desculpe. Sei que esta viagem não foi para que eu me admirasse com o que poderia ver.

— Pode e deve se admirar, pois se todas essas coisas estão acontecendo, foi porque muitos reencarnaram para promover essas mudanças. Tudo está mudando e vai mudar muito mais, mas as pessoas que estão prestes a deixar este mundo precisam de nossa ajuda. Por isso, precisamos ir embora.

Saíram. Marina ficou olhando à sua volta.

O sol estava alto, por isso as folhas das árvores estavam brilhantes e os passarinhos saltitavam por seus galhos. A fonte no centro da praça estava desligada, mas a água que tinha dentro dela era cristalina. Marina conhecia aquela fonte e disse:

— Ao menos a fonte continua a mesma, Donata! À noite, ela vai estar toda colorida.

Donata e os outros riram e começaram a andar.

Missão inesperada

Marina e Jaime, agora, já sabiam distinguir os encarnados dos desencarnados. Ela, ainda admirada com tudo o que estava vendo, disse:

— Nossa! Parece que tem a mesma quantidade de encarnados e de desencarnados! Não parece mesmo, Jaime? Nunca pensei que fosse assim...

Jaime prestou mais atenção e pôde constatar o mesmo. Disse:

— Parece mesmo, Marina. Ademir, é isso mesmo o que acontece? Existe a mesma quantidade de encarnados e desencarnados?

— É, sim, Jaime e, se prestarem atenção, verão que, assim como os encarnados, os desencarnados transitam pela praça da mesma maneira. Juntos, sozinhos, em grupos, acompanhando as pessoas, conversando com elas. Na maioria das vezes, o desencarnado emite pensamentos destrutivos que podem trazer muito mal para a pessoa que estiver ouvindo, se ela não conseguir afastá-los.

— Eles conversam com elas? Fazem isso? Podem influenciá-las?

— Sim, quase sempre. Os encarnados pensam coisas que pensam ser seus pensamentos, mas, na realidade, são pensamentos transmitidos por desencarnados. Isso é muito perigoso e, quando o pensamento é destrutivo, deve ser evitado de qualquer maneira.

— Isso acontece mesmo, Ademir? Chega a dar medo! Eles interferem em suas vidas? As pessoas fazem o que eles querem? Elas obedecem?

— Eles tentam interferir, mas só conseguem quando a pessoa permite.

— Não entendi, Ademir...

— Existem faixas de energia. Uma não pode interferir na outra. Se a pessoa estiver com uma energia positiva, sem pensamentos destrutivos, eles não poderão intervir. Não conseguirão ultrapassar essa energia. Mas, ao contrário, se a pessoa estiver com sentimentos negativos, como raiva, mágoa ou ódio, a porta estará aberta para que eles entrem e façam o que quiserem. Portanto, para uma doença sempre existe um remédio e o remédio para se evitar esse mal é manter os pensamentos sempre no bem, nunca no mal. Raiva, mágoa e ódio não constroem, por isso devem ser afastados.

Marina e Jaime ouviam Ademir com atenção. Ninguém havia conversado com eles sobre aquilo. Ela disse:

— Ademir, nunca pensei que fosse assim. Quando eu estava viva, ouvi algo sobre isso, mas nunca prestei atenção, tinha coisas mais importantes para fazer. Precisava cuidar da minha casa, da minha família.

— Isso acontece muito, Marina. As pessoas não acreditam que exista um mundo espiritual, porque é algo que não podem ver, mas esse mundo existe sim e pode fazer muito mais mal do que se possa pensar. Querem ver como funciona?

Por seus olhos, Ademir percebeu que eles queriam. Não precisaram responder. Ele parou de andar e continuou:

— Olhem aquela moça que está se aproximando.

Eles olharam e viram uma moça que se aproximava e que estava com a cabeça baixa. Ela, da maneira como caminhava, parecia nervosa. Três entidades caminhavam com ela, uma de cada lado e a outra em suas costas. Uma outra entidade rodopiava em volta delas, jogando fachos de luz, que não conseguiam ultrapassar a névoa que as envolvia. Mesmo assim, a entidade falava:

— Leni, reaja! Você não pode se entregar dessa maneira. Precisa reagir, porque se continuar aceitando essas sugestões, chegará um momento em que não poderá mais resistir e acatará o que eles querem que faça. Força, minha filha, estou aqui ao seu lado, mas não posso interferir em seu livre-arbítrio! A escolha é sua, nada mais posso fazer a não ser tentar fazer com que me escute...

Ademir e os outros ficaram olhando. A moça passou por eles. Estava muito nervosa e caminhava com passos pesados. A entidade que jogava a luz estava tão concentrada que não notou a presença deles. Continuou tentando penetrar a densa névoa. Notaram que as outras entidades, também, não os viam. Jaime perguntou:

— Ademir, eles não estão nos vendo?

— Não, Jaime. Estamos em uma faixa diferente da deles, por isso não podem nos ver ou ouvir, mas prestem atenção no que estão falando para essa pobre moça.

A entidade dizia, rindo e gesticulando.

— *Eu lhe falei que não adiantava, que ele ia abandonar você! É muito feia! Acha que um homem bonito como aquele ia querer uma moça feia e sem graça como você? Está gorda, e esses cabelos? Não têm jeito. Ele abandonou você e nunca mais vai voltar! Pode esperar sentada! Ele pode ter a mulher que quiser e já escolheu outra. Ela é linda!*

No mesmo instante, a moça começou a pensar:

Eu sabia que isso ia acontecer... como ele ia continuar comigo? Sei que sou feia! Estou gorda e os meus cabelos são horríveis! Vai me abandonar e não voltará nunca mais! Ele é bonito e pode ter a mulher que quiser! Já deve ter encontrado outra e, nesse momento, deve estar com ela! Enquanto ele está com outra, eu estou aqui, feia desse jeito! Nunca vou conseguir ninguém que me ame! Nunca vou me casar nem ter meus filhos e nem uma família...

— Ela não é feia, Ademir! É uma moça muito bonita! Não é gorda e seus cabelos são lindos! Não entendo, por que ela está agindo assim?

— Eu sei disso, você também sabe, Jaime, mas ela não acredita. Está totalmente envolvida por essas entidades. Se continuar aceitando suas sugestões, poderá cometer uma loucura.

— Por que fariam isso? São inimigos do passado?

— Não sei, Marina, não conheço a história dela nem a deles, mas nem sempre um obsessor conhece a vítima. Muitos espíritos vagam sem destino e seguem as faixas de pensamento das pessoas. Quando encontram alguém que está em uma dessas faixas, encostam-se somente para se divertir. Vocês já sabem que, ao morrer, o espírito leva com ele as coisas boas e más que praticou e que continuam exatamente como eram. Aqueles que gostavam de se divertir às custas de outras pessoas continuam como eram e, quando podem, divertem-se como faziam antes. Provavelmente, é isso que está acontecendo com essa moça.

— Eu gostaria de ver mais.

— Ainda temos um pouco de tempo e podemos continuar seguindo essa pobre moça. Descobrindo o que está acontecendo, talvez possamos ajudar de alguma maneira. Que acha disso, Donata?

— Embora não estejamos aqui para isso, pois você sabe que o nosso dever é outro, se achar que dá tempo, acho que devemos seguir ao lado dessa moça, Ademir. Você se lembra de como nos serviu e serve até hoje termos acompanhado uma equipe igual a essa. Como o nosso trabalho se tornou mais fácil. Acho que seria muito bom para eles aprenderem, poderão usar mais tarde em qualquer situação. Entender de obsessão e como a afastar é sempre bom.

— Tem razão, Donata. Será uma oportunidade de aprendizado para eles e, com certeza, para nós também. Se entre todas as pessoas que estão nesta praça, a presença dela chamou a nossa atenção, algum motivo deve ter. Vamos segui-los e descobrir que motivo é esse.

Marina e Jaime, embora não quisessem interferir, ficaram felizes, pois, naquele momento, era o que mais queriam. Saber o que acontecia com aquela moça, tão bonita, infeliz e desesperada.

A moça, seguida por eles e pelas entidades, atravessou toda a praça, entrou em um prédio e em um elevador. Todos entraram juntos. As entidades continuavam falando, rodopiando e rindo sem parar. Ademir e os outros estavam em uma faixa de energia diferente, elas não podiam vê-los. A entidade que jogava as luzes os viu e sorriu, dizendo:

— Olá, meus irmãos. Meu nome é Maria, que bom que estão aqui, pedi tanta ajuda, finalmente chegaram.

Eles sorriram para ela e Ademir disse:

— Olá, desculpe, mas não estamos atendendo a pedido algum. A nossa presença, aqui na Terra, tem outro motivo, viemos para fazer alguns trabalhos. Estávamos na praça e percebemos sua agonia, também, que essa moça está precisando de ajuda, por isso resolvemos segui-los. Esses nossos irmãos que estão ao lado dela estão nas trevas e, envolvendo-a com muita força, conseguem, assim, atingi-la.

— É verdade. Estou tentando evitar que ela seja envolvida, mas está difícil. Por isso, fiz uma oração e pedi ajuda. Mesmo que não estejam aqui para esse trabalho, acho que, atendendo ao meu pedido, foram enviados para me ajudar. Estou precisando muito... sim, eles a estão envolvendo já há algum tempo. Tenho tentado afastá-los, mas ela não permite. Não sei mais o que fazer, por isso pedi ajuda e, graças a Deus, vocês vieram.

— Se pudermos, ajudaremos com muito amor. O nosso trabalho pode esperar. Ainda temos um bom tempo.

O elevador parou no quinto andar. A porta se abriu e a moça, acompanhada por todos eles, saiu, caminhou por um corredor e abriu uma porta. Lá dentro, uma senhora a recebeu, sorrindo e dizendo:

— Que bom que chegou, Leni. Já estava preocupada. Saiu cedo para ir à biblioteca e demorou muito para voltar. Que aconteceu?

A moça, muito nervosa, respondeu, quase gritando:

— Não aconteceu nada, mamãe! Só que sou muito feia e nada dá certo em minha vida! O Flávio me abandonou! Disse que não quer me ver nunca mais! Nunca vou conseguir encontrar um homem que goste de mim? Será que nasci para viver sozinha?

— Eu a avisei que isso ia acontecer! Você não deixa o rapaz respirar com esse ciúme doentio, Leni... ninguém agüenta ser seguido vinte e quatro horas por dia. Você vai à casa dele, pergunta para sua mãe e para os amigos se ele tem outra mulher, quando pode, revira seus bolsos para ver se não há um número de telefone. Ele não tem um minuto de sossego...ele precisa respirar, Leni...

— Acha que não tenho motivo para ter ciúme? A senhora não viu como ele é bonito! Não vê como todas as mulheres dão em cima dele?

— Sim, ele é um bonito rapaz, mas nada fora do comum. Não é um Adonis! É até comum. Não entendo por que tem tanto ciúme!Você também é muito bonita!

Leni soltou uma gargalhada de desdém e disse:

— Eu, bonita!? A senhora diz isso porque é minha mãe! Sou feia, mamãe... já viu os meus cabelos? O meu rosto? O meu corpo? Sou gorda e desajeitada! Acha que um homem como ele pode gostar de mim?

As entidades rolavam de rir. Estavam felizes, pois conseguiram dominar Leni completamente e ela não ouvia o que a mãe dizia. Só via, na sua mente, Flávio, cercado de mulheres e beijando a todas. O ciúme aumentou e ela respondeu gritando:

— Não é verdade, Leni, você é uma linda moça!

— Linda! Ora, mamãe. Será que está cega? Sei que é minha mãe e por isso está tentando me enganar e não quer admitir que sou feia, imprestável...

— Talvez não seja uma miss Brasil, mas é bonita e inteligente. Tem toda uma vida pela frente. O Flávio gosta de você, já demonstrou de muitas maneiras, só não suporta mais o seu ciúme. Se quiser continuar com ele, você precisa mudar, minha filha... confiar no que sente por ele e no que ele sente por você. Se não houver confiança, não existirá chance de um namoro ou casamento dar certo...

Leni, enquanto se dirigia a um dos quartos da casa, disse, ainda gritando:

— Não me amole, mamãe, e me deixe em paz!

Entrou no quarto e bateu a porta. A mãe começou a chorar, sem saber o que fazer. As entidades, sempre rindo e rodopiando, a seguiram. Leni, dentro do quarto, olhou para um espelho e começou a chorar, sem conseguir se controlar.

Donata olhou para Ademir e, aproximando-se da mãe, jogou um jato de luz branca sobre ela, dizendo:

— Sei que está sendo difícil, minha irmã, mas confie na bondade de Deus, Ele nunca nos falta. Vamos tentar ajudar a sua filha. Vai ser difícil, pois ela já se deixou dominar, mas sabemos que, com a ajuda Dele, vamos conseguir.

Maria fez um sinal e os outros a acompanharam. Donata permaneceu ao lado da senhora que, agora, já não chorava mais, apenas rezava, pedindo ajuda a Deus.

Dentro do quarto, as entidades continuavam ao lado de Leni. A mais violenta de todas dizia:

— *Você é feia mesmo! Não serve para nada! A sua mãe disse que você é bonita, mas só para enganá-la! Agora mesmo ela está lá fora, morrendo de rir por acreditar que convenceu você! O Flávio não vai querer mais ver você! Nem ele, nem outro qualquer! Você é muito feia mesmo e é muito burra! Se fosse feia e inteligente, poderia ter esperança, mas burra do jeito que é, não tem jeito, não. Nenhum homem vai se casar com você!Vai terminar uma velha solteirona.*

Começou a rir mais ainda, no que foi acompanhado pelos outros que rodopiavam em volta dela. A primeira, com um sorriso maldoso, continuou falando:

— *Não sei por que quer continuar vivendo! Você não presta para nada! Por que não se mata e acaba logo com essa agonia? Se fizer isso, o Flávio vai ficar com remorso e chorar pelo resto da vida e não vai conseguir ficar com mulher alguma...*

Como se ouvisse o que ele dizia, Leni se levantou, olhou novamente para o espelho e pensou:

Não presto para nada! Sou feia, muito feia! O Flávio não vai voltar e eu nunca vou ter um marido, uma casa e filhos! O melhor seria eu morrer! Descansar... é isso mesmo! Vou me matar, quem sabe se eu fizer isso, ele fique com remorso e não vai querer outra mulher em sua vida... é isso mesmo que vou fazer...

Marina, ao ouvir aquilo, disse assustada:

— Ela não pode fazer isso! Precisamos impedir, Ademir! Se ela fizer, estará perdida!

— Estamos aqui para tentar impedir isso, Marina, e vamos tentar, mas não poderemos fazer muito, se ela não reagir e não tomar de volta a vida de que deixou essas entidades tomarem conta. Ela, só ela, poderá se libertar desses obsessores. Daremos a assistência de que precisa, mas a escolha e decisão só dependerão dela.

Maria, ao ouvir o que Ademir disse, falou:

— Ele tem razão, moça.Tenho tentado penetrar essa névoa que a envolve, mas não consigo. Ela, influenciada por eles, se entregou a maus pensamentos e só pensa em uma maneira de ter o Flávio para sempre. Foi ela quem permitiu que eles se aproximassem e a envolvessem dessa maneira. Acho que não temos muito o que fazer, mesmo.

Marina ficou olhando para aquela entidade que, embora tivesse muita luz, parecia sofrer, mas ficou calada. Quem falou, foi Ademir:

— Sabemos disso, Maria. Você está tentando fazer o melhor. Vamos tentar, todos juntos, jogar sobre ela muita luz. Com a ajuda de Deus, conseguiremos afastar essa névoa e chegaremos até ela, mas, antes, me diga, são conhecidos dela, Maria, inimigos do passado?

— Não, são desocupados do espaço, que vagam sem destino em busca de uma presa fácil como ela, para envolver e brincar. Para eles, tudo isso não passa de brincadeira, nada mais. Eles não entendem ou não querem entender o mal que estão fazendo para ela e para eles próprios. Tentei conversar com eles, mas, por suas energias serem muito densas, não conseguem me ver nem ouvir. Não sabia mais o que fazer, por isso pedi ajuda. Ainda bem que minhas preces foram ouvidas e vocês chegaram. Tenho a esperança de que, juntos, poderemos ajudá-la.

— Vamos fazer o possível para ajudá-la. A primeira coisa que temos a fazer é elevar o nosso pensamento em oração. Depois, todos juntos, jogaremos luz de paz sobre ela, para ver se conseguimos penetrar essa névoa. Se conseguirmos, teremos a chance de enviar bons pensamentos para que ela possa reagir e ficar livre deles.

Foi o que fizeram. Deram-se as mãos e começaram a pedir proteção. De suas cabeças, luzes brancas começaram a sair e iluminaram todo o quarto. As entidades perceberam aquela luz. A princípio, assustaram-se, mas, em seguida, puderam ver todos eles. A entidade mais violenta começou a gritar:

— O que estão fazendo aqui? Vocês não têm esse direito! Ela é nossa desde o momento em que, com seus pensamentos, nos atraiu e desejou a nossa companhia!

— Vocês é que não podem permanecer aqui. Usaram da mentira para dominá-la. Precisam deixar que ela mesma decida o que vai fazer com a sua vida. Já a envenenaram o suficiente e, se continuarem ao lado dela, serão culpados do que ela possa fazer e sei que não querem isso.

— Culpados do quê? Foi ela quem se entregou ao ciúme e nos atraiu! Estamos apenas nos divertindo! Não se intrometam! Voltem para o "céu"! — disse isso, gargalhando e com ironia.

— Voltaremos, sim, mas não agora. Estamos aqui para tentar ajudar essa moça e a vocês. Faremos tudo o que estiver ao nosso alcance. Temos fé de que conseguiremos despertá-la e que ela poderá afastá-los para sempre e, depois, se quiserem, poderemos ajudar a vocês também.

— Pode tentar, mas sei que não vai conseguir! Não precisamos de ajuda! Ela já é nossa! Quer ver?

Voltou-se para Leni, que continuava diante do espelho. As três entidades se aproximaram e a violenta começou a falar:

— Olhe Leni, esses aí estão dizendo que vão despertar você, mas nós sabemos que isso não vai acontecer. Abra a sua bolsa e tire aquilo que comprou lá no super mercado.

Como se ouvisse, Leni tirou de dentro da bolsa um vidro. Todos puderam ler: "Veneno de rato".

Donata e os outros, assustados, olharam para Ademir que também se assustou, mas não deixou transparecer. Marina não se conteve e disse, desesperada:

— Ela não pode fazer isso, Ademir. Você precisa fazer alguma coisa para impedir!

Ademir não respondeu. Marina e Jaime, abraçados, continuaram rezando para que Deus impedisse Leni de fazer aquela loucura que, com a ajuda das entidades, estava planejando já há muitos dias: se matar.

Leni escondeu o vidro no bolso da calça que vestia e, acompanhada por todos eles, saiu do quarto. Na cozinha, sua mãe estava junto ao fogão, terminando de preparar o jantar. Leni se aproximou, pegou um copo que estava sobre a pia, abriu a geladeira, pegou o leite e disse:

— Mamãe, estou indo me deitar e, por favor, não me acorde. Estou muito cansada. Preciso dormir.

— Você não vai jantar? Está quase pronto.

— Não estou com fome, mas, mesmo que estivesse, não comeria! Será que a senhora não consegue ver como estou gorda? — disse, gritando novamente.

— Você não está gorda! Quantas vezes terei de dizer isso? Está até magra! Precisa se alimentar, senão pode pegar uma anemia e até morrer...

— Isso até que seria muito bom! Não presto para nada mesmo! Vou dormir! Adeus!

Com o copo de leite na mão, saiu da cozinha e voltou para o quarto. Ademir olhou para os outros e a acompanhou. Passou por Donata, sem nada dizer. Leni entrou no quarto e fechou a porta. As entidades continuavam ao seu lado, incentivando-a a cometer aquele desatino. Ademir e os outros, em profunda oração, derramavam fachos de luz sobre ela, mas sentiam dificuldade em penetrar aquela névoa densa.

Leni, com o copo de leite em uma das mãos e o vidro de veneno na outra, ouvia as entidades que continuavam sem lhe dar um minuto de sossego, evitando, assim, que ela pensasse. Falavam da beleza de Flávio e de muitas mulheres ao lado dele. O ciúme aumentou e ela decidiu:

Não tenho mais esperança... ele não vai voltar, não vai me querer mais... o melhor, mesmo, será eu me matar e não pensar em mais nada.

As entidades riam sem parar e continuavam a seu lado. Ademir sentiu que nada poderia ser feito em favor dela, pois só ela mesma, usando seu livre-arbítrio, afastaria aquela névoa. Tentou mais uma vez que a luz penetrasse a névoa. Ouviram uma batida na porta. Era a mãe de Leni.

— Leni, abra a porta! Precisamos conversar!

— Não temos o que conversar, mamãe! Estou com sono. Preciso dormir! Não me resta mais nada a fazer. Sou a pessoa mais infeliz deste mundo!

Donata, que estava ao lado da mãe e a uma certa distância, abriu as mãos, colocou uma delas em direção da garganta dela e a outra aberta sobre a sua cabeça. Luzes lilases começaram a sair de suas mãos e iluminaram todo o corpo da senhora. Ela sentiu como se seu corpo estremecesse, abriu a porta do quarto com violência. Leni estava deitada sobre a cama. Começou a falar:

— Você tem razão! Deve mesmo ser a pessoa mais infeliz deste mundo, apesar de ter dois braços, duas pernas, dois olhos e uma boca para dizer as bobagens que está dizendo! Além de estar deitada, agora, nessa cama quente e se estiver com fome é porque não quis comer, diferente de muitas pessoas que sentem o estômago doendo de tanta fome, que não têm tempo para se queixar da vida! Estou cansada de ouvir você dizer tanta bobagem! Sempre fiz o melhor que sabia e que podia para fazer com que você fosse feliz, mas, pelo visto, não consegui! Você está com vinte e dois anos e, portanto, está com idade suficiente para decidir o que quer fazer com sua vida! De hoje em diante, não quero mais discutir com você! Sou sua mãe e estarei aqui para lhe ajudar em todos os momentos, mas não quero mais ouvir você dizer que está gorda, que é feia e todas essas asneiras que diz! Faça de sua vida o que quiser, mas não me envolva mais nas suas loucuras!

Leni ficou abismada com aquela mãe que não conhecia. Ia dizer alguma coisa, mas a mãe não lhe deu oportunidade. Da mesma maneira que entrou no quarto, saiu, batendo a porta.

As entidades que estavam ao seu lado também ficaram abismadas. Sabiam que a mãe de Leni era uma mulher forte, por muitas vezes quiseram envolvê-la, mas não conseguiram, porém nunca imaginaram que, algum dia, ela agiria daquela maneira.

Já do lado de fora, Isabel, a mãe de Leni, respirou fundo e foi até a pia, pegou um copo, tomou água e deixou que as lágrimas caíssem de seus olhos. Donata que, assim que ela terminou de falar, havia tirado a mão da direção de sua garganta e de sobre a sua cabeça, a acompanhou. Já lá fora, disse, carinhosamente:

— Deixe que as lágrimas caiam de seus olhos, Isabel. Neste momento, sei o que está sentindo. Toda amargura e todo o desencanto por perceber que o carinho e a dedicação na educação de sua filha não lhe trouxeram o resultado que sempre desejou. Mas pode ficar tranqüila, ela está passando por um momento difícil. Com a sua ajuda e as bênçãos de Nosso Pai, ela conseguirá se libertar de todo o mal que a acompanha. As palavras que disse lá dentro farão com que ela pense. Agora, só devemos pedir muita luz para que as trevas que a envolvem possam ser afastadas e possamos chegar até ela.

As entidades também saíram e ouviram o que Donata disse. A mais violenta começou a gritar e se jogou sobre elas. Donata olhou firme para ela e disse:

— O trabalho de vocês está quase terminando. Com o tempo, Leni conseguirá afastá-los.

A entidade começou a rir e, em tom de gracejo, disse:

— Só porque você quer! Do que adiantou, desde que vocês chegaram, todas as luzes que jogaram sobre ela? Não adiantou e não vai adiantar! Ela é nossa! Vocês demoraram, ela já está sob o nosso domínio!

— Não é bem assim e você sabe disso. Ela não está abandonada e nem vocês. Deus nosso Pai está sempre ao nosso lado e sempre manda a ajuda na hora certa. Sei que estão nervosos porque perceberam que, com as palavras que Isabel disse, a faixa de vibração da Leni mudou. A mudança ainda é pouca, mas ficará cada vez mais forte e, logo mais, ela estará novamente controlando a sua vontade. Quando isso acontecer, o que vocês farão? Sabem que só estão aqui porque ela quer. Porque ela permitiu que vocês se aproximassem e permanecessem ao seu lado, mas, no momento em que ela modificar sua faixa de pensamento, vocês terão de sair do seu lado. E aí, o que vai acontecer com vocês?

— Nada vai acontecer, porque ela não vai permitir! Ela está acostumada com a nossa presença e não saberá viver sem a nossa companhia! Você também sabe disso. Por isso, não adianta vir com essa conversa! Ela gosta da nossa presença!

— Tem razão. Ela está acostumada e gosta da presença de vocês, mas isso passará. Com a nossa ajuda e, principalmente, com a da mãe e da Maria, uma entidade amiga, aos poucos ela pensará mais em sua vida e em tudo o que está perdendo. Entenderá que está perdendo um tempo enorme, deixando de ser feliz, por ter pensamentos tristes e destrutivos e voltará a ser o que era antes, retomará o controle de sua vida.

— Você está querendo me confundir! Sabe que isso não vai acontecer!

— Eu sei e você também sabe que é difícil, mas não impossível. Supondo-se que aconteça, o que vocês farão? Será que não está na hora de entenderem que também estão perdendo um tempo precioso, ficando ao lado dela?

As outras entidades acompanhavam aquela conversa. Ademir, Marina e Jaime também. As entidades olhavam para aquele que parecia ser o chefe e que conversava com Donata. Por suas expressões, podia-se ver que estavam curiosos para saber o que ele responderia. Não só as entidades, mas os outros também. Donata olhava firme, sem desviar os olhos um minuto sequer da entidade que parecia pensar. Ademir estava mais preocupado ainda, pois sabia que não poderiam ficar por muito tempo ali. Precisavam ir embora para cumprir o trabalho que vieram realizar, mas, mesmo assim, permaneceu calado, esperando para ver o que ia acontecer. Notando que não havia como ficar sem responder a entidade perguntou:

— Perdendo tempo, por quê? Estamos somente nos divertindo e não vai adiantar irmos embora, pois ela atrairá outros como nós ou até piores. A senhora sabe que existem muitos e que só estão esperando a gente ir embora para se aproximarem...

— Sei, sim, mas, pelo menos, vocês estarão bem.

— Bem, como?

— Encontrarão um lugar de paz, luz e felicidade.

A entidade começou a rir. Nenhum deles entendeu aquela reação, mas Donata continuou séria, esperando. Depois de alguns segundos, ela perguntou:

— Do que está rindo? Não estou entendendo essa reação.

— A senhora acha que nós vamos querer um lugar igual a esse que descreveu? A senhora acha, mesmo, que vamos querer ficar rezando o tempo todo? Nem pensar! Quando eu era vivo, tinha raiva desse pessoal que ficava rezando, dando uma de santo e depois fazia todo tipo de maldade. Foi um desses mentirosos que mandou me matar, só porque eu gostava da sua irmã. Era meu amigo e, no meu velório, chorava sem parar e rezava... como rezava... — disse essas palavras, demonstrando ironia e o grande ódio que sentia.

Donata continuou olhando firme para ele e disse:

— Não foi a oração que o levou a cometer esse crime, foi ele mesmo, pois todos trazemos, dentro de nós, tendências boas e más. Devemos cultivar as boas e lutar contra as más. Só a Justiça Divina poderá julgar isso. Não estamos falando do que aconteceu com você, o que passou, passou, mas do que poderá acontecer daqui para frente. Nesse lugar de que estou falando, existe reza, sim, mas não o tempo todo. Todos ali têm muito trabalho para realizar e não podem ficar o tempo todo rezando. Além do mais, depende de cada um. Alguns gostam e rezam muito, outros, nem tanto. Só sei que é um lugar onde serão felizes.

— Não queremos essa felicidade! Queremos continuar nos divertindo! — disse, voltando a ficar nervoso.

— Está bem, não estou obrigando vocês a fazerem nada que não queriam, por isso, não precisa ficar nervoso. Cada um de nós tem o direito de estar da maneira que quiser, mas quanto a Leni, vocês ainda pretendem continuar aqui a seu lado?

— Claro que sim! Ela é muito engraçada e faz a gente rir o tempo todo. Ouve e aceita todas as nossas sugestões, por isso faz tudo o que queremos.

— Sim, eu já percebi isso, mas tem um problema.

— Que problema?

— Tem razão. Ela tem facilidade para ver, só falta desenvolver essa faculdade, porém isso dá a vocês uma responsabilidade muito grande sobre o que ela poderá fazer.

— Responsabilidade?

— Claro que sim.

— Não estou entendendo o que está querendo dizer.

— Assim como ela ouve com facilidade, vocês poderiam usar dessa facilidade e prestar um serviço enorme, não só a ela, mas a muitas pessoas e a vocês, principalmente.

— Continuo não entendendo.

— Ao invés de lhe dizer coisas ruins e lhe darem motivo para que, cada vez mais, se sinta infeliz, poderiam lhe transmitir bons pensamentos e o quanto ela poderia ajudar as pessoas e, principalmente, a ela mesma...

— O que está dizendo?

— Isso mesmo, poderiam fazer um belo trabalho junto a ela. Poderiam ajudar e, com o tempo, veriam que a felicidade dela seria a de vocês também.

— Está louca?

— Não, estou bem certa do que estou falando. Vocês não são espíritos ruins, apenas querem se divertir, por isso, poderiam se divertir muito mais se pudessem ajudar ao invés de destruir. Tenho certeza de que, no final, se sentirão muito bem. Por outro lado, se continuarem fazendo o que estão fazendo, ela poderá cometer uma loucura e os responsáveis perante a Lei serão vocês e, por isso, terão de responder. Vocês que, até aqui, estão apenas se divertindo, terão sobre seus ombros o erro que ela cometer.

— Nós, não! Ela é quem está se destruindo, não se aceitando como é! Foi ela quem nos atraiu até aqui!

— Sim, claro que ela também tem sua parte de responsabilidade, mas, essa responsabilidade só será cobrada se ela estiver sozinha, tomando suas decisões e fazendo suas escolhas sem a interferência de ninguém. Nem suas, nem nossas.

Ademir e os outros se olharam. As outras entidades, caladas, prestavam atenção na conversa. O chefe parou de falar e ficou pensando por mais alguns segundos. Depois, disse:

— Se fizermos isso, não vai ter graça. Perde todo o propósito. Não, não vamos fazer! Vamos continuar aqui ao lado dela, da mesma maneira que sempre estivemos.

— Está bem, vocês têm todo o direito de escolher. Não posso nem quero interferir. Sendo assim, também continuaremos aqui, ao lado dela. Vocês sabem que, com a nossa presença, muito pouco podem fazer.

— Vocês não podem interferir! Como você mesma disse, ela tem o direito de escolha e se quiser que continuemos aqui, nada poderá ser feito.

— Tem razão, mas, para que possa decidir, ela tem o direito de poder escolher sem interferência sua ou nossa, por isso, continuaremos aqui defendendo esse direito. Ela, sozinha, sem a nossa interferência, poderá escolher o caminho que quer seguir.

Ao ouvir aquelas palavras, Ademir, de leve, apertou o braço de Donata, pois sabia que não poderiam continuar ali. Ela, embora tenha entendido, continuou olhando firme para a entidade, que pensava:

Se eles continuarem aqui, nada mais poderemos fazer. Eles a envolverão com aquela Luz branca que tanto mal faz para os nossos olhos. Vou dizer que concordo, que vamos embora e, depois, quando eles forem embora, voltaremos.

Assim pensando, disse:

— Está bem, nós vamos embora. Se continuarem aqui, perderá a graça e não poderemos nos divertir mais. Vamos procurar outro que esteja na mesma situação dela e continuar a nossa brincadeira.

— Que bom que tenha decidido isso, mas não seria melhor conhecerem aquele lugar de que lhes falei? Sei que, assim que conhecerem, verão que estão perdendo um tempo precioso.

— A senhora é muito bondosa, mas não estamos interessados, não por enquanto.

— Está bem. Que a Luz os acompanhe e que sejam felizes.

— Credo! Não queremos essa Luz nos acompanhando! Vamos ser felizes, sim, pode ter certeza.

As entidades deram-se as mãos e desapareceram.

Donata respirou fundo e precisou ser amparada por Ademir para não cair. A energia que teve de gastar para poder atravessar a névoa foi muito grande, mas, sorrindo disse:

— Por enquanto, está tudo bem. Eles foram embora.

— Mas disseram que ela é quem os chama, é verdade, Donata?

— Infelizmente, é verdade, Marina. Ela, envolvida por esses pensamentos de ciúme e destruição, não só os chama como gosta da presença deles, pois com a ajuda deles, ela se sente cada vez mais infeliz e isso lhe faz bem. Talvez não saiba, mas existem pessoas que gostam de ser infelizes.

— Como pode ser, Donata? Como uma pessoa pode gostar de ser infeliz?

— Todo espírito está em fase de evolução. Não sei como ela tem vivido em todas as encarnações passadas, mas, provavelmente, tem sido sempre da mesma maneira, sofrendo e gostando de sofrer. Nesta, com certeza, ela veio para modificar sua maneira de pensar. Para isso, nasceu em uma casa com conforto e com uma família que gosta dela e lhe dá carinho. Teria tudo para ser feliz, mas, mesmo assim, continua sendo da maneira como sempre foi.

— Isso nunca vai mudar, Donata?

— Um dia, não sei quando, ela vai entender que, enquanto perde tempo se lastimando por coisas que só existem na sua imaginação, só está perdendo um tempo precioso. Nesse dia, ela mudará e começará a evoluir realmente.

— Você não disse o mesmo para as entidades que estavam aqui? Não disse que elas também estão perdendo um tempo e, com isso, uma oportunidade valiosa?

— Disse e é verdade. O tempo em que elas estão aqui, ao lado dela, deixam de aprender e conhecer lugares maravilhosos nunca por elas imaginado.

— Tudo isso é muito triste, Donata.

— É sim, Marina.

— Donata, fiquei preocupado quando disse a elas que ficaríamos aqui o tempo que fosse necessário.

— Preocupado, por quê, Ademir?

— Sabe que não podemos ficar. Sabe que fomos desviados para uma missão que não era a que viemos cumprir. Está quase na hora. Precisamos ir.

— Sei disso, mas precisava tentar de tudo. Graças a Deus deu certo e eles foram embora.

— Nisso você tem razão. Agora podemos ir embora também.

— Podemos, sim, mas, antes, preciso ver como Leni está. Vamos até o seu quarto?

Antes mesmo que algum deles respondesse, já estavam no quarto de Leni, que continuava deitada. A seu lado, Maria continuava jogando sobre ela jatos de Luz branca. Assim que os viu ali, disse alegre:

— Parece que ela está bem. Sua faixa de pensamento mudou. Está pensando nas palavras que a mãe disse.

— Isso é muito bom, Maria. Agora precisamos ir. Temos alguns trabalhos para cumprir, mas, antes de voltarmos e quando o nosso trabalho terminar, passaremos aqui para ver como ela está e se as entidades voltaram.

— Agradeço pela imensa ajuda que me deram. Espero, sim, que voltem e também espero que aqueles que estavam aqui, não voltem nunca mais.

— Sabe que só dependerá dela, Maria. Se ela reagir e começar a dar valor a tudo o que tem na vida, eles, mesmo que voltem, não conseguirão atingi-la mais.

— Sei disso e vou continuar jogando sobre ela jatos de Luz.

— Faça isso, Maria. Não se preocupe. No final, tudo sempre termina bem.

— Sei disso e mais uma vez obrigada por terem atendido ao meu pedido de socorro.

Leni se levantou, foi até o banheiro, depois voltou e parou diante do espelho que estava na frente do guarda-roupa. Ficou se olhando de frente, de costas e de lado. Sorriu, pensando:

Não estou tão gorda assim. Minha mãe tem razão. Mas por que será que às vezes me sinto tão gorda?

Mexeu nos cabelos e continuou pensando:

Eles também não são feios. São lisos, diferentes das outras moças, mas posso mandar fazer uma permanente e eles ficarão bonitos. Minha mãe disse que eu reclamo porque tenho tudo na vida. Será que é isso mesmo? Realmente, tenho uma família que me ama e que faz de tudo para que eu seja feliz. Moro neste apartamento que, embora não seja luxuoso, é confortável. Existem muitas pessoas que não têm onde morar. Sou saudável, não tenho doença alguma. Precisava mesmo agradecer a Deus por tudo isso que tenho.

Olhou para uma cômoda e viu a fotografia de Flávio. Pensou:

Ele é mesmo muito bonito e diz que gosta realmente de mim. Acho que gosta de verdade, porque, apesar de tudo o que faço, continua ao meu lado. Disse hoje que não me quer mais, porque eu provoquei. Fiquei o tempo todo falando de uma moça que nem sei se existe. Eu a inventei só para ver qual seria a sua reação. Sou mesmo uma imbecil. Vou telefonar e pedir desculpas. Tomara que ele me aceite de volta...

Saiu do quarto. Sua mãe continuava junto ao fogão. Ela se aproximou e disse:

— Desculpe, mamãe, por tudo o que disse. A senhora tem razão, nao sou tão feia como imagino.

A mãe se voltou, abraçou-a e disse:

— Ainda bem, minha filha. Você é jovem, bonita e tem a vida toda pela frente.

— Aquilo que a senhora disse me fez pensar e descobri como tenho sido boba. Obrigada, mãe.

— Eu nem sei o que disse. Não me lembro.

— Mas eu sei e me lembro muito bem. Estou pensando em telefonar para o Flávio. O que a senhora acha?

— Acho que deve fazer isso. Ele é um bom moço e já provou que gosta de você. Só de agüentar você durante todo esse tempo...

Leni sorriu, beijou a mãe no rosto e foi para junto do telefone, dizendo:

— Tem razão, mamãe. Quando eu terminar de falar com o Flávio, quero comer. Estou com uma fome danada!

A mãe sorriu e, em pensamento, agradeceu a Deus. Maria também estava feliz e disse:

— Só posso agradecer a vocês mais uma vez. Acompanho Leni há muitas encarnações. Sempre tenho tentado fazer com que ela mude a sua atitude, mas tem sido difícil. Tomara que agora ela mude realmente.

— Tomara, mesmo. Ela, agora, está sozinha e poderá tomar suas decisões sem a interferência de ninguém. Mas, agora, precisamos ir. Estamos atrasados. Antes de partirmos, voltaremos para ver como ela está.

— Obrigada mais uma vez. Estarei esperando.

Sorrindo, desapareceram.

A história de Marina

Era noite. Estavam novamente na praça. Marina continuava olhando e se admirando com tudo o que via. Para sua felicidade, a fonte estava ligada e iluminada. Não se conteve e disse, muito entusiasmada:

— Olhem ali! A fonte está iluminada! Não disse que era linda!

— É linda, sim, Marina. Deve estar muito feliz de poder voltar a este lugar.

— Estou, sim, Jaime. Embora esteja muito bem no lugar onde me encontro, vivendo em paz, não posso negar que sentia muita saudade de tudo isso. A cidade mudou muito. Pela quantidade de carros, que estão passando por aqui, posso notar que cresceu também, mas continua sendo a minha cidade. O lugar em que fui muito feliz e em que passei os momentos mais difíceis da minha doença.

Todos perceberam uma sombra de tristeza que passou por seus olhos. Donata disse:

— Sei como está se sentido, Marina, mas procure se lembrar só dos bons momentos. Os tristes ficaram para trás. Hoje, você está linda e saudável e, ainda, embora tenha passado muito tempo, está com a mesma aparência que tinha quando partiu. Olhe que vantagem tem sobre as pessoas que estão aqui, transitando. Ao contrário delas, você não envelheceu.

Marina olhou para ela, forçou um sorriso e disse:

— Tem razão, continuo com a mesma aparência de sempre, mas preciso confessar que preferia ter envelhecido ao lado do meu marido, filhos e de todos que gostavam de mim.

Não vejo a hora de encontrá-los novamente e ver como estão vivendo. Será que se acostumaram com a minha ausência? Norberto me amava muito, duvido que tenha conseguido me esquecer...

— Desculpe, Marina. Só falei isso para tentar fazer com que você não ficasse triste.

— Não estou triste, Donata. Só estou matando a imensa saudade que sinto.

— A conversa está muito boa, mas precisamos ir. O Marconi já deve estar nos esperando. Não podemos nos atrasar. Ele é muito severo quanto a isso.

— Tem razão, Ademir. Já podemos ir.

— Quem é Marconi?

— Você é muito curiosa, Marina?

— Desculpe, Ademir, mas sempre fui. Não foi porque morri que mudei. Continuo sendo, sei que preciso me controlar, mas é muito difícil.

Ademir riu e disse:

— Você tem razão. Quando estamos na Terra, pensamos que as pessoas, ao morrerem, tornam-se santos, que podem nos ajudar e que sabem tudo, quando, na realidade, nada disso é verdade. Continuamos da forma que sempre fomos. Com nossas qualidades e defeitos. A cada encarnação, conseguimos aprimorar as nossas qualidades e lapidar alguns dos nossos defeitos, mas sempre sobram alguns. Embora eu, particularmente, ache que curiosidade não seja um defeito. O que seria da humanidade se não fosse curiosa? A curiosidade é que fez com que muitas coisas fossem descobertas. Algumas boas, outras más. As más podem ser corrigidas. As boas muito poderão ajudar na evolução da humanidade. Continue sendo curiosa, estude, medite e, quando achar necessário, faça perguntas. Sempre terá alguém com vontade e sabedoria para respondê-las. Procurar sempre a verdade é o melhor caminho para a evolução. Agora, já falamos muito. Precisamos ir. Você vai conhecer o Marconi. Ele é um nosso amigo de muito tempo. Não é, Donata?

— É sim, Ademir. De muito tempo, por isso estou morrendo de saudade dele. Vamos?

Deram-se as mãos e desapareceram.

Em pouco tempo, estavam em frente a um prédio. Por tudo o que via, Marina percebeu que era muito grande. Entraram em um saguão que parecia ser uma sala de recepção, onde, nos cantos, havia vários sofás de couro. Ela sentiu um cheiro já seu conhecido e, mesmo que não quisesse, começou a tremer. Tentou se controlar, mas não conseguia. Uma moça vestida de enfermeira se aproximou de Donata e Ademir que, ao vê-la, sorriram. Donata abriu os braços e a moça, emocionada e feliz, correu para ela. Abraçaram-se com muito carinho e saudade. Depois, ela se voltou para Ademir e o abraçou também.

— Que bom que chegaram. O Marconi está ansioso pela chegada de vocês e virá dentro de instantes.

— Olá, Luci, como você está?

— Estou muito bem, Donata. Agora que encontrei o que gosto de fazer, tudo está bem e nem quero me lembrar de tudo o que passei. Aliás, aqui, nem tenho tempo para isso. Como sabe, temos muito trabalho.

— Sei, sim, minha filha.

— Estão em missão ou vieram apenas me visitar.

Estamos em missão, mas viemos também visitar, não só a você, mas ao Marconi também e aos outros. Sabe que, sempre que podemos, fazemos isso. Como está o Marconi?

— Como sempre, bem e trabalhando muito. Sabe que ele é muito dedicado e faz seu trabalho com precisão e muito carinho.

— Posso imaginar, ele sempre foi muito dedicado.

Enquanto conversavam com Luci, Donata e Ademir estavam um pouco mais à frente e de costas para Marina, por isso não perceberam como ela estava. Jaime, que se encontrava a seu lado, percebeu e a abraçou. Lágrimas caíam dos olhos dela. Ele perguntou, baixinho:

— Que está acontecendo, Marina? Por que está tremendo dessa maneira?

— Isto aqui é um hospital, Jaime. Sofri muito em um igual a este e, sem querer, estou relembrando o que me faz reviver tudo aquilo que já havia esquecido. Não suporto ficar em um hospital! Desde que morri nunca mais havia entrado em um. Trabalho no hospital, mas em uma casa que fica ao lado. Nunca entrei no hospital, não suporto o cheiro, me deixa enjoada...

— Mas agora tudo é diferente, Marina. Você não está mais doente. Está bonita e saudável.

— Sei disso, Jaime, mas não consigo me controlar, é mais forte que eu. Por isso, foi que, quando descobri que participaria da equipe de Donata e Ademir, tentei recusar. Sabia que não ia conseguir. Sabia que só ia atrapalhar. Pode ver que eu tinha razão. Aquilo que eu temia está acontecendo. Agora, mais do que nunca, estou tendo a certeza disso...

— Se eles trouxeram você, é porque conheciam seu problema e sabiam que conseguiria superar. Se não fosse assim, não teriam pedido a Humberto para que liberasse você. Pense nisso, Marina, e não se preocupe, estamos aqui ao seu lado e nada de ruim vai acontecer. Esqueça o que passou. Sei que, fazendo parte dessa missão, aprenderemos muito e que, tudo o que aprendermos, poderá ser usado com outros.

Donata e Ademir, sem perceberem o que estava acontecendo, continuavam conversando e olhando ansiosos para uma porta, de onde sabiam que, a qualquer momento, Marconi apareceria. Isso realmente aconteceu. Poucos minutos depois, a porta se abriu e, por ela, entrou um senhor com os cabelos brancos e um belo sorriso. Ao vê-los ali, disse, quase gritando:

— Vocês chegaram? Que bom. Desculpem se os fiz esperar, mas estamos com muito trabalho.

— Nós somos quem precisamos nos desculpar, Marconi. Nós nos atrasamos um pouco e sabemos que sempre está com muito trabalho. Não queremos interromper.

— Sei que não gostarão do que vou dizer, mas nem notei que estavam atrasados. Como disse, estamos com muito trabalho. Sei que nos ajudarão muito. Obrigado por terem vindo. Três de nossos irmãos estão se preparando para a partida.

— Sabemos que eles estão se preparando para voltar. É por causa deles que estamos aqui. Nesse momento, podemos ajudar de alguma maneira?

— Claro que sim. Você e Donata são mestres e, além de nos ajudar, poderão nos ensinar muito. Quem são esses jovens que estão acompanhando vocês?

Ademir e Donata se voltaram. Donata, pela expressão do rosto de Marina e de Jaime, percebeu que alguma coisa não estava bem, mas ficou calada. Ademir respondeu:

— Os dois vieram para nos ajudar a cumprir a nossa missão aqui com vocês e a outras duas muito importantes. Este é o Jaime e esta é Marina.

— Muito prazer. Como devem saber, meu nome é Marconi. Trabalho aqui neste hospital há muito tempo. Vocês estão em muito boa companhia. Estes dois são mestres e, se quiserem, poderão aprender muito.

— Muito prazer. Faremos o possível para aprender tudo. Não é, Marina?

Marina, ainda tremendo, disse:

— Muito prazer. Estou muito feliz em estar aqui, embora não saiba se vou ajudar de alguma maneira. Não tenho certeza se vou conseguir, mas vou tentar.

Ela disse isso, estendendo a mão para Marconi e forçando um sorriso. Ele, assim que pegou sua mão, percebeu que ela estava tremendo. Sorrindo, disse:

— Que bom que está aqui, Marina. Sei que aprenderá muito e que ajudará também. Não se preocupe, pois, mesmo sem saber, no momento certo e que for necessário, nos ajudará muito.

Luci os interrompeu:

— Desculpem, mas já que estão aqui e já matamos a saudade, preciso me retirar. Preciso ficar ao lado de Leopoldo. Estamos preparando tudo para quando a hora dele chegar. Irene está lá, ela faz questão de estar presente na hora em que ele partir.

— Está bem, Luci, pode ir. A presença de Irene vai ser muito importante.

Luci saiu. Marconi voltou-se para Ademir e disse:

— Ademir, sinto muito, mas não posso mais ficar aqui. Quer me acompanhar? Um de nossos irmãos está terminando, agora, a sua jornada aqui na Terra e precisa da nossa ajuda.

— Claro que quero. Foi para isso que viemos.

Entraram pela mesma porta pela qual Marconi havia saído e viram um corredor, com muitas portas. Entraram em uma delas. Lá dentro, só havia uma cama com um paciente deitado. Aproximaram-se da cama. De um lado, estava uma enfermeira que, devido aos fios prateados, perceberam que era encarnada. Ela, demonstrando preocupação, examinava os aparelhos acoplados a um senhor que, com a aparência abatida, estava deitado e parecia dormir. Do outro lado da cama, estava uma senhora, muito preocupada. Marina percebeu que ela não tinha os fios prateados. Por isso, soube que era desencarnada. Assim que os viu, a senhora disse:

— Ainda bem que voltou, Marconi. Estou muito preocupada, Leopoldo não está bem. Quer porque quer sair daqui e ir lá em casa. Já tentei lhe dizer que está muito fraco e que não pode ir, mas está sendo difícil fazer com que fique na cama. Ele não me ouve nem me vê.

— Não se preocupe, Irene. Estamos aqui e faremos o que for possível para convencê-lo. Mesmo que ele não a ouça nem a veja, sua vibração e dedicação estão sendo muito importantes e valiosas. Embora você não perceba, ele as está sentindo e, com o passar do tempo, sentirá ainda mais.

— Por muito que faça, nunca farei o suficiente... foi meu marido por mais de vinte anos. Por isso, conheço-o muito bem. O dinheiro foi sempre sua obstinação e faria qualquer coisa para obtê-lo, nunca ficou contente com o que tinha e sempre quis mais. Por isso sei que será muito difícil convencê-lo a abandonar tudo o que conquistou.

— Nada é impossível, Irene. Nada...

Dizendo isso, Marconi se aproximou. O homem, embora aparentasse estar dormindo, na realidade, não estava. Seu espírito lutava para sair do corpo e, em seu pensamento, surgiam imagens de uma casa grande e luxuosa, onde, na garagem, havia muitos carros. No mesmo instante, ele se via diante de um cofre escondido atrás de um quadro, tentava abrir, mas não conseguia. Ele, desesperado, se debatia sem parar. Marconi, lançando jatos de luz sobre ele, disse:

— Olá, Leopoldo, como está?

— Ainda bem que voltou, doutor! Preciso ir embora daqui! Se continuar preso a esta cama, aqueles imprestáveis vão acabar com o meu dinheiro e com o resultado de tantos anos de trabalho! Não posso permitir!

— Sei disso, mas você não está bem e precisa se entregar à vontade de Deus. Seu tempo terminou. Vai para um lugar, onde se sentirá muito bem.

— Não quero ir para lugar algum! Só quero voltar para minha casa e para o meu trabalho! De que tempo está falando? Não tenho tempo para ficar aqui! Estou bem e preciso voltar para os meus afazeres!

— Tudo o que tinha de fazer, já fez. Estou falando do seu tempo aqui na Terra. Chegou a hora de retornar e avaliar como foi esta sua encarnação.

— Não tenho para onde ir a não ser para minha casa! Não sei nada sobre encarnação! Não sei o que está falando, também não me importa.

— Não pode mais fazer isso. O seu caminho agora é outro, Leopoldo, seu tempo terminou.

— De que tempo está falando? Não posso ir para lugar algum, tenho muito trabalho a fazer!

— Tudo e todo o trabalho que tinha de fazer, já fez. Agora, só resta colher os frutos.

— Não sei o que está dizendo. Preciso ir embora! Talvez não saiba, tenho muito dinheiro e posso lhe dar o que desejar para me tirar daqui, quanto quer? Pode dar o preço que eu pagarei! Ganhei e guardei muito dinheiro!

Marconi sorriu e olhou para os outros que acompanhavam a conversa. Depois de algum tempo, disse:

— Não quero seu dinheiro e não posso permitir que saia daqui. O que posso lhe oferecer é a nossa ajuda para que se desprenda do corpo e, depois, acompanhar você para a sua nova moradia. Não tenha medo, não vai sentir nada...

— Impossível que não queira meu dinheiro! Todos querem e todos têm um preço! Qual é o seu?

— Sim, tem razão, todos têm um preço. Eu também.

— Qual é o seu preço?

— Para o lugar aonde vamos, seu dinheiro não tem importância alguma. Tudo o que conquistou e guardou vai ficar aqui. Para onde vai, somente interessa o bem que fez e os amigos que conquistou. Quero que se entregue e permita que o ajudemos a se libertar desses fios que estão prendendo você ao corpo. Assim que isso for feito, você se sentirá livre e poderá ir para onde quiser.

— Só quero ir para minha casa e ver se todas as ações e o dinheiro estão no cofre!

— Já faz muito tempo que você está sobre essa cama, Leopoldo. Seu corpo envelheceu e está se decompondo. Suas costas estão cheias de feridas. Deixe que o ajudemos. Não pode mais resistir. Como acontece com todos, para você também chegou a hora da verdade e você precisa enfrentá-la. Não há como escapar.

Enquanto Marconi conversava com Leopoldo, os outros permaneciam calados e com as mãos estendidas, jogando fachos de luz. Todos, menos Marina. Ela também estava com as mãos estendidas, mas tremia e estava se sentindo tão mal, que de suas mãos as luzes não se formavam. A enfermeira virou Leopoldo de lado e viu as feridas que tinha por todo o corpo. Saiu e voltou logo depois, trazendo um carrinho, onde havia água e medicamentos. Molhou um algodão com água e, com cuidado, carinhosamente, começou a limpar as feridas. Eles acompanhavam com respeito aquele ato de dedicação e se afastaram um pouco. A enfermeira continuou fazendo o seu trabalho. Marina, ao ver as feridas, ficou pior do que estava e disse:

— Ademir, não posso mais ficar aqui! Estou me sentindo mal, preciso sair!

Antes que Ademir falasse qualquer coisa, Marina saiu correndo pela porta do quarto e, ainda correndo, passou pelo corredor, pelo saguão, até que finalmente, chegou ao lado de fora do hospital, onde respirou fundo, pois, do jardim, vinha um cheiro de grama e flores. Chorando muito e, desesperada, se deitou na grama que estava molhada pelo orvalho.

Todos viram quando Marina saiu correndo, mas permaneceram onde e da maneira como estavam. Irene disse baixinho:

— Marconi, enquanto a enfermeira estiver cuidando de Leopoldo, não temos muito que fazer, por isso, vou até lá fora tomar um pouco de ar fresco.

Eles entenderam e Marconi, sorrindo, disse:

— Faça isso, Irene. Deve mesmo estar precisando de um pouco de ar.

Irene se afastou. Os outros a acompanharam com os olhos. Ademir olhou para Donata, sorriu e juntos começaram a jogar luzes sobre a enfermeira que, com tanto carinho, continuava a cuidar das feridas de Leopoldo. Ela não imaginava o quanto, naquele instante, estava sendo abençoada.

Em poucos segundos, Irene estava ao lado de Marina, que continuava deitada na grama e chorando. Sentou-se ao seu lado e, bem devagar, passou a mão sobre sua cabeça, perguntando:

— Vi quando saiu correndo e achei que precisava conversar, por isso estou aqui. Como é o seu nome?

Marina olhou para a aquela mulher que não conhecia, mas percebeu em seu olhar muita bondade. Respondeu:

— Marina...

— Seu nome é muito bonito. O que está sentindo, Marina? Parece que ficou muito nervosa. Que aconteceu lá dentro que fez com que ficasse assim?

Marina levantou a cabeça e depois o corpo, ficando sentada de frente para Irene, e respondeu:

— Eu sabia que não devia ter vindo nesta missão... sabia que não ia ajudar, mas só atrapalhar...

— Por que está dizendo isso? Sua presença é importante. Mesmo sem saber ou fazer algo, a energia que transmite aos doentes é um grande consolo e lhes faz muito bem.

— Preciso acreditar nisso, mas está muito difícil. Esperei tanto pela oportunidade de poder vir visitar a minha família e saber como eles estão e, quando a oportunidade chegou, me encontro em uma situação como esta! Isso não é justo. Odeio hospitais, não consigo ficar dentro de um nem ver as pessoas sofrendo e, muito menos, cuidar delas. Eu avisei ao Ademir e a Donata. Sou ruim, não tenho compaixão...

— Por que está dizendo isso? Você não me parece ser ruim ou sem compaixão. Ao contrário, parece que está sofrendo muito com esta situação.

— Estou sofrendo porque não posso ajudar e sei que, para que possamos evoluir, precisamos deixar de lado todo o sentimento de ódio e revolta. Também devemos fazer caridade, mas não consigo deixar nenhum dos dois sentimentos nem ser caridosa com os doentes. Estar aqui, neste hospital, e vendo as pessoas doentes, me lembro do tempo em que fiquei em um deles, de como sofri com a minha doença e da revolta que senti ao ver que teria de ir embora, deixando meus familiares e, principalmente, meu marido e filhos ainda pequenos. Aquilo para mim não era e ainda não é justo. E agora que tudo passou, já tive algum entendimento do porquê aconteceu, mas, mesmo assim, não consigo ajudar nem apenas ver uma pessoa doente. Sei que deveria ser abnegada como Ademir e Donata, mas não consigo... sou tão ruim que de minhas mãos não sai nem um pequeno facho de luz. Sei que se não superar esses sentimentos, nunca vou conseguir fazer caridade e, portanto, não conseguirei evoluir. Não sei o que fazer. Vou pedir para retornar e, embora seja doloroso, esperar uma próxima oportunidade para rever a minha família e, principalmente, meus filhos e marido. Já esperei tanto, posso esperar mais um pouco. Não vejo outra solução.

— Quer me contar como tudo aconteceu? Talvez falando, você fique melhor e consiga decidir com mais clareza.

— Tem certeza que quer ouvir?

— Tenho. Estou percebendo que você está confusa. Para se fazer caridade, não é preciso cuidar de doentes. Muitos, assim como você, não conseguem. Nem todos têm essa qualidade, mas ajudam de outra maneira e, portanto, também fazem caridade. Mas existem aqueles que, graças a Deus, fazem isso com tranqüilidade. Ajudam aqueles que estão doentes e que precisam de carinho e atenção. A sua simples presença, nesta equipe, com sua energia e suas orações, pode ajudar muito. Não duvide disso.

— Quer mesmo me ouvir?

— Quero, enquanto a enfermeira estiver cuidando do meu marido, muito pouco ou quase nada pode ser feito. Marconi, que tem sido muito dedicado, e os outros, continuarão a seu lado, despejando muita luz e bênçãos sobre ele. Eu poderei ficar um pouco de tempo aqui, ao seu lado, e, se quiser me contar o que lhe aconteceu, ouvirei com muito prazer.

— Bem, eu nasci em uma casa onde meus pais se davam muito bem. Eu e mais dois irmãos. Eu era a do meio. Sabe como é filho do meio, acha que fica sempre em segundo plano e que as atenções são todas para o mais velho, depois para o caçula e, depois, só depois para ele — disse isso, rindo.

Irene também riu e disse:

— Sempre ouvi dizer isso, mas não senti. Eu era a caçula e só tive um filho.

— Hoje, depois que tive duas crianças, não sei se isso é verdade, mas naquele tempo eu sentia muito. Meu pai, embora não fosse uma pessoa rica, nunca deixou que nos faltasse nada. Para isso, trabalhava muito e minha mãe sempre cuidou da casa e dos filhos com muito carinho. Eu nunca tive do que me queixar. Meus pais viviam em perfeita harmonia. Tinham lá suas discussões normais, mas nada sério que pudesse nos causar preocupações. Quando chegou a hora de ir para a faculdade, eu não sabia o que queria estudar. Acho que todos os jovens passam por essa fase, que é muito difícil. O meu irmão mais velho não demorou muito para decidir. Foi estudar direito e o mais novo, engenharia. Só eu fiquei indecisa. Meu pai ficou preocupado com minha indecisão. Tinha uma pequena empresa, disse:

— Marina, já estou cansado de tanto trabalhar. Queria passar mais tempo com sua mãe, viajar. Sabe que meu sonho é morar em Portugal, mas só poderei fazer isso, se tiver alguém que cuide da empresa.

— O que o senhor está sugerindo, pai?

— Sabe que eu ficaria muito feliz se você fosse uma médica. Sempre quis ter um médico na família. Seus irmãos não quiseram, e você?

— *Nem pensar, pai. Não posso, nem por um segundo, me imaginar tratando de pessoas doentes. Não nasci para isso! Não gosto de ver sofrimento...*

— *É uma pena. Ainda bem que muitos não pensam isso. Já pensou se todos se recusassem a ser médicos e a tratar dos doentes, o que seria da humanidade?*

— *O senhor tem razão, mas eu não posso.*

— Ele tinha razão mesmo. — interrompeu Irene.

— Sei que tinha razão, mas aquilo estava além das minhas forças. Não suportaria nem suporto ver pessoas doentes, sentindo dor. Morro de pena e fico mais triste ainda, quando sei que, por mais que se faça, não haverá salvação. Convivi com doentes terminais e sei como é triste. Eu mesma fui uma doente terminal. Acompanhei o sofrimento da minha família e, muitas vezes, pedi que a morte me levasse.

— Para ajudar esse sofrimento a ser menor, existem os médicos. Já imaginou se não os tivesse ao seu lado? Seu sofrimento seria bem maior.

— Não só imaginei, como, quando fiquei doente, senti na própria pele. Sei que sem um médico, tudo teria sido mais difícil. Acho que o médico, antes de nascer, é escolhido por Deus. É um iluminado...

Irene, percebendo que Marina, com aquela conversa, estava mais calma, disse:

— Nem todos, Marina... nem todos...

— Talvez tenha razão, mas todos os que conheci me trataram muito bem e sem eles o sofrimento teria sido maior...

— Posso imaginar, mas continue.

— Vendo que eu não queria ser médica, meu pai, disse:

— *Já que não quer ser médica, poderia tentar fazer administração. Poderia, depois de formada, cuidar da empresa e, assim, eu e sua mãe poderíamos desfrutar a vida e, quem sabe, voltarmos para Portugal.*

— Meu pai tinha uma empresa de móveis. Ela não era muito grande, mas sempre nos deu tudo o que precisávamos para viver com tranqüilidade. Mesmo sem ter certeza de que era aquilo mesmo que eu queria e sem ter alternativa, comecei a freqüentar a faculdade. Depois, quando comecei a entender, gostei e fiquei feliz por estar estudando aquilo. Estava estudando, quando, um dia, minha amiga Sueli me disse:

— *Marina, vai ter uma festa dos veteranos e fomos convidadas. Você quer ir?*

— Eu sabia que seria muito difícil convencer meu pai a me deixar sair à noite, muito menos ir sozinha a uma festa. Respondi:

— *Gostaria muito, mas não sei se meu pai vai deixar, Sueli. Você o conhece e sabe como ele é rígido.*

— *Quem sabe ele deixa. Acho que vai ser uma festa muito boa. Vale a pena tentar. Peça a ele, Marina. Você já está quase com vinte anos, precisa sair, se divertir e conhecer pessoas, principalmente, rapazes.*

— Eu sabia que a festa seria boa, mas, mesmo que não fosse, estava com muita vontade de ir. Sorrindo, disse:

— *Está bem, vou falar com ele.*

— Cheguei a casa, tentei falar com meu pai, mas não tive coragem. Tentei muitas vezes, mas ele, não sei, talvez percebendo que eu queria dizer algo que o deixaria nervoso, evitava qualquer conversa e sempre que eu me aproximava dele, ele se afastava. Vendo que não tinha como falar com ele, pedi a minha mãe para que conversasse com ele e o convencesse a me deixar ir ao baile. Após me ouvir, ela disse:

— *Você sabe que seu pai não quer que saia sozinha, muito menos à noite. Se lhe disser que vai ser uma festa de veteranos, ele vai gostar muito menos ainda.*

— *Sei disso, mamãe. Por isso, estou pedindo que converse com ele. Só a senhora pode me ajudar. A senhora sabe como falar com ele e ele sempre ouve a senhora e faz todas as suas vontades...*

— *Está bem, vou conversar, mas não posso prometer nada. Sabe como ele é rígido quanto a isso.*

— Ela conversou com ele e, para nossa surpresa, ele deixou. Não ficou nervoso e disse:

— *Pode ir, Marina, só que um de seus irmãos terá de ir junto com você.*

— Com muito custo, consegui convencer meu irmão mais velho. Ele estava namorando há pouco tempo. Conversou com a namorada e ela aceitou ir também. Tudo certo, me preparei para a festa. Mandei fazer um vestido novo e comprei sapatos. Estava feliz. A festa ia ser em um salão grande. Eu nunca tinha ido a uma festa igual àquela. Só tinha ido a festas de casamento ou aniversário. Por isso eu estava ansiosa. Quando chegamos, eu, Sueli, meu irmão e Rosa, a namorada dele, ficamos encantados com a beleza e o tamanho do salão. As pessoas que estavam lá eram bonitas e bem vestidas. Eu não conseguia esconder meu encantamento. Sentamos e comecei a olhar tudo. Entre todos os rapazes, vi um que chamou minha atenção. Ele era alto, moreno e estava muito bem vestido: terno azul-marinho, camisa de um azul mais claro e gravata também em um tom diferente de azul. Olhei para ele por algum tempo, mas ele não me notou. Estava rodeado por moças mais velhas, provavelmente colegas da faculdade. Conversava e ria muito, por isso consegui ver seus dentes lindos e perfeitos. A música começou a tocar. Mesmo sem querer, não conseguia tirar os olhos dele. Mas foi em vão. Ele começou a dançar com várias moças. Com todas, conversava e ria. Alguns rapazes me tiraram para dançar. Aceitei, mas queria mesmo dançar com ele. Faltava meia hora para a festa terminar. Eu, apesar de não ter dançado com ele, estava feliz. Cansada, me sentei e comecei a tomar um refrigerante. Ele terminou de dançar, se voltou para conversar com um rapaz que estava sentado em uma mesa ao lado da que eu estava. Acenou com a mão e só naquele momento me viu. Eu, que desde a primeira vez que o vi estava olhando para ele, fiquei envergonhada e desviei o meu olhar. Ele pareceu notar, se aproximou da mesa em que o amigo estava e começou a conversar com ele. Sentindo ele perto de mim, comecei a tremer e a ficar cada vez mais nervosa. Ele conversava, mas não tirava o olhar de mim. Eu não estava olhando, mas sentia que ele estava. Quando uma nova música começou a ser tocada, ele, sorrindo, perguntou:

— *Aceita dançar comigo?*

— Eu comecei a tremer e não sabia o que dizer. Ele, pensando que eu não queria, começou a se afastar. Vendo que ele ia embora, eu quase gritei:

— *Aceito.*

— Ele, sorrindo, se voltou. Com muito custo, me levantei e começamos a dançar. Ao sentir o seu braço na minha cintura, tremia ainda mais. Ele percebeu e disse:

— *Você dança muito bem.*

— Fiquei calada. Ele perguntou:

— *Qual é o seu nome?*

— *Marina.* — respondi com a voz embargada.

— *Seu nome é lindo. Igual ao daquela música. Marina morena, só que você não é morena, é loura e muito bonita.*

— Eu não acreditava que aquilo estava acontecendo. Mas dançamos todas as músicas até que, para minha tristeza, a festa terminou. Estávamos saindo, quando ele disse:

— *Gostaria de ver você novamente. Como vamos fazer?*

— Eu, como se estivesse voando, respondi:

— *Estou no primeiro ano de administração. Se quiser, pode me ver lá.*

— *Está bem, pode esperar. Quero ver você outras vezes.*

— Sorri, olhei para meu irmão que estava me olhando feio. Não me importei. Estava feliz demais para me preocupar. Só quando cheguei a casa foi que me lembrei que não sabia o seu nome e nem havia lhe dado o número do meu telefone. Os dias foram passando e, todas as noites, quando saía da faculdade, eu ficava olhando para ver se ele estava me esperando. Mas, nada. Ele não estava. Mais de um mês depois, eu já tinha me conformado que ele, infelizmente, não viria mais e o que tinha acontecido entre nós dois havia sido só a impressão de uma noite. Fiquei muito triste, mas as provas estavam chegando e eu precisava estudar. Em uma noite, ao sair da faculdade, eu estava conversando com Sueli, quando o vi do outro lado da rua. Assim que o vi, meu coração disparou e comecei a tremer, sem conseguir me controlar. Ele estava ali, bonito como eu me lembrava. Ao me ver, sorriu, atravessou a rua e caminhou em nossa direção. Quando se aproximou, sorrindo, disse:

— *Olá, Marina, estou aqui há algum tempo esperando você sair. Demorou muito.*

— Eu, com as pernas tremendo e o coração batendo forte, fiquei sem saber o que dizer. Ele continuou.

— *Desculpe não ter vindo antes, tive de viajar. Cheguei hoje pela manhã. Está se lembrando de mim?*

— *Estou... claro que estou...*

— Daquele dia em diante, ele vinha sempre me ver. Eu, por mais que quisesse, não conseguia acreditar que realmente aquilo estava acontecendo. Com o passar do tempo, começamos a namorar sério e, depois que terminei a faculdade, nos casamos. Foi assim que tudo começou. Norberto, meu marido, sempre foi muito carinhoso e dedicado.

Irene, percebendo que aquela conversa estava fazendo muito bem para Marina, disse:

— Que bonita história, Marina.

— Sim, bonita demais... estávamos muito felizes, por isso, não podia continuar...

— Que é isso, Marina? Poucas são as pessoas que conseguem encontrar alguém que as ame realmente e, por tudo o que está me dizendo, parece que você e seu marido se amavam. Embora tenham vivido pouco tempo juntos, foram felizes. Olhe que isso é difícil de acontecer...

— Sim, isso é verdade. Depois de formada, comecei a trabalhar com meu pai e Norberto começou a advogar. Éramos felizes, pois gostávamos do que fazíamos. Um ano depois do nosso casamento nasceu nosso primeiro filho, Joel. Ele era um bebê lindo e só aumentou a nossa felicidade. Era o primeiro neto dos meus pais, por isso, muito paparicado. Ele era saudável e inteligente. Com menos de um ano já caminhava e falava quase tudo. Minha felicidade era completa. Tinha meu marido, um filho lindo e morava em uma linda casa com todo o conforto. Nada mais eu queria da vida. Dois anos depois, nasceu Berenice, minha filha, que veio completar a nossa felicidade.

— Ah, vocês estão aí?

Voltaram-se e viram Donata que acabava de chegar.

— Estamos, sim, Donata. Eu e Irene estávamos conversando. Aliás, estávamos não. Eu estava falando e ela ouvindo. — Marina disse, tentando sorrir.

— Ela estava muito nervosa, Donata, e achei que se conversássemos, se sentiria melhor. Ficamos aqui e nem vimos o tempo passar.

— Que bom. Está melhor, Marina?

— Sim, embora continue achando que deveria voltar. Sinto que a minha presença não é necessária e que só vou atrapalhar. Desde o começo sabia que não deveria fazer parte dessa equipe. Não consigo ficar ao lado de pessoas doentes. Fico muito nervosa, Donata...

— Percebi, mas ainda é cedo para desistir. Agora, precisamos voltar, Irene. A enfermeira já terminou de cuidar de Leopoldo. Seu corpo está limpo e confortável, mas seu espírito está muito nervoso e é difícil controlá-lo, por isso, vim buscar você. Precisamos da sua presença, talvez, agora, com a nossa presença, consiga acalmá-lo.

— Está bem, vamos para lá e, tomara, consigamos fazer com que nos escute. Venha, Marina, depois continuaremos a nossa conversa e poderá me contar o resto.

— Não sei se devo ir... será que não vou atrapalhar, Donata? Não seria melhor eu continuar aqui, até que tudo termine?

— Não. O nosso trabalho terá de ser feito. Só precisa ficar ao nosso lado, nos ajudando com orações. Só isso, nada mais. Vamos e verá que não é tão difícil assim como está imaginando. Leopoldo está precisando da nossa ajuda. Não pode continuar lutando e com medo de encarar a sua verdade...

— Se não me sentir bem, posso sair novamente?

— Claro que sim. Você é livre para decidir o que quer fazer. Só não pode ir embora agora, porque não pode fazer isso sozinha. Seria perigoso e nós não podemos abandonar nossa missão. Por isso é melhor que fique ao nosso lado. Não se preocupe, logo tudo estará terminado, Leopoldo seguirá o seu caminho e nós seguiremos o nosso. Venha.

— Quando poderei ver a minha família?

— Em breve, Marina. Foi para isso que veio, mas, antes, temos algum trabalho para fazer.

— Está bem, sendo assim, vamos.

As visões de Leopoldo

Voltaram para o quarto onde Marconi e os outros estavam e, imediatamente, se colocaram ao lado da cama. A enfermeira, depois que terminou os curativos, examinou o aparelho que media as batidas do coração e o pedestal onde o soro corria e entrava por uma das veias de Leopoldo. Ao perceber que tudo estava bem, mas sem imaginar o que, realmente, estava acontecendo, saiu do quarto.

O corpo de Leopoldo continuava estendido sobre a cama e completamente imóvel, porém seu espírito se debatia, querendo sair, e gritava:

— Preciso sair daqui! Tenho que ir para casa, senão eles vão me roubar!

Dos olhos de Irene, lágrimas começaram a correr por ver o marido naquela situação. Olhou para Marconi, que disse:

— Sei que está muito triste, Irene, mas, infelizmente, se ele não mudar a faixa de pensamento, teremos de tomar uma atitude drástica.

— Sei disso, Marconi, e é o que não queria. Apesar de tudo, ele foi meu companheiro de jornada. Estou muito triste por vê-lo nessa situação. Não sei o que eu poderia fazer para que fosse ao contrário.

— Talvez devesse tentar algo. — disse Donata.

Irene, esperançosa, olhou para ela e perguntou:

— O que eu poderia fazer?

— Não sei se vai dar certo, mas poderia tentar conversar com ele e fazê-lo se lembrar de como foi a vida de vocês e o quanto ele acertou e errou. Talvez, lembrando-se de tudo, ele mude de atitude.

— Ela tem razão, Irene. Talvez dê certo.

— Posso tentar, Marconi. Tomara Deus que dê certo e que ele entenda sua real situação. Só assim, ele poderá se libertar e poderemos ir embora.

— Faça isso, Irene.

Marina acompanhava a conversa. Estava atrás de Jaime. O corpo estava quase todo escondido, deixando que só a cabeça aparecesse. Curiosa, olhava para todos. Não queria participar daquilo. Tinha medo. Donata olhou para trás e a viu ali, só com a cabeça aparecendo. Disse:

— Marina, venha para mais perto. Enquanto Irene estiver conversando com Leopoldo, precisamos de muita oração. Só com oração poderemos fazer com que ele veja e ouça Irene. Não se preocupe, ele vai estar bem.

Sabendo que não poderia se negar, ela se aproximou e se colocou ao lado de Donata. Imediatamente, todos se colocaram em oração. De suas cabeças, saíam luzes que iluminaram todo o quarto. Ao ver todas aquelas luzes e, principalmente, a que saía de sua cabeça, Marina sorriu e os acompanhou na oração.

Irene colocou a mão sobre a cabeça de Leopoldo e começou a dizer:

— Leopoldo, estou aqui.

Ele, como se ouvisse uma voz distante, perguntou:

— Irene, é você?

— Sim, Leopoldo, estou aqui ao seu lado.

— Onde? Não consigo ver você...

— Abra os olhos e, com a ajuda de Deus, me verá.

Ele abriu os olhos e se assustou ao ver aquele quarto todo iluminado com aquela luz brilhante como nunca vira antes. Gritou:

— Estou vendo você, Irene. Você está muito bonita, mas que luz é essa? Está muito forte!

— Não se preocupe com a luz, meu querido, só com você mesmo.

— Tem razão, não posso perder meu tempo me preocupando com a luz. Se você está aqui é para me avisar que estão acabando com o meu dinheiro! Você precisa me ajudar, Irene! Eles me prenderam neste quarto e não me deixam sair! Preciso ir lá em casa e ver se todo dinheiro e as ações estão lá! Não sei há quanto tempo estou aqui!

— Vou ajudar, Leopoldo, mas você mesmo precisa se ajudar. Sei que quer sair deste quarto e desta cama. Estou aqui para ajudá-lo a fazer isso. Se me ouvir, poderemos ir embora e logo estaremos em um lugar muito bom.

— Não quero ir a lugar algum! Quero ir ver como está o meu cofre! Você sabe como meus sócios são gananciosos! Mandaram me internar neste hospital para poderem me roubar e ficar com tudo o que consegui com muito trabalho! Precisa me tirar daqui, Irene...

Irene, desanimada, olhou para Marconi, que, baixinho, disse:

— Comece a falar de como se conheceram.

Ela sorriu e disse:

— Leopoldo, você se lembra do dia em que nos conhecemos?

Ele ficou olhando para ela, sem responder. Ela voltou a perguntar:

— Você se lembra do dia em que nos conhecemos?

Ele, com o olhar parado em um ponto qualquer e como se estivesse querendo se lembrar, respondeu:

— Estou me lembrando. Você estava linda naquele uniforme.

— Isso mesmo, foi o meu primeiro dia de trabalho, como enfermeira, no hospital em que você era médico.

— Foi naquele dia em que eu estava muito nervoso por um dos meus pacientes ter morrido.

— Estava muito triste e eu tentei confortá-lo. Conversamos muito e eu lhe disse:

— *Não pode ficar assim, doutor, pois, embora tenha perdido esse paciente, com certeza deve ter salvado muitos outros.*

— Estou me lembrando desse dia. Você não sabia, mas eu não queria ser médico. Só fui por causa do meu pai. Ele determinou e eu somente obedeci. Eu queria ficar na fazenda e viver ao ar livre, sentindo o sol batendo em meu rosto e o cheiro do mato. Não conseguia me imaginar preso dentro de um hospital ou consultório. Não queria saber se alguém estava sentindo dor ou não. Eu não tinha paciência para tratar delas. Por isso, aquilo que você estava dizendo, para mim, não significava nada!

— Você nunca me disse isso, ao contrário, pensei que gostasse.

— Só sou médico pela insistência do meu pai. A ironia de tudo é que, dois meses antes de me formar, ele teve um infarto e morreu. Quando fomos ver seu testamento, constatamos que, de todo dinheiro que tinha, não restava mais nada. Ele havia perdido tudo! Não me pergunte como, não sei!

— Quando nos casamos, eu sabia que você não tinha dinheiro. Naquele tempo, você trabalhava em três hospitais. Trabalhava muito.

— Sim, quase não tinha tempo para dormir. Mas, mesmo assim, meu salário era pouco e até algumas coisas faltavam em nossa casa.

— Eu me lembro muito bem desse tempo.

— Então, por que está aqui impedindo que eu volte para casa e possa ver como está o meu cofre? Depois de tudo o que passei, você acha que não tenho o direito de tomar conta daquilo que trabalhei tanto para conseguir? Ninguém tem o direito de me impedir!

— Não estou impedindo você, Leopoldo. Só estou querendo mostrar que nada do que há naquele cofre tem importância. Tudo o que está lá não pertence e nunca pertenceu a você. Foi tudo um empréstimo. Agora, ficará onde está e você precisa se libertar e me acompanhar.

— Como não? Como empréstimo? Ali tem dinheiro, muito dinheiro e, como sabe, ele compra tudo! Preciso sair daqui e você tem que me ajudar, Irene! Diz para esses médicos que estão aqui, que eu estou bem, que posso voltar para casa e que você vai cuidar de mim! Faz isso, Irene... — terminou dizendo essas palavras em tom de súplica.

Irene, sem saber o quer dizer ou fazer, olhou primeiro para Marconi, depois para Donata, que disse:

— Continue tentando fazer com que se lembre de como conseguiu tanto dinheiro. Talvez isso ajude.

Irene, sem muita certeza se aquilo daria certo, sorriu e disse:

— Está bem, vou tentar.

Voltou-se para Leopoldo, cujo corpo continuava inerte sobre a cama, mas seu espírito continuava desesperado e se debatia. Ela, com carinho, colocou sua mão sobre a dele que estava sobre seu corpo e disse:

— Leopoldo, você se lembra do dia do nosso casamento?

— Claro que me lembro. Você estava linda vestida de noiva.

— E do dia que o Edgar nasceu. Você se lembra?

— Eu estava nervoso e com medo.

— Medo do quê?

— Que alguma coisa acontecesse a você ou a ele.

— Mas nada aconteceu. Ele nasceu perfeito e lindo! Foi o dia mais feliz de nossas vidas...

— Só depois que vi você e o peguei em meu colo, fiquei mais calmo.

— Tudo deu certo.

— Sim, eu estava feliz, mas quando cheguei a casa, fiquei pensando em como, com o salário que eu recebia, poderia dar a vocês dois todo o conforto de que precisavam.

— Eu também estava preocupada. Sabia que uma criança precisaria de cuidados e que para isso era preciso ter dinheiro. Nós havíamos nos casado há pouco mais de um ano. Estávamos pagando a casa que havíamos comprado e o carro também. O dinheiro era pouco.

— Eu não tinha como trabalhar em outro hospital, Irene. Sabia que o melhor seria montar o meu próprio consultório, mas além de não ter dinheiro para isso, também não tinha uma clientela. Só trabalhando no hospital, eu poderia conhecer novos pacientes, mas isso ia demorar muito.

— Foi aí que Suzana veio nos procurar, Leopoldo, e nos contou o que estava acontecendo com uma de suas clientes. Ela era manicura e cabeleireira e atendia as clientes em casa.

Ela nos disse que essa cliente estava grávida e que não poderia ter aquela criança. Sua família era muito rica, tinha um nome que não poderia ser maculado, por isso ela precisava fazer um aborto. Não queria ir a uma curiosa, tinha medo de complicações. Precisava ir a um hospital, onde teria toda a assistência. Para isso, seu pai pagaria o que fosse preciso.

— Olhei para você e fiquei esperando a sua resposta. Você, que estava sentado, se levantou, caminhou pela sala. Eu sabia que estava pensando. Depois, disse:

— *Sabe que o que está me pedindo é contra a lei, Suzana. Se eu fizer isso, poderei perder minha inscrição no conselho de medicina e nunca mais poderei clinicar.*

— *Eles sabem disso, por isso querem pagar o que for necessário.*

— Você continuou calado, pensando. Eu estava ansiosa, tinha medo de que, pelas circunstâncias em que estávamos, você dissesse sim. Eu não queria, sabia ser errado. Depois de pensar muito, com o olhar sério, disse:

— *Está bem, sei os riscos que estou correndo, por isso, se me pagarem o que eu pedir, faço o aborto com toda segurança.*

— Quando vi a quantia que você escreveu em um papel, fiquei assustada. Aquela quantia representava quatro vezes o que ganhava trabalhando nos três hospitais. Fiquei olhando para Suzana, que olhava para o papel. Para nossa surpresa, ela disse:

— *Acredito que não haverá problema algum. Essa quantia nada representa perante a imensa fortuna deles. Vou conversar com a minha cliente e, assim que tiver uma resposta, telefono para vocês.*

— Ela saiu e eu, assustada, perguntei:

— *O que você fez, Leopoldo? Vai mesmo fazer o aborto?*

— *Claro que não! Por isso, pedi aquela quantia enorme. Você acha que, por mais dinheiro que alguém possa ter, pagaria uma quantia como aquela? Lógico que não. Mas... se pagasse, seria muito bom...*

— Naquele momento, o espírito de Leopoldo arregalou os olhos e começou a gritar e a dizer:

— Quem são vocês? O que querem?

Marina e Jaime se assustaram, ficaram olhando para o espírito de Leopoldo e para onde ele, desesperado, apontava. Por mais que tentassem, não viam nada. Leopoldo começou a se debater e a gritar com mais força.

Marconi também olhou para eles e notou o espanto dos dois. Mas, naquele momento, não podia dar atenção a eles. Imediatamente, afastou Irene e se colocou no lugar em que ela estava. Com a voz firme, disse:

— Leopoldo, procure se controlar. As figuras que está vendo não estão aqui realmente.

— Como não? Eu estou vendo! Elas estão querendo me pegar! Não tive culpa! A culpa é das mães que não quiseram ter os filhos! Só fiz o meu trabalho!

— Precisa se controlar, senão não poderemos ajudá-lo.

Leopoldo estava tomado de muito medo e, sem que nenhum deles esperasse, se debateu com muita força, o que fez com que os fios prateados que ainda prendiam seu espírito ao corpo, e que estavam na cabeça e sobre o coração, se partissem e ele se visse livre. Imediatamente, saiu correndo. O aparelho em que o corpo de Leopoldo estava ligado começou a fazer um barulho estranho. No mesmo instante, a enfermeira voltou ao quarto e, apertando um botão, pensou:

Finalmente, ele se foi. Estava sofrendo muito com aquelas feridas por todo o corpo.

Um médico entrou em seguida e perguntou:

— Que aconteceu?

— Ele morreu, doutor.

O médico se aproximou e constatou que, realmente, ele estava morto. Disse:

— Peça que o retirem do quarto e avisem a família.

— Está bem, doutor.

A enfermeira estendeu o lençol por sobre o rosto de Leopoldo e saíram.

Marina e Jaime continuavam espantados. Irene tentou correr atrás de Leopoldo, mas Donata a impediu, dizendo:

— Não adianta querer ir atrás dele, Irene. Não conseguirá encontrá-lo.

— Ele está desesperado e com muito medo! Precisamos ajudá-lo, Donata!

— Sim, é claro que vamos fazer isso, mas não pode ser agora. Ele precisa entender o que está acontecendo e, só aí, poderá receber ajuda.

— Ele não vai entender se eu mesma não entendo!

Marina e Jaime estavam muito assustados. Marina olhou para Ademir e percebeu que ele estava em oração. Sua curiosidade era imensa, mas percebeu que aquele não era o momento de interromper. Irene, ainda chorando, perguntou:

— O que aconteceu? Ele estava bem e de repente ficou daquela maneira!

Donata olhou para Ademir, para Marconi e disse:

— Eles estão curiosos, precisamos contar o que aconteceu.

Ademir, sabendo que não havia alternativa, disse:

— O que viram aqui é uma coisa difícil de acontecer, mas, às vezes, acontece. Por um pedido especial de você, Irene, viemos até aqui para ajudar Leopoldo, mas sabíamos que dificilmente conseguiríamos. Ele está muito envolvido e apegado ao dinheiro que ganhou e a tudo que conquistou, sem se importar com o caminho que escolheu para essas conquistas. Precisa entender, também, que, agora, neste momento, tudo de material que conquistou não tem valor algum. Se não conseguirmos que ele faça isso, será muito difícil podermos ajudá-lo.

— Que vai acontecer com ele?

— Provavelmente, continuará fugindo das imagens que o perseguem.

Marina olhou para Jaime e perguntou:

— Você viu alguma coisa?

— Não... — Jaime respondeu assustado.

— Também não vi. A que imagens está se referindo, Ademir?

— Quem poderá responder a essa pergunta é você, Irene.

— Eu?!

— Sim, você. Foi companheira dele por muito tempo e sabe exatamente onde tudo começou. Continue contando a sua história.

Algumas horas depois, Suzana voltou a telefonar e disse:

— *A família concordou com a condição de que ninguém fique sabendo.*

— *Está bem, vou falar com o Leopoldo e telefono, em seguida, para você.*

Desliguei o telefone e ele, ansioso, perguntou:

— *O que sua irmã disse?*

— *A família concordou, com a condição de que ninguém saiba o real motivo por que foi internada.*

Ele pensou um pouco e disse:

— *Está bem, telefone para Suzana e diga que ela pode ir amanhã às oito horas no hospital. Diga à moça que ela precisa fazer jejum de doze horas. Farei o procedimento.*

— *Vai fazer o aborto, Leopoldo?*

— *Por essa quantia, eu faria qualquer coisa, Irene.*

— *Mas é contra a lei!*

— *Sei disso. Não se preocupe, tomarei toda precaução para que ninguém fique sabendo e minhas clientes também não saberão, pois essa moça fará questão de manter tudo em segredo. Não terá problema algum.*

— *Não é das leis dos homens que estou falando, mas da Lei de Deus.*

— Ele me olhou com cara de espanto e, rindo, disse:

— *Ora, Irene, que Lei, que Deus? Se Deus existisse, não permitiria que uma mulher ficasse grávida sem desejar! Sou um cientista, não acredito em Deus e em nada dessas bobagens. A única força que conheço é a do dinheiro. Só ele pode comprar tudo, todos, e abrir todas as portas.*

— *Como fará para que não descubram? O que dirá que ela estará fazendo no hospital? Ela não tem doença alguma.*

— *Direi que ela precisa se operada de apendicite.*

— Mas, não vai fazer cirurgia alguma. As enfermeiras e os outros médicos não desconfiarão?

— Como já disse, o dinheiro compra tudo e a todos. Por uma pequena quantia, todos ficarão calados.

— Está bem, vou telefonar para minha irmã.

— Telefonei para Suzana e contei o que Leopoldo havia decidido. No dia seguinte, a moça foi internada. Era filha de um político muito conhecido. Só aí entendemos o porquê de tanta preocupação com o nome.

— Leopoldo fez o aborto? — perguntou Marina.

— Sim e aquele foi o primeiro. Muitas outras mulheres e moças da sociedade começaram a procurá-lo e, também, a fazer abortos, sem se preocuparem com o valor que ele cobrava. Todas mantinham em sigilo o que faziam e só contavam para uma outra amiga que estivesse na mesma situação. Confesso que nunca pensei que tantos abortos eram cometidos. Rapidamente, ele se tornou conhecido e o dinheiro começou a chegar. Eu me deslumbrei. Logo compramos uma casa maior e um carro melhor. Leopoldo deixou de trabalhar nos hospitais e montou uma clínica com várias especialidades. Ele, na aparência, atendia como clínico, porém o que fazia mesmo e onde ganhava muito dinheiro era com os abortos. Fez muitos. Começamos a ser convidados para festas e cerimônias. Eu ficava cada vez mais deslumbrada com aquela vida que nunca imaginei que, um dia, poderia ter. Não quis ter outro filho. Com a vida que levava, não queria que meu corpo se deformasse. Quanto mais dinheiro ele ganhava, mais queria ganhar e eu, quanto mais gastava, mais queria gastar. Nosso filho foi crescendo. Ele era um menino estranho, mas eu, envolvida com a minha própria vida, não notei. Ele estava com seis anos. Numa noite, quando estava me preparando para ir a uma grande festa que ia acontecer na casa de um rico empresário, Lenice, a babá que cuidava do meu filho, entrou em meu quarto e disse:

— O Edgar não está bem, senhora. Ele está com muita febre. Acho que precisa ir ao pediatra.

— Logo hoje que vamos a uma grande festa? — perguntei, irritada.

— *Não sei o que fazer, ele está também com muita dor de cabeça.*

— *Hoje vamos a uma grande festa. Dê um comprimido para febre e, amanhã, o Leopoldo cuidará dele.*

— A babá, seguindo minha orientação, fez exatamente isso. Não comentei com Leopoldo e fomos à festa. Quando voltamos, já de madrugada, a babá continuava nervosa e, assim que entramos em casa, ela disse:

— *O Edgar não está bem, a dor de cabeça e a febre continuam.*

Leopoldo olhou para mim e perguntou:

— *Que está acontecendo com ele, Irene?*

— *Não sei, antes de sairmos, a Lenice me disse que ele estava com dor de cabeça e com febre. Disse a ela para dar um comprimido e que, amanhã, você cuidaria dele.*

— *Por que não me contou?* — perguntou, nervoso, indo em direção ao quarto de Edgar. Eu, acompanhando-o, respondi:

— *Estava na hora de sairmos para a festa.*

— *Não devia ter feito isso, Irene, febre e dor de cabeça pode ser muito grave.*

— Fiquei calada, não achava que poderia ser algo grave. Edgar, embora fosse um tanto estranho, gozava de boa saúde. Entramos no quarto. Leopoldo o examinou e, assustado, disse:

— *Precisamos levá-lo agora mesmo para o hospital. Tomara que não seja tarde demais.*

— *O que ele tem, Leopoldo?*

— *Pelo que pude examinar, ele pode estar com meningite.*

Ao ouvir aquilo, perguntei assustada:

— *Meningite? Não pode ser...*

— Eu era enfermeira e sabia o que aquela palavra significava. Ele, preocupado, disse:

— *Sim, pode ser, mas agora não podemos perder tempo. Vou telefonar para o Leonel, ele é neuro e examinará Edgar. Contarei o que ele está sentindo e do que estou desconfiado. Enquanto isso, enrole Edgar em um cobertor e vamos bem depressa.*

Ajudada por Lenice, enrolamos um cobertor em Edgar. Logo depois, Leopoldo voltou, dizendo:

— *O Leonel vai nos encontrar no hospital. Agora, vamos, não podemos perder tempo.*

— Fomos para o hospital. Quando chegamos, o neurologista já estava lá e, após examinar Edgar, disse:

— *Você tinha razão, Leopoldo. Pelo exame que fiz, pude constatar que pode ser mesmo meningite. Precisamos fazer alguns exames de laboratório para termos certeza.*

— Enquanto retiravam o material para ser examinado, eu, desesperada, chorava sem parar. Não entendia nem aceitava que algo como aquilo estivesse acontecendo em minha casa e com o meu menino. Leonel administrou um remédio e nos disse;

— *Agora, só precisamos esperar o resultado do exame. Por enquanto, ele está bem. Vamos rezar a Deus para que não seja meningite.*

— Saí para a sala de visitas, onde havia dois sofás e um espelho preso em uma parede. Olhei o espelho e só ali pude ver que estava ainda com o lindo vestido de festa. Fiquei com muita raiva e pensei:

Se não tivesse querido tanto ir àquela festa, teria dado atenção para o que Lenice me disse e meu filho não estaria ali, naquela cama.

— Passamos a noite toda ali, esperando o resultado dos exames. No dia seguinte, logo pela manhã, Leonel veio ao nosso encontro, dizendo:

— *Infelizmente, foi confirmado, Edgar está mesmo com meningite. Vamos iniciar o tratamento e torcer para conseguirmos salvar a sua vida, embora saibamos que, mesmo que isso aconteça, não poderemos evitar alguma seqüela, se ela se manifestar.*

— Sabíamos, mas não nos importavam as seqüelas. Queríamos o nosso menino, vivo e feliz. Eu e Leopoldo ficamos o tempo todo ali. Enquanto os médicos estavam com Edgar, nos pediram que saíssemos do quarto. Saímos e fomos para a sala de visitas, que ficava ao lado. Nos sentamos e eu perguntei:

— *Será que Deus está nos castigando, Leopoldo?*

— Ele me olhou como se fosse a primeira vez que me visse. Confuso, perguntou:

— *Por que está dizendo isso, Irene?*

— *Será que Ele não está nos castigando por causa de todas aquelas crianças que você não deixou nascer?*

— *Deve estar completamente louca! Deus não existe! Como cientista, não tenho prova da sua existência, mas, se existisse, não poderia culpar a mim, mas às mulheres que não querem ser mães! Eu não tenho culpa! Só estou exercendo a minha profissão!*

— *Na sua profissão não é permitido fazer o aborto.*

— *Ora, Irene. Existem leis que, embora tenham sido criadas por uma boa causa, não pegam. Assim como é proibido a um médico praticar o aborto, é exigido também que ele salve vidas. Embora o aborto seja proibido por lei, não deixa de ser praticado. Eu, como médico, quando uma mulher decide interromper uma gravidez, tenho de dar a ela a segurança de um hospital, onde terá toda assistência. Pior é para aquelas que se submetem a uma curiosa qualquer, o que pode, sim, ser muito perigoso, podendo até levá-las à morte. Estou fazendo meu trabalho, Irene. Se eu não fizesse esse trabalho, outro faria e eu deixaria de ganhar muito dinheiro e isso não me interessa.*

— *E a lei de Deus?*

— *Não sei se essa lei existe, mas mesmo que exista, não é ela que coloca comida em nossa mesa. Se ela existir, sei que não sou o culpado. Culpadas são as mulheres que me procuram.*

— Desculpe por interromper você, Irene, mas posso fazer uma pergunta?

— Claro que sim, Marina.

— Ademir, o que ele disse não deixa de ser uma verdade. A mulher é responsável pela criança que vai nascer, não é? O médico só atende um desejo dela. Como ele disse, se não fizesse, outro faria.

— Você tem razão, Marina. As mulheres são responsáveis pela criança que vai nascer, mas não só elas. Os homens que as engravidaram, médicos e todos aqueles que sabem da existência da criança e que, de alguma forma, tomam parte na decisão de matá-las antes de nascer. As leis existem para serem cumpridas, embora algumas pessoas deixem de cumpri-las. O médico sabe que não pode matar, e praticar aborto é assassinato. Leopoldo, embora não cumprisse, sabia que era errado.

Marina ouviu e ficou calada. Ademir, vendo que ela estava calada, perguntou:

— Está satisfeita, Marina? A minha resposta convenceu você?— Ademir perguntou, sorrindo.

— Sim, obrigada, Ademir.

— Sendo assim, Irene, pode continuar nos contando como tudo aconteceu.

— Está bem, Ademir, vou continuar. Leopoldo me dizia aquelas coisas, mas eu não entendia e disse:

— Não entendo por que o nosso menino está com meningite. Só pode ser coisa de Deus... se você não estivesse fazendo abortos, talvez as mulheres que o procuraram, pensariam um pouco mais.

— Acredita mesmo nisso que está dizendo, Irene? Acredita que se eu parasse de atender as mulheres que me procuram, elas não fariam o aborto?

— Não sei...

— Mas devia saber. Elas procurariam outro médico ou mesmo uma curiosa qualquer que estariam ganhando o dinheiro que, por direito é meu. Quando a mulher não quer uma criança, encontra uma maneira de interromper. A culpa é dela, não minha!

— Não sei... acho que estamos sendo castigados...

— Está nervosa, Irene, e não sabe o que está dizendo! A meningite é causada por vírus ou bactéria, Deus não tem nada a ver com isso!

— Como Edgar pode pegar meningite, Leopoldo? Ele vive em um ambiente limpo, saudável, e tem uma boa alimentação. Não consigo entender nem aceitar.

— Agora não é hora de pensarmos nisso, Irene. Precisamos esperar que o tratamento dê certo e que Edgar resista. Por ser saudável e bem alimentado, tem muitas chances de se recuperar.

— Sabe que pode restar alguma seqüela.

— Sei disso, espero que nada aconteça e que ele se recupere totalmente, mas, se acontecer, se ficar alguma seqüela, outra vez, graças ao dinheiro que você disse que ganho desonestamente, poderemos dar a ele um ótimo tratamento.

— Fiquei calada, pois, no íntimo, achava que ele tinha razão. Realmente, se meu filho ficasse com alguma seqüela, graças ao muito dinheiro que tínhamos, poderíamos lhe dar um ótimo tratamento.

— Você pensou isso, Irene?

— Sim, Marina, pensei. O tratamento deu certo e o médico conseguiu afastar o risco de morte, mas uma seqüela restou. A bactéria atingiu o cérebro e Edgar nunca mais conseguiria ouvir ou falar. Quando recebi a notícia de que ele estava fora de perigo, fiquei feliz e ao mesmo tempo triste por saber que ele ficaria naquela situação. O médico disse:

— Não fique assim, Irene, existem boas escolas que ensinarão ao Edgar como conseguir se comunicar. Ele poderá ter uma vida normal.

— Como normal? Ele aprenderá a falar por sinais ou a ler lábios, mas quantas pessoas entendem a linguagem dos sinais? Ele nunca terá uma vida normal!

— Tem razão, mas nada podemos fazer contra isso. O que fiz e o que me deixou muito feliz foi ter conseguido evitar que ele morresse. Agora, daqui para a frente, tudo dependerá de vocês. Ele está vivo e isso é o que importa.

Leopoldo, ao receber a notícia, assim como eu, ficou feliz por Edgar ter escapado da morte, mas ao mesmo tempo triste pela seqüela que restou e disse:

— Obrigado, Leonel, por toda sua dedicação. Meu filho está vivo e é isso o que importa. Vou encontrar o melhor tratamento para que ele possa aprender a se comunicar.

Marina, ao ouvir aquilo, disse, angustiada:

— Ele tinha razão, mas, mesmo assim, não deixava de ser triste... uma criança tão pequena, pagando pelos erros dos pais... isso não é justo...

— Marina, não existe injustiça, só acerto de contas e Edgar não ficou daquela maneira por causa dos pais, mas para seu próprio aprendizado. Mesmo que os pais fossem outros e agissem da melhor maneira, isso aconteceria.

— Sei disso, Donata, mas, mesmo assim, custo a aceitar.

— Com o tempo, você vai entender e aceitar. Tudo está sempre certo e, embora muitas vezes não pareça, é sempre para o melhor.

Irene chorava e Donata disse:

— Vamos parar um pouco, Irene. Você está nervosa...

Irene sorriu e concordou.

Amor ao próximo

Após alguns minutos e depois de respirar fundo, Irene, deixando que as lágrimas caíssem, continuou falando:

— Levamos Edgar para casa. Ele estava desesperado, porque queria falar e não conseguia e muito mais ainda por não poder ouvir. Conversamos com ele e o matriculamos em uma escola para surdos-mudos. Lá, ele teria acompanhamento de um fonoaudiólogo. Ele era inteligente e a vontade de se fazer entender era tanta que em pouco tempo já conseguia se comunicar conosco. Leopoldo mandou que viesse do exterior um dos melhores aparelhos para surdez. Mais uma vez precisei concordar com ele. O dinheiro facilitava muita coisa. Edgar, que já era um tanto estranho, a cada dia foi ficando pior. Só estava feliz na escola, onde havia outras crianças como ele. Lá ele conversava por sinais e lia os lábios, com outros que faziam o mesmo. Em casa, ele estava sempre em seu quarto, lendo. Não ouvia rádio nem assistia à televisão. Estava sempre triste. A escola que ele freqüentava era de alto padrão, possuía os melhores professores e o melhor atendimento, por isso era cara e só freqüentada por pessoas de posses. O motorista, pela manhã, levava Edgar para a escola e o trazia no fim da tarde. Quando Edgar estava com oito anos, em uma tarde, o motorista, assim que chegou, disse:

— *Dona Irene, a diretora pediu para a senhora ir até a escola, disse que precisa falar urgente com a senhora.*

— Fiquei intrigada com aquele recado. Não imaginava qual seria a urgência. No dia seguinte, à tarde, fui até a escola. Estava entrando, quando esbarrei em uma senhora que saía chorando da sala da diretora. Ela me olhou, pediu desculpas e continuou andando. Fiquei intrigada, pela roupa que ela vestia, pude perceber que era uma pessoa humilde. Entrei na sala da diretora que, ao me ver, deu um sorriso. Perguntei:

— *Mandou me chamar, Leda?*

— *Sim, Irene, precisamos conversar a respeito de Edgar.*

— *O que tem ele?*

— *Está diferente de quando começou a freqüentar a escola. No começo, pareceu que estava animado, mas, agora, mudou. Anda triste, não conversa com ninguém. Acreditamos que ele precisa de um tratamento mais sério. Foi por isso que quis conversar com você.*

— Eu, sem me abalar, disse:

— *Não precisa se preocupar,Leda. Ele é assim mesmo. Sempre foi uma criança estranha, calada, parece que vive de seus próprios pensamentos.*

— *Nunca pensou em fazer um tratamento para descobrir o motivo de ele ser assim?*

— *Não, como sabe, meu marido é médico e diz que isso, com o tempo e assim que ele crescer, vai desaparecer. Ele, a não ser a surdez e a mudez, é um menino saudável. Ficará assim por alguns dias, depois voltará ao normal.*

— *Tem certeza?*

— *Sim, foi sempre assim. Há dias em que ele está normal e, em outros, fica assim, distante, como se sua alma estivesse em outro lugar. Não se preocupe e não insistam em fazer com que ele converse ou brinque como as outras crianças.*

— *Sendo assim, está bem. Estou mais tranqüila.*

— *Era só isso que queria conversar comigo?*

— *Sim. Obrigada por ter vindo.*

— *Sou eu quem precisa agradecer por sua preocupação com o meu filho, Leda. Antes de ir embora, preciso lhe perguntar uma coisa.*

— *O quê?*

— Quando estava entrando, vi uma senhora que saiu daqui chorando e parecendo desesperada. O que aconteceu com ela?

— Você a viu?

— Sim. Ela me pareceu desesperada.

— Está mesmo. Ela tem um filho que nasceu surdo-mudo, o menino vai fazer sete anos e precisa ir para uma escola aprender, como você sabe, precisa ser uma escola especializada. Ela veio nos procurar, mas quando lhe disse o valor das mensalidades, ficou desesperada, pois é mais do que o salário que o marido recebe. Eu disse a ela que sentia muito, mas que não poderia ajudá-la. Ela saiu daquela maneira que você viu.

— Ao ouvi-la dizendo aquilo, outra vez, precisei concordar com Leopoldo. Ele tinha razão, o dinheiro facilitava, muito, a vida de qualquer um. Naquele momento, não me importou como ele o conseguiu. Leopoldo tinha razão em mais uma coisa. Se ele não fizesse os abortos, outros fariam e ganhariam o dinheiro que ele poderia ganhar. O dinheiro, agora, poderia não facilitar só a nossa vida, mas a daquela mãe e daquele menino também. Decidida perguntei para a diretora:

— Você tem o endereço dela?

— Tenho, está aqui. — respondeu, apontando para um papel que estava sobre a mesa.

— Pois bem, entre em contato com ela e diga que o menino poderá freqüentar a escola.

— Como assim?

— Eu pagarei todas as despesas.

Leda, a diretora, ficou me olhando com os olhos arregalados e me julgando a mais pura das almas.

— Está bem, farei isso amanhã. Mandarei uma de nossas funcionárias ir até o endereço que ela me deixou e pedir que venha aqui para conversarmos, sei que ela ficará feliz. Obrigada, Irene.

Voltei para casa e não comentei com Leopoldo o que havia feito. Achei que ele não entenderia. Alguns dias se passaram e a diretora, por intermédio do motorista, pediu que eu voltasse à escola, pois tinha algo importante para me dizer.

Estranhei aquele pedido, mas, mesmo assim, fui. Podia ser um outro problema com Edgar. Quando entrei em sua sala, me deparei com a senhora que, naquele dia, estava chorando. Entrei, nós nos cumprimentamos e ela, emocionada, disse:

— *Pedi a dona Leda que a chamasse, pois preciso agradecer à senhora pelo que fez ao meu filho! A senhora é uma santa, um anjo que Deus colocou em minha vida! Muito obrigada e que Deus a abençoe.*

— Fiquei emocionada e sem saber o que dizer. A mulher continuou:

— *Foi Deus que fez com que a gente se esbarrasse naquele dia. Ele precisava me ajudar e usou a senhora como instrumento!*

— Eu estava feliz e emocionada, mas fiquei calada, apenas sorri. Realmente, não sabia o que dizer. Depois de ouvir muitos elogios, despedi-me e fui para casa. Não conseguia me esquecer do rosto daquela mulher. Outra vez, pensei em tudo o que Leopoldo falava:

— *Leopoldo tem mesmo razão em tudo o que diz. Aquela mulher precisava de ajuda, disse que foi Deus que me colocou em seu caminho. Se Leopoldo não estivesse ganhando tanto dinheiro, como poderia ajudá-la?*

— Quando Leopoldo chegou, contei o que havia feito e a reação da mulher. Ele me olhou de frente e perguntou:

— *Está feliz?*

— *Muito!*

— *Por ter ajudado aquele menino ou pela reação da mãe?*

— *Não estou entendendo. Por que me faz essa pergunta?*

— *Quero saber se está feliz por ter ajudado aquele menino ou por ver aquela mulher considerando você uma santa e colocando-a em um altar*

— Fiquei sem saber o que responder. Eu não havia pensado naquilo, mas ele, outra vez, tinha razão. Quando ajudei o menino, realmente não pensei no resultado, mas precisava confessar que estava orgulhosa por aquela mulher ter me elogiado daquela maneira. Disse para Leopoldo:

— *Fiquei muito orgulhosa e já que está ganhando dinheiro de uma maneira não muito certa, acho que podemos usar uma parte dele para ajudar aqueles que precisam.*

— *Quer ajudar ou ser elogiada?*

— Eu, rindo e com ironia, respondi:

— *Que tal as duas coisas?*

— *Está bem, faça o que quiser. Se acha que agindo assim estará comprando o perdão do seu Deus, faça.*

— *No dia seguinte, voltei à escola e perguntei a Leda se havia outras crianças na mesma situação daquele menino. Ela disse que havia muitas, mas que a escola não podia arcar com as despesas de alunos que não pudessem pagar. Quando ela terminou de falar, eu disse:*

— *Posso ajudar mais algumas crianças, mas não todas. Estive pensando e decidi que, se você permitir, conversarei com algumas das minhas amigas que pertencem à alta sociedade e formaremos uma associação para que, promovendo festas, chás e desfiles de modas, possamos arrecadar fundos e ajudar a muitas crianças. O que acha dessa minha idéia?*

— *É maravilhosa, Irene! Sempre desejei que algo parecido acontecesse, mas não tenho tempo nem conhecimento para fazer algo assim. Se fizer, vai ser muito bom.*

— *Pode deixar. Tomarei conta de tudo*

— Naquele mesmo dia, comecei a conversar com as pessoas que, sabia, serem as certas. Leopoldo, embora ainda continuasse a fazer os abortos, era, também, um bom médico. Dava atenção aos clientes e seus diagnósticos eram precisos. Por isso, se tornou famoso e tinha muitos clientes ricos, que nos convidavam para muitas festas. Comparecendo a essas festas, fui conhecendo outras mulheres da sociedade que ainda não conhecia e elas também se juntaram a nós. A maioria delas, mesmo que não contassem, já haviam passado pelas mãos de Leopoldo. Mas aquele era um assunto que as incomodava. Conversando com uma e com outra, algumas concordaram com a minha idéia. Não tinham muito o que fazer e aquilo seria uma distração. Não foi difícil colocarmos em prática o nosso plano. Logo, eu estava aparecendo em diversos programas de televisão, jornais e revistas, falando em rádios. Eu estava feliz por mim, não me importando realmente com as crianças, mas por haver me tornado uma celebridade e ser considerada uma benfeitora. Todos me elogiavam e eu, embora não demonstrasse, ficava muito feliz com todo aquele reconhecimento. O meu trabalho foi um sucesso, conseguimos arrecadar muito dinheiro.

Ademir, que, assim como os outros, ouvia atentamente o que Irene contava, fez um sinal com a mão e disse:

— Desculpe, Irene, mas, neste momento, preciso interromper você. Donata e Marconi já sabem o que vou dizer, mas, você, Marina e Jaime precisam ouvir.

— Estou curiosa e desejo fazer algumas perguntas. Só estava esperando a Irene terminar de contar.

— Imaginei que estivesse, Marina. E você, Jaime, também não está com dúvidas?

— Sim, Ademir, mas, assim como a Marina, estava esperando a Irene terminar de falar.

— Antes que ela continue, preciso falar algo muito importante que está acontecendo aqui e que, talvez, não tenham percebido. Todos, quando renascemos, trazemos uma missão. A sua, Irene, era exatamente essa, ajudar aquelas crianças surdas-mudas.

— Hoje eu sei que era a minha missão, mas naquele tempo não sabia. Fiz tudo aquilo para o meu próprio bem, para me promover. Deixei de criticar Leopoldo e não me importei mais com o modo pelo qual ele ganhava seu dinheiro.

— Não importa quais foram os motivos. Interrompi você para dizer que a sua missão era aquela. Você estava desviada dela e foi lhe dada uma outra oportunidade para que a cumprisse. O seu encontro com aquela senhora foi mesmo coisa de Deus. Vocês não se esbarraram por acaso e a diretora da escola não a chamou sem motivo. Ainda bem que, naquele momento, seu espírito, mesmo preso na carne, lembrou-se da promessa feita e as suas lembranças passadas, sem que percebesse, voltaram fortes e você se deixou levar pela vontade de ajudar. Pela vontade de cumprir sua missão desconhecida. Isso foi o que aconteceu e, embora não tenha percebido, por caminhos tortos, cumpriu sua missão.

— Não estou entendendo, Ademir!

— Não está entendendo o quê, Marina?

— Está dizendo que, para que a missão seja cumprida, não importam os meios usados para isso? Que, por causa da missão, não importava que Leopoldo continuasse praticando abortos?

— Não foi isso o que disse. Nem sempre o fim justifica os meios, mas aquelas crianças precisavam ser ajudadas e a missão de Irene e Leopoldo seria essa. Leopoldo não precisaria ter tomado esse caminho. Ele, como você disse, Irene, se tornou um ótimo médico. Seus diagnósticos precisos, com o tempo, o tornariam um médico de renome, podendo, assim, ter todo o dinheiro que precisasse. Com ele, poderia ajudar as crianças, mas ele não teve calma para esperar e se desviou. Sempre que renascemos, além de nossa missão, temos também de superar nossas dificuldades. Essas dificuldades nos aparecem para que possamos nos libertar delas. Provavelmente, em outras vidas, Leopoldo sempre deu muito valor ao dinheiro e ao poder. Nesta, a facilidade de conseguir dinheiro lhe foi apresentada e ele, infelizmente, a seguiu, sem se preocupar com o que precisaria fazer e como. A missão que trazemos terá toda a ajuda para que possa ser cumprida. Por isso, embora seus motivos, Irene, tenham sido para se promover ou pelo orgulho, você estava cumprindo sua missão. Era sabido que, mais tarde ou mais cedo, tanto você como Leopoldo entenderiam que estavam distantes da luz e que precisavam voltar. Você descobriu, não foi, Irene.

— Sim, Ademir. Eu continuei na minha vida de festas e adorando quando as pessoas me elogiavam. Aquilo para mim era a glória. Com o tempo, já não fazia mais pelas crianças e não me importava se, após eu ministrar uma palestra, as pessoas davam ou não dinheiro. O que me deixava transbordando de felicidade eram os aplausos que recebia. Com aquela vida que levava, muito pouco ou quase nenhuma atenção dava a Edgar. Ele já estava com quinze anos e continuava sempre da mesma maneira. Era calado e parecia que a única coisa que fazia era pensar. Nunca parei para me perguntar se meu filho tinha um problema mais sério. Estava muito mais preocupada com o momento de glória que estava vivendo. Em uma manhã, eu acordei cedo. Precisava me preparar para sair, pois participaria de um programa de rádio. Como das outras vezes, estava orgulhosa. Sabia que seria, novamente, elogiada por meu trabalho. As pessoas não se cansavam de dizer como eu era maravilhosa. Ao sair do meu quarto e passar pelo quarto de Edgar, sorri, pensando:

Ele já deve estar na escola.

— Na realidade, nem sabia se ele ia para a escola ou não. Desde aquele dia em que disse para a diretora que não precisava se preocupar com ele, e, depois do sucesso que tive em arrecadar dinheiro, ela nunca mais quis me incomodar. Continuei andando. Lá fora, o motorista já estava me esperando. Entrei no carro e, após acelerar, quando já estávamos a caminho, ele disse:

— *Dona Irene, preciso contar uma coisa para a senhora.*

— *O que é?* — perguntei, mas sem dar muita atenção. Estava preocupada com a minha participação no programa do rádio e no que ia falar. Precisa falar muito bem, não para conseguir mais dinheiro para a escola, mas, sim, pelos elogios que, com certeza, receberia.

— *O Edgar deve estar com algum problema.*

— *Que problema? Por que está dizendo isso?*

— *Não sei qual é o problema, mas já faz alguns dias que ele não vai à escola.*

— *Por quê?*

— *Ele não disse. No último dia em que foi, saiu chorando. Perguntei por que chorava e o que havia acontecido. Ele ficou calado por algum tempo, depois disse:*

— *Sou a pessoa mais infeliz deste mundo, Noel...*

— *Eu já estava preocupado com ele e ao ouvir aquilo, disse, tentando ajudá-lo:*

— Como pode dizer uma coisa como essa, Edgar? Você é um rapaz forte e bonito. Tudo bem, que não possa ouvir com clareza, mas tem um ótimo aparelho para surdez e, como começou muito cedo a freqüentar uma das melhores escolas, pode falar com clareza. Pense que se você fosse uma criança pobre, jamais aconteceria isso. Não teria tido todo o apoio que o dinheiro de seus pais lhe dá e estaria falando sem perfeição ou nem falando e não saberia ler os lábios.

— Sei de tudo isso. O dinheiro de meus pais é muito importante, mas ele não pode me ajudar. O meu problema não é a surdez nem a fala. O que está acontecendo comigo é muito mais grave.

— Não posso acreditar, Edgar. O que está acontecendo?

— Algo que meus pais nunca poderão saber.

— Pelo amor de Deus, Edgar! Está usando drogas?

— Ele sorriu, balançou a cabeça e disse:

— Claro que não, Noel!

— Então, o que seria que seus pais não poderão saber?

— Não posso falar. Só não voltarei, nunca mais, para a escola.

— Por que, Edgar? Você sempre foi um dos melhores alunos...

— Sempre me esforcei para ser o melhor. Achava que, assim, poderia deixar meus pais orgulhosos e poderia também fazer com que as pessoas não notassem o meu defeito. Mas, por mais que me esforçasse, não adiantou. Meus pais nem perceberam o meu esforço e as pessoas não deixaram de notar o meu defeito. Sou muito infeliz. Queria mudar, ser diferente, mas não consigo. Não entendo por que nasci assim... não entendo...

— Que defeito, Edgar. Você conversa muito bem, aprendeu a ler os lábios e, se não disser, ninguém percebe que você tem alguma deficiência. Poderá ter uma vida normal, se casar, ter filhos e ser feliz...

— Não estou falando da surdez, Noel.

— Está falando do quê? Qual é o outro defeito que nunca vi?

— Você nunca percebeu, porque é meu amigo, porém os meninos da escola já perceberam há muito tempo. Mas isso agora não tem mais importância. Nunca mais voltarei à escola.

— Eu não entendi o que ele disse, mas sabia que ele estava triste e que não estava bem. Tentando animá-lo, eu disse:

— Nem pense nisso, Edgar. Não sei qual é o seu problema, mas sei que é um bom menino e que, apesar de tudo o que lhe aconteceu, será um grande homem e trará muito orgulho para seus pais.

— Ele apenas sorriu e continuou o resto do caminho, em silêncio. Eu, sem entender, continuei dirigindo o carro.

— Não sei do que está admirado, Noel. Ele sempre foi calado. Se me lembro bem, desde quando tinha seis ou sete anos. Quando voltar, vou conversar com ele. Agora, vamos, estamos atrasados.

— Fomos para a rádio e eu participei do programa e, como sempre, fui muito elogiada e aplaudida pelo meu trabalho. Quando voltamos, ao entrar com o carro na rua em que eu morava, Noel, assustado, disse:

— Dona Irene, parece que aconteceu alguma coisa na sua casa!

— Eu, que lia uma revista, olhei e, apavorada, vi que havia, em frente à minha casa, vários carros da polícia. Noel acelerou e paramos em frente ao portão. Desci do carro, perguntando a um dos policiais.

— Que aconteceu?

— Não sei, senhora.

— Fui até o portão, estava entrando, quando o policial disse:

— Ninguém pode entrar.

— Como não? Essa é a minha casa! Preciso saber o que está acontecendo!

— A senhora é a mãe?

— Que aconteceu com o meu filho?

— *Acho melhor a senhora entrar, o delegado está lá e vai conversar com a senhora.*

— Com as pernas tremendo, entrei. Dentro de casa estava uma confusão imensa. Leopoldo estava lá e, ao me ver, veio ao meu encontro, chorando muito.

— *Que aconteceu, Leopoldo? Onde está o Edgar?*

— Ele chorava muito e não conseguia responder. Abriu os braços e me abraçou com força.

— *Eu não sabia, Irene... não sabia...*

— *Não sabia o quê? Que aconteceu, Leopoldo? Onde está Edgar?*

— *Ele está morto...*

— *Morto, como? Ele não estava doente!*

— *Ele se matou...*

— Eu, que já estava nervosa e tremendo, fiquei desesperada e me afastei de Leopoldo. Perguntando, gritando:

— *Onde ele está?*

— *Lá no seu quarto.*

— Antes que dissesse mais alguma coisa e sem que ninguém pudesse me impedir, fui para o quarto que era do Edgar. Um policial que estava na porta tentou me impedir, mas eu, chorando, desesperada, não permiti. Entrei no quarto e vi meu filho caído no chão. Corri para ele e pude constatar que ele estava mesmo morto. Aquilo não era um sonho, era a verdade. Sem entender ou aceitar o que havia acontecido e sem saber o que fazer. Olhei para um homem que estava ao meu lado e que, ao ver o meu desespero, disse:

— *Sou o delegado. Sinto muito, senhora, mas ele está morto. Ele se suicidou. Tomou um veneno, que, embora seja vendido em qualquer lugar, é muito forte.*

— *Ele não pode ter feito isso, por que faria? Não havia motivo, tem tudo na vida.*

— *Não sei qual foi o motivo. Talvez, lendo esta carta que ele deixou, a senhora possa entender. Agora, por favor, a senhora precisa sair do quarto. Precisamos fazer nosso trabalho.*

— Leopoldo, que também estava ao meu lado, me abraçou e, chorando, saímos juntos. Do lado de fora do quarto, tremendo muito, abri o papel que o delegado havia me dado. Enxuguei as lágrimas e comecei a ler.

Querida mamãe e papai.

Sinto muito por este ato desesperado, mas eu não suportava mais essa vida. Sempre me considerei diferente dos outros meninos, porém, não sabia o que era. Agora, que já tenho quinze anos, descobri o motivo dessa diferença e foi de uma maneira muito triste. Os meninos da escola também descobriram e me trataram muito mal. Descobri, também, que o meu modo de ser seria motivo de vergonha para vocês. Por isso, para não trazer vergonha para a nossa família, prefiro morrer. Neste momento, só posso pedir perdão. Não suporto mais esta vida. Sei que sofrerão por algum tempo, mas logo tudo passará e continuarão a ter a vida que sempre tiveram. Rezem por mim.

Edgar

— Com o papel na mão, olhei para Leopoldo e perguntei, chorando:

— *Que coisa é essa que ele está dizendo, Leopoldo? O que ele tinha que o fazia sofrer tanto?*

— *Não sei, Irene, nunca imaginei que ele tivesse algum problema...*

— Sem que notássemos, o delegado estava ao nosso lado. Ele já havia lido o papel, por ser importante para sua investigação. Disse:

— *Talvez o que está naquela gaveta poderá esclarecer.*

— Fomos até o armário e olhamos para dentro de uma gaveta. Para nosso espanto, havia roupas de mulher, jóias, todo tipo de maquiagem e um caderno. Eu e Leopoldo ficamos olhando para tudo aquilo, sem saber o que fazer:

— *Por que ele tem tudo isso, Leopoldo?*

— *Como posso saber? Você é quem deveria saber o que seu filho estava fazendo*!

— Ele disse, quase gritando. Eu sabia que ele estava entendendo o que havia acontecido. Eu também estava, mas não queria aceitar. Leopoldo, desesperado, começou a chorar e a dizer:

— *Não pode ser verdade, meu filho não era um...*

— *Não fale essa palavra, Leopoldo! Ele não era isso, só era um menino muito calado e triste!*

— *Como ele tinha uma gaveta fechada com chaves, Irene? Como você permitiu?*

— *Ele me pediu para que chamasse um chaveiro. Disse que queria ter uma gaveta, onde pudesse guardar suas coisas, sem que um dos empregados visse. Disse que queria ter a sua privacidade. Pensei que fosse coisa de adolescente. Nunca podia imaginar que era para esconder essas coisas...*

— Eu sabia o que tudo aquilo representava, mas tentava me enganar. Peguei o caderno, abri e comecei a ler. Nele, Edgar contava de como, desde criança, se sentiu diferente. De como sofreu ao descobrir que, embora tivesse um corpo de homem, sentia os desejos e a vontade de ser uma mulher. Sofria e chorava por não conseguir conversar sobre aquilo, comigo ou com Leopoldo. Naquela tarde em que saiu da escola chorando, o motivo, foi a grande humilhação que os colegas da escola o fizeram passar no banheiro. Foi naquele dia que ele tomou a consciência plena de que era, realmente, diferente e sabia que seu pai nunca aceitaria. Por isso, resolveu que o melhor caminho seria se matar. Com o caderno na mão e sem me lembrar da presença do delegado, gritei:

— *Deus está, outra vez, nos castigando, Leopoldo! Nosso filho se transformou nisso, por nossa causa!*

— O que está dizendo, Irene? Deus está nos castigando, por quê?

— Por você ter passado a vida toda usando mal a sua profissão! Por todas aquelas crianças que não deixou nascer!

— Lá vem você, novamente, com essa conversa! Sempre que alguma coisa não deu certo em nossa vida, você vem com essa história de castigo! Edgar foi o único culpado! Ele que escolheu essa vida! Ele foi quem fez essa opção! Deus não teve nada a ver com isso!

— Ele não teve culpa, Leopoldo! Não viu o que escreveu no caderno? Ele já nasceu assim!

— Nasceu coisa nenhuma! Isso é safadeza! Ainda bem que ele morreu! Tinha razão, eu não suportaria ter um filho dessa maneira!

— Como pode dizer isso, Leopoldo? Ele é nosso filho! Desde criança, sempre teve problemas. Sabe como foi difícil crescer sem poder ouvir ou falar direito!

— Ele, graças a esse dinheiro cuja origem você condena tanto, apesar de suas dificuldades, conseguiu aprender a viver com elas e ter uma vida quase perfeita. Só não foi melhor porque escolheu essa outra vida! Agora me deixe em paz!

— Saiu do quarto e foi para a rua. Estava triste com o que havia acontecido com Edgar, mas, ao mesmo tempo, revoltado pelo filho ter escolhido aquele caminho. O delegado pediu que eu também saísse, pois precisavam levar o corpo para o necrotério. Fui para o meu quarto e fiquei lendo e relendo aquele caderno. Enquanto lia, chorava e pensava:

Isso é castigo de Deus... Leopoldo impediu que tantas crianças nascessem e, agora, Deus nos tirou o nosso único filho... eu nunca pensei que isso pudesse acontecer...

— Isso é verdade, Ademir? Foi castigo de Deus? — Marina, intrigada, perguntou.

— Não, claro que não. Deus não castiga alguém pela culpa do outro. Edgar é um espírito suicida. Por várias encarnações, vem cometendo o mesmo erro. Para o espírito suicida, sempre existe uma desculpa. Vocês três, Irene, sempre estiveram juntos. Cometeram desatinos. Na última encarnação, Edgar morreu com um tiro na cabeça, por isso, nesta, nasceu com esse problema de audição e surdez. Mas, como Leopoldo disse, ele teve toda a condição de ter uma vida quase perfeita. Isso não seria motivo para que, mais uma vez, cometesse o suicídio.

— Por, na encarnação passada, ele ter se suicidado com um tiro, nesta contraiu uma doença que fez com que se tornasse surdo e tivesse dificuldade para falar. O que acontecerá na próxima encarnação, se, dessa vez, tomou veneno? — perguntou Marina.

— Não posso adivinhar o que ele decidirá, mas, provavelmente, nascerá, novamente, com problemas na fala.

— Por que ele teve de nascer diferente, Ademir? Por que ele, tendo um corpo de homem, se sentia como se fosse uma mulher?

— Existe muita confusão a esse respeito, Marina. O espírito não tem sexo. A cada encarnação, nasce homem ou mulher, dependendo do que será melhor para sua evolução. Na última encarnação, Edgar era um feitor de escravos, descobriu que, entre seus escravos, existia um que era diferente dos outros. Como a homossexualidade sempre existiu e sempre sofreu preconceito, ele não podia admitir que, entre seus escravos, pudesse haver um homossexual. O rapaz tinha apenas quinze anos. Edgar o vestiu de mulher e colocou-o no tronco e fez com que todos os escravos se servissem do pobre menino. No final, mandou que fosse chicoteado por vinte vezes. Dizia que era para ele aprender a ser homem. Aquele que se recusasse seria colocado no tronco também. O escravo chorou, gritou de dor, pediu clemência, mas ele não atendeu. A cada um dos escravos que judiava do rapaz, Edgar, enquanto tomava cachaça, ria muito. O rapaz, no fim do dia, estava muito machucado e, não resistindo, morreu.

— Que horror, Ademir! Foi isso que aconteceu?

— Sim, infelizmente, Marina. Mas, como acontece com todos, um dia, chega a hora de se enfrentar a verdade e a verdade a cada um pertence. Edgar morreu e, outra vez, pelo suicídio. Ele não suportou por haver sido abandonado pelos escravos, quando da libertação destes, e perdeu toda sua fortuna. Não tendo fé em um Deus que é Pai e que nunca nos abandona, deu um tiro na cabeça. Naquele momento, teve de enfrentar a sua verdade. Depois de muito penar pelos vales de sofrimento, teve a oportunidade de ser resgatado, justamente por aquele escravo a quem tanto havia feito sofrer. Tomou conhecimento da vida e verdade espiritual, como não poderia deixar de ser. Estava arrependido, não só por ter feito todo tipo de maldade com seus escravos, mas, outra vez, por não haver conseguido resistir ao apelo do suicídio e, novamente, tê-lo cometido.

— O que ele fez? — perguntou Marina

— Ele, como estava arrependido, jurou que, desta vez, seria diferente. Pediu para voltar como um homem, igual ao escravo, diferente de todos os outros. Queria sentir na pele o que o pobre escravo sentiu.

— Por isso ele nasceu assim, diferente dos outros homens?

— Sim, Marina. Irene e Leopoldo que, na época, eram seus pais, quiseram vir junto para poder ajudá-lo nesta encarnação que, sabiam, seria muito difícil.

— Foi isso que aconteceu. Eu e Leopoldo viemos, mas, com o nosso descaso, com a nossa vontade de viver a nossa própria vida, não notamos os problemas pelos quais ele estava passando. Dessa vez, fomos os culpados por ele ter fracassado mais uma vez.

— Não, Irene. Todo espírito é livre para decidir o que quer. Nenhum de nós pode ficar na dependência de outro para nos realizarmos e encontrarmos o nosso caminho. Nascemos em uma mesma casa para podermos nos ajudar, resgatar, perdoar, mas nunca para nos salvar. O caminho que cada um terá de percorrer será sempre de sua própria escolha e mérito.

— Hoje, sei que Edgar não conseguiria sozinho. Ele ainda trazia dentro de si os preconceitos de outrora. Foi o meu descuido, a minha vontade de ser famosa e elogiada que fez com que ele não tivesse com quem conversar. Fui eu quem falhei como mãe.

— Não, Irene. Edgar trouxe preconceitos, sim, e era justamente contra isso que teria de lutar. Através da história, os homossexuais sempre existiram. Muitos deles se aceitaram e entenderam que não importava a sua sexualidade, a roupa que vestiam, o seu modo de andar ou de ser, eles tinham seu valor. Estudaram, trabalharam, tornaram-se cientistas, pintores, médicos, políticos e escritores e, com isso, deram a sua contribuição para a evolução da humanidade. Existem aqueles que, devido à sua criatividade desenvolvida, tornam-se cabeleireiros, maquiadores e costureiros, trazendo, assim, felicidade e alegria para muitas mulheres, além de ouvi-las, tentando e, às vezes, conseguindo ajudar em seus problemas. Como todo ser humano, eles também são importantes. Outros trouxeram os mesmos preconceitos de outrora, não se aceitaram e não se aceitam. Sentem-se discriminados, porque eles mesmos se discriminam e estão parados no tempo, perdendo uma ótima oportunidade de evoluir espiritualmente. Deixam-se envolver pela tristeza, sofrimento e, muitos deles terminam como Edgar ou passam toda a vida se lastimando, sofrendo, deixando assim, de fazer algo importante para si e para os outros. O espírito pode estar preso em um corpo de homem, mulher ou na mistura dos dois, mas sempre será livre para crescer, evoluir e cumprir sua missão. O preconceito sempre existiu, existe e continuará existindo, não só contra os homossexuais, mas, também contra pobres, raças e religiões e é, justamente contra todos eles, que precisamos lutar, porque, no final, somos todos filhos de um mesmo Deus que nos ama e só quer a nossa felicidade. Não importa o que vocês fizeram ou deixaram de fazer, Irene. Edgar veio nessa condição porque pediu e quis. Ele deveria ter se aceitado e saber que, independente de sua sexualidade, de como andava ou se vestia, era um espírito de Deus e que tinha muitas qualidades, só precisava desenvolvê-las. Edgar teria de continuar a sua obra, Irene. Ele poderia ser um ótimo professor para outras crianças como ele, mas, infelizmente, como das outras vezes, fracassou. Agora, terá de esperar uma nova chance que, com certeza, um dia virá.

— Mas a homossexualidade é considerada imoral, Ademir...

— A moralidade é algo mutante, Marina. Muito do que ontem foi considerado imoral, hoje não é mais. Ontem, a mulher vivia sob a tutela do homem. Não tinha o direito de decidir sua vida e não podia mostrar o calcanhar, porque era imoral. Hoje, ela usa qualquer tipo de roupa, estuda, trabalha e se mantém financeiramente, podendo, assim, decidir o que é melhor para si. Ontem, o negro não podia andar na mesma rua do branco ou freqüentar os mesmos lugares, porque era considerado imoral. O negro era considerado um ser inferior que não conseguia viver sem um dono nem dar sua opinião sobre qualquer coisa. Diziam até que ele não tinha alma. Hoje, ele também pode estudar, trabalhar, cuidar de si e tem o direito de sonhar e alcançar seu sonho. Com o tempo, tudo muda. As leis vão sendo criadas para que a humanidade possa evoluir. Tudo muda, menos a verdade final. O encontro que cada um tem com sua própria verdade. Eu, Donata e o Marconi, com nossas equipes, estamos há muito tempo fazendo este trabalho. Estivemos ao lado de muitos em seus instantes finais. No momento em que o espírito deixa o corpo e vai, sozinho, enfrentar a sua verdade. E, nesse momento, não importa o que as outras pessoas disseram ou pensam ao seu respeito. Cada espírito terá de responder por tudo o que fez. Nessa hora, não vai importar como fala ou como se apresenta. Muitos, nessa hora, enquanto estão sendo pranteados e homenageados na Terra, estão enfrentando sua verdade.

— O homossexualismo é condenado pela bíblia. Todos nós que a estudamos sabemos disso.

— Será, Jaime? Jesus veio para nos ensinar. Ele nos ensinou o amor e a caridade. Ensinou que deveríamos nos perdoar. Não podemos nos esquecer de que os evangelhos foram escritos sessenta ou setenta anos depois de sua morte e aqueles que escreveram não conheceram Jesus. Não viveram na mesma época. Por isso, muita coisa desapareceu. Não podemos nos esquecer de que, daquele tempo até agora, houve a inquisição, quando muitos livros e pergaminhos foram destruídos, portanto muito do que Ele disse foi perdido.

— Está dizendo que a bíblia é mentirosa?

— Não, de maneira alguma. Estou dizendo que muita coisa foi perdida. Outros evangelhos existem e, um dia, serão descobertos. Neles, outras verdades surgirão. Mas o mais importante está escrito. Jesus veio para nos ensinar. Entre outras coisas disse: *Amai ao próximo como a ti mesmo*. Ele não disse: amai ao próximo, desde que ele não seja rico ou pobre, negro ou branco, amarelo ou índio, católico ou protestante, espírita ou umbandista, judeu ou muçulmano, culto ou ignorante. Nem os que praticam tantas outras religiões que existem pelo planeta. Em nenhum lugar está escrito que ele tenha condenado o homossexual, ao contrário, ele disse, também: *Quem não tiver pecado, atire a primeira pedra*. Nos ensinando, com essas palavras, a não julgar. Todos somos próximos de todos. Todos somos fruto de um mesmo criador que a todos ama sem distinção. A todos é dado o direito de escolher e caminhar. Devemos, por isso, nos amar e nos respeitar e, o mais importante, nunca devemos julgar. Não sabemos quais são os motivos de alguém nascer da maneira que nasce. Sabemos que cada um escolhe como vai nascer, onde e de que forma. Ninguém é dono da verdade absoluta. É como se diz: *A verdade só a Deus pertence*. De uma coisa temos certeza, independente de tudo, cada um é responsável por si e por sua caminhada.

Jaime olhou para Marina e percebeu, por seu rosto, que ela havia aceitado aquelas explicações. Ficou pensando e disse:

— De acordo com o que você disse, Ademir, tudo está certo. Então, mesmo que uma pessoa mate ou roube outra, haverá sempre um motivo ignorado, por isso, não precisa ser condenada? Não tem importância? Não existe erro?

Ademir percebeu que ele estava confuso. Continuou falando:

— Não, Jaime, não foi isso o que eu disse. Eu falei que não importa se a pessoa nasça aqui ou ali. Que seja rica ou pobre, que professe qualquer tipo de religião, que seja desta ou daquela raça, que seja deste ou daquele sexo, são todos nossos próximos. Mas claro que existem regras. Quando Jesus disse

Amai ao próximo como a ti mesmo, Ele quis dizer que, quem ama, não mata, não judia, não rouba, não mente e não engana. Todos, quando nascem e com o passar dos anos, vão tomando conhecimento do que é certo e do que é errado. Cabe a cada um escolher o seu caminho e ser responsável pelas escolhas que fizer.

— Então, a pessoa que se torna homossexual sabe que está fazendo algo errado, condenado por todos?

— Aí existe outra confusão. O homossexual não se torna. Ele nasce. Portanto, não existe uma maneira de mudar. Por algum motivo, ele nasceu assim. Você não acha que seria muito melhor não ser assim? Ter uma vida normal como a das outras pessoas? Se fosse assim, muito sofrimento causado pela discriminação, seria evitado. Felizes aqueles que se aceitam e conseguem provar ao mundo e a si mesmos que são um espírito de Deus e que seu valor, inteligência e determinação, não estão no sexo. Assim, podem aprender e caminhar para a Luz.

— É muito difícil, para mim, entender e aceitar tudo isso. Fui criado em um lar muito conservador. Meus pais eram muito religiosos e, por isso, tudo o que se fizesse era condenado pela bíblia e considerado errado. Jamais poderia me imaginar ou me aceitar como um homossexual.

Ademir sorriu e disse:

— Entendo que você esteja confuso, Jaime. Mas, com o tempo, vendo como as pessoas se encontram na hora de enfrentarem sua verdade, se lembrará do que eu disse agora.

— Foi por isso que nós fomos convidados a participar desta equipe, Ademir?

— Sim, como esta, existem muitas outras espalhadas por todo o planeta. Não porque somos espíritos iluminados, mas, sim, para aprender, entender e ajudar o espírito em seu momento final. Com isso, nos libertarmos de nossos próprios preconceitos e erros. Eu disse que o que aconteceu com Leopoldo não é comum, porque o nosso trabalho é cortar, aos poucos, os fios que prendem o espírito ao corpo, para que, quando se vê liberto, ele perceba que, embora esteja livre, não pode caminhar sem direção. Estamos, assim, preparando-o para o momento final. Quando desencarnam, outros irmãos o conduzirão para um lugar pré-determinado.

— Não disse que vocês iam aprender muito? — Marconi disse, sorrindo e olhando para Jaime e Marina. Ela disse:

— Tem razão, Marconi. Como aprendemos...

— Na última encarnação, eu era um homem, considerado por todos, de bem. Na realidade, não era tanto assim e quando tive de enfrentar a minha verdade, assim como aconteceu e acontece com tantos outros, me assustei e foi trabalhando em uma equipe como esta que aprendi e muito.

— Todos nós aprendemos, Marconi. Isso acontecerá com vocês dois também, — Ademir disse, olhando para Jaime e Marina.

— Estou começando a acreditar que, embora não possa ajudar, com as pessoas doentes vou mesmo aprender muito. Só uma coisa está me intrigando, Ademir.

— O que é, Marina?

— Se Irene morreu antes de Leopoldo, por que ele não se admirou ou se assustou ao vê-la novamente?

— Leopoldo estava, há vários dias, naquilo que se costuma chamar de estado de coma. Seu espírito, embora reagisse, sabia que estava chegando a hora. Ele queria escapar, encontrar um caminho, quando viu Irene, aquela que esteve ao seu lado por tanto tempo. Achou que a ajuda chegara e não se lembrou de que ela havia retornado antes dele. Quando ela fez com que se relembrasse do passado, foi que ele entendeu.

— Obrigada por esse esclarecimento, Ademir. Também estava intrigada, só não quis perguntar.

Ademir riu e disse:

— Isso é próprio do ser humano, ele deixa, sempre, que os outros façam suas perguntas ou resolvam seus problemas, Irene.

Irene, envergonhada por reconhecer que o que ele estava dizendo era verdade, baixou os olhos.

— Não precisa ficar assim, Irene. Não estou recriminando você. Estou apenas mostrando uma realidade.

— Foi por reconhecer que era verdade que fiquei envergonhada. Estou preocupada com Edgar, poderei ajudá-lo?

— Claro que sim, Irene. Sempre poderemos ajudar e ser ajudados. Sabe onde ele está?

— Sei...

— Conseguiu fazer com que ele a veja?

— Não, Ademir. Ele está muito envolvido nas sombras.

— Então, ainda não chegou a hora. Ele terá muito tempo para pensar e, quando chegar a hora, a própria Luz lhe avisará, Irene e, nesse dia, poderá buscá-lo e com todo carinho o acolher. Nesse dia, estarão iniciando o trabalho para uma nova encarnação.

— Está muito longe de acontecer?

Ademir começou a rir e respondeu:

— Você está parecendo os encarnados quando acham que uma pessoa, quando morre, vira santo, por isso, pode tudo e sabe tudo. Não sei responder a essa pergunta, Marina.

— Você é um espírito iluminado! É o chefe de uma equipe valiosa como esta! Para isso, deve ter muito valor e merecimento.

Novamente ele riu e disse:

—As aparências enganam. Não sou diferente, em nada, de vocês ou de quase todos. Tenho meus acertos e meus erros. Como todos, estou caminhando e aprendendo a cada dia. Este meu trabalho não me foi dado por bom comportamento ou por ter muita Luz. Foi me dado para que eu aprenda mais e possa ensinar a outros e, posso garantir a você, que ainda tenho muito o que aprender.

— Posso perguntar mais uma coisa, Irene?

— Claro que pode, Marina.

—Que aconteceu depois daquele dia? Vocês mudaram de atitude?

— Eu, sim. Pensei e chorei por muito tempo. Não conseguia aceitar a morte do meu filho e julgava-me culpada. Continuei meu trabalho, mas, agora, com a intenção só de ajudar. Mesmo querendo e me entregando ao trabalho, não conseguia deixar de pensar em Edgar, no quanto ele havia sofrido e na minha incompreensão. Fiquei assim por dois anos. A tristeza, o sofrimento e, muito mais, o meu sentimento de culpa, fizeram com que eu ficasse doente. Sentia muita dor no peito. Leopoldo, ao tomar conhecimento do que estava acontecendo, disse:

— *Você precisa ir conversar com o Anselmo. Ele é cardiologista e fará alguns exames.*

— Fui conversar com Anselmo e, após os exames, foi constatado que eu tinha um problema sério no coração. Aquilo não me importou, porque, na realidade, eu queria morrer para poder me encontrar com meu filho. Mesmo assim, fiz o tratamento indicado por Anselmo. Em uma noite, após algum tempo, passei mal. Leopoldo me levou para o hospital, mas não conseguiram me salvar. Fiquei sabendo, mais tarde, que, durante o meu velório, a cidade toda se entristeceu. Muitas pessoas passaram diante do meu caixão, rezaram, choraram e, como não podia deixar de ser, elogiaram o meu trabalho. Mas, quando acordei, tive de enfrentar a minha verdade, tão diferente de tudo o que as pessoas imaginavam. Perante a espiritualidade, eu estava sozinha. Era mais um espírito que voltava e teria de fazer um levantamento de minha vida, saber no que tinha acertado e no que tinha errado. No final, como quase todos, tive acertos e erros. Pelos acertos ganhei pontos, pelos erros teria, um dia, a oportunidade de vivê-los novamente e tentar, outra vez, reparar a todos.

— Quanto ao Leopoldo, ele mudou?

— Infelizmente, não. Com minha morte, ficou muito sozinho, se entregou mais ao trabalho e nunca perdoou ao filho por ter sido do jeito que era e por ter se matado. Ele, para ter mais dinheiro, se associou a outros médicos e formaram uma espécie de consórcio, que só atenderia a pessoas de posses. Ganhou muito dinheiro, mas, por ser médico, não entendia nada de administração ou contabilidade, por isso, sempre teve a desconfiança de que seus sócios o estivessem roubando. Por isso, guardava em casa, em um cofre escondido atrás de um quadro, todo o dinheiro e ações que conseguia comprar. Viveu assim por muito tempo, até que esta semana teve de ser internado e esteve o tempo todo em coma. Estive sempre ao seu lado, pois sabia que logo uma equipe como a de vocês chegaria para cortar os fios brilhantes que prendem o espírito ao corpo. Mas agora não sei o que vai acontecer com ele. No seu desespero, quebrou os fios e, assim, deve estar vagando sem rumo.

— O que ele viu que não vimos, Ademir?

— Embora nunca tenha admitido, Marina, Leopoldo, por ser médico, sabia que o que fazia era errado. Sabia que nunca poderia provocar um aborto, mas, mesmo assim, continuou praticando. Em seu espírito ficou a marca de cada um.

— Os espíritos dos abortados vieram para atormentá-lo?

— Não, Marina. Deus não permitiria que espíritos que já haviam sido violentados continuassem presos, fruto de vingança. Eles todos, assim que foram abortados, foram levados e os que não renasceram devem estar se preparando para isso. Mas Leopoldo, como não conhecia coisa alguma da espiritualidade e por saber que era errado o que fazia, ele próprio criou em sua mente aquelas figuras. Por isso, só ele as via. Ele mesmo estava se condenando e deve estar até agora. A isso se dá o nome de consciência. Embora durante toda sua vida, tenha negado, no momento em que Irene fez com que ele se lembrasse de como tudo começou, as imagens de muitas crianças e fetos surgiram na sua frente. Ele se assustou com aquelas imagens e teve consciência do que havia praticado e de como fora violento. Aquelas imagens fizeram com que ele, na tentativa de fugir, de uma forma violenta, arrebentasse os fios que o prendiam ao corpo e fugiu daquela que, perante a espiritualidade, era a sua verdade.

— Onde ele está agora, Ademir?

— É difícil responder a essa pergunta. Ele pode estar em qualquer lugar, mas com certeza, estará fugindo de sua própria consciência e isso, como sabemos, é muito triste e difícil.

— O que acontecerá comigo, com Leopoldo e com o Edgar, em uma próxima encarnação?

— Não posso lhe responder com certeza, Irene, mas, talvez seja sugerido a vocês que voltem com a missão de cuidar de crianças, seja em um orfanato, onde elas precisam de muito carinho e atenção ou cuidando de outras com algum problema neurológico. Podem, sim, se desejar, voltar como pediatras podendo assim, com carinho, cuidar de muitas crianças. Edgar, provavelmente, por ter ingerido veneno, voltará outra vez com problemas de fala e audição. Poderá, desta vez, dedicar-se a ajudar tantas outras crianças com os mesmos problemas dele. Ele, se quiser, poderá voltar novamente como homossexual e tentar, desta vez, superar seu próprio preconceito. Você poderá ser professora, babá, podendo, assim, estar, agora de verdade, ajudando a muitas crianças. Por ora, não se preocupe com isso. Quando chegar o momento, terão um leque imenso de opções. Por enquanto precisamos esperar que Leopoldo entenda o que aconteceu com ele, o que fez de certo e de errado, faça um balanço de tudo e peça ajuda.

— Não podemos ajudá-lo?

— Como já disse, sempre podemos ajudar. Vamos, neste momento, nos colocar em oração e pedir a Deus que ilumine o caminho de Leopoldo para que ele encontre a paz e o desejo de perdão. Só assim, poderemos encontrá-lo e ajudá-lo. É a única coisa que, no momento, podemos fazer. Ele terá de enfrentar sua verdade e essa verdade pertence só a ele. Ninguém poderá responder por ela. Somente ele...

Imediatamente, colocaram-se em oração. Uma luz brilhante envolveu a todos eles.

Quando terminaram a oração, Donata olhou para Marina e percebeu que ela não estava bem. Perguntou:

— Que está acontecendo, Marina, parece que não está bem.

Marina, que não estava bem realmente, voltou seu olhar para ela e respondeu:

— Desculpe, Donata, não estou bem, me restou uma dúvida de tudo o que você disse, mas acho que já perguntei demais.

Donata, com a calma e o sorriso de sempre, perguntou:

— Que dúvida, Marina?

— Talvez você se esqueceu de dizer ou não tem muita importância, mas é algo que está me incomodando.

— Pode dizer, Marina, Ademir já disse que não somos perfeitos e pode ter me escapado alguma coisa.

— Por tudo o que você disse, mesmo que Irene tenha ajudado a tantas crianças na escola, não teve valor algum, já que fez aquilo só para se promover, ser reconhecida?

— Viu como Ademir teve razão. Deixei de falar algo muito importante. Claro que o trabalho que Irene fez junto às crianças que freqüentaram aquela escola foi importante e teve valor. Aquela era a sua missão. Toda missão, para ser cumprida, terá ajuda e será sempre facilitada. Isso aconteceu, no dia em que você, Irene, encontrou aquela senhora no corredor da escola e que precisava de ajuda para seu filho. Naquele momento, você não sabia, mas iniciou a sua missão. Você ajudou com a única intenção de ajudar aquela senhora e seu filho. Depois, com as homenagens e cumprimentos, foi que mudou o pensamento, mas, mesmo assim, continuou a missão e, para isso, envolveu outras mulheres da sociedade que também precisavam cumprir a mesma missão. Estava programado que se encontrariam e se encontraram. O problema não foi a missão, mas foi quando Edgar cometeu o suicídio e você, tentando se culpar, começou a pensar que, se não tivesse se preocupado tanto com sua imagem, talvez tivesse evitado que ele fizesse aquilo, mas nada que fizesse teria adiantado. Ele cometeria o suicídio de qualquer maneira. Jesus disse que não devemos julgar a ninguém, nem a nós mesmos. Estamos todos caminhando e essa caminhada não é fácil para ninguém. Está satisfeita, Marina?

— Agora, sim. Fiquei preocupada, pensando que não adiantaria ajudar as pessoas se a intenção fosse pela aparência ou pelo orgulho. Depois do que disse, Donata, descobri que não importa o caminho, o que importa é a missão cumprida.

— Desde que esse caminho não prejudique a ninguém. No caso de você, Irene, não prejudicou a ninguém, só a você mesma que ficou com sentimento de culpa e terá de, ao lado de Leopoldo, resgatar todas as crianças que não permitiram que nascessem.

— E as mulheres que praticaram o aborto não terão de responder também?

— Sim, Marina, elas e todos os que direta ou indiretamente evitaram que um espírito nascesse.

— Mas existem muitas mulheres que, por vários motivos, ficam desesperadas no momento em que descobrem que estão grávidas. Muitas delas sabem que não poderão criar uma criança e o único caminho que encontram é o do aborto.

— Sim, Marina, infelizmente isso acontece muito, mas, mesmo que uma mulher ache que não possa criar uma criança, ela sempre pode deixar essa criança no próprio hospital onde a teve, em algum orfanato ou dar como adoção para que alguém possa criar. Sempre existe um caminho para que um espírito nasça e inicie sua caminhada.

— Mas essa criança já nasce para sofrer? Isso é certo?

— Quem lhe disse que ela vai sofrer? Existem muitas crianças que são adotadas e recebem, além de boa educação, muito amor e carinho. Se assim não acontecer, foi porque ela mesma escolheu que fosse assim. Não podemos nos esquecer do livre-arbítrio que todos os espíritos têm de escolher a encarnação que desejam.

Todos ouviram o que Ademir disse e ficaram pensando.

Luci que, atentamente, acompanhou a oração e depois ouviu o que Donata falou, disse:

— Marconi, o Octávio acaba de chegar. Sofreu um acidente de carro e está sendo operado, mas sabemos que não vai adiantar. Precisamos ir até lá.

— Está bem, Luci. Eu sabia que ele chegaria. Iremos em seguida.

Voltando-se para os outros, disse:

— Octávio é um nosso velho conhecido. Ele renasceu para ter uma vida curta. Cumpriu o seu prazo e agora, está retornando. Precisamos ajudá-lo na passagem. Quer nos acompanhar, Ademir, ou tem outras coisas para fazer?

— Não, Marconi, não temos outra coisa para fazer e sinto que, para Marina e Jaime, será mais um momento muito importante, de aprendizado.

— Agradeço, sabe que a presença de vocês é quase sempre a garantia de que tudo correrá bem.

— Não exagere, meu amigo. Sabe que nem sempre é assim e que nós não temos tanto poder. Sabe que, nesse momento, o mais importante é que aquele que está partindo consiga se entregar sem resistência, — Ademir disse, rindo.

— Sei disso e sei também que isso não acontecerá com Octávio. Ele é muito jovem e preso à vida e aos pais. Teremos um enorme trabalho para convencermos a todos, principalmente a Alice.

— Sim, tem razão, mas temos também muita ajuda de todos aqueles que partiram antes e que eram seus amigos.

— Quer nos acompanhar, Irene?

— Em outra circunstância, gostaria muito, Marconi, mas prefiro, se não se importarem, continuar aqui ao lado do corpo do Leopoldo. Talvez ele volte e, se isso acontecer, estarei aqui para encaminhá-lo.

— Sabe que isso é quase impossível, Irene. Ele, preso às suas culpas, continuará vagando por muito tempo...

— Sei disso, mas, quem sabe, não é?

— Está bem. Faça o que achar certo.

— Vou ficar até que o corpo seja sepultado. Sei que, por ter sido um médico renomado, a sua morte será noticiada nas rádios e em todos os canais de televisão. Todos falarão muito bem dele e de seu trabalho.

— Sim, isso é verdade, Irene. E todas as mulheres às quais ele deu assistência e, que com ele, praticaram abortos, também se lembrarão.

— É verdade, Marconi. O pior é que algumas nem se importarão pelo que fizeram...

— Quem somos nós para julgar?

Marconi e Irene olharam para Ademir que havia feito essa pergunta. Marconi disse:

— Tem razão, Ademir. Quem somos nós para julgar. Vocês estão vendo? — disse, olhando para Jaime e Marina que acompanhavam a conversa. — Não somos espíritos tão iluminados assim. Apesar de todo nosso conhecimento, ainda nos damos o direito de julgar. Viram como temos muito, ainda, que aprender?

Marina e Jaime ficaram calados. Estavam intrigados com aquilo. Jamais poderiam imaginar que espíritos como aqueles tinham ainda algo a aprender.

— Agora, pedindo perdão por meu deslize, podemos ir atender ao Octávio?

Deram uma última olhada no corpo de Leopoldo que continuava sobre a cama e se afastaram. Sabiam que nada mais poderia ser feito, a não ser orar e esperar que ele próprio entendesse tudo o que havia acontecido e pedisse ajuda. Saíram dali.

Façam o que falo, mas...

Em poucos instantes, estavam em um outro quarto. Assim que chegaram, viram um rapaz que parecia muito assustado e não entendia o que acontecia. Olhava do alto para uma mesa, onde um corpo era tratado por um médico e enfermeiras. Ao vê-los, perguntou, nervoso:

— Que está acontecendo? Como estou aqui em cima e meu corpo está lá embaixo?

Antes que algum deles respondesse, o rapaz foi puxado, rapidamente, para o corpo, que permanecia inerte sobre a mesa. Como por encanto, seu espírito adormeceu.

Marina e Jaime não entenderam, mas acompanharam tudo o que havia acontecido. No mesmo instante, olharam para o médico que, parecendo nervoso, estava com um aparelho, dando choques no coração do rapaz, tentando fazer com que ele recomeçasse a bater novamente. Uma enfermeira que estava junto a um outro aparelho disse:

— Está batendo, doutor.

— Ainda bem. Vamos continuar. Ele teve uma parada cardíaca, se tiver outra, não resistirá. A situação dele não é boa e, dificilmente, conseguirá se recuperar, mas faremos tudo o que estiver ao nosso alcance.

O médico, preocupado e sem desconfiar da presença deles, olhava atentamente para a cabeça do rapaz de onde uma massa cinzenta escorria. Tentava fazer com que ela parasse, mas, qualquer pessoa, mesmo não sendo médico, podia perceber que seria difícil. Marina, ao olhar para o corpo do rapaz percebeu que seu espírito estava preso apenas por dois fios, um que saía da cabeça e outro do coração. Embora seu corpo estivesse sedado, seu espírito, preso ao corpo, estava adormecido, mas pelos fios prateados, ela sabia que ele ainda estava vivo. Continuou olhando.

Ademir e Marconi estavam ao lado do médico, jogando luzes sobre o rapaz. Marina, Jaime e Donata estavam um pouco mais afastados e também jogavam luzes em todo o ambiente. Naquele momento, só podiam fazer isso e deixaram que os dois cuidassem do rapaz. Como não poderia deixar de ser, Marina estava muito ansiosa, nervosa e tremendo de pena ao ver um jovem morrer daquela maneira. Temendo incomodar, mas, mesmo assim, querendo saber o que estava acontecendo, perguntou, baixinho, para Donata:

— Ele está preso só por dois fios, Donata, o que aconteceu com os outros?

Donata olhou para ela e, compreendendo sua curiosidade, respondeu, também, baixinho:

— Com o acidente, os fios se partiram, só restando esses dois que mantêm seu corpo vivo. Se todos tivessem sido partidos, não teriam conseguido trazê-lo até aqui a tempo para tentar recuperá-lo.

— Eles conseguirão salvá-lo? Parece que o rapaz está muito mal. Ele já teve uma parada cardíaca e, de acordo com o médico, se tiver outra, não suportará.

— Embora o médico esteja com muita vontade de salvá-lo, isso não acontecerá. Sabíamos que hoje seria o dia do acidente e, por isso, estamos aqui. Em breve, Marconi e Ademir cortarão esses dois fios restantes.

— Ele vai morrer?

— Vai, Marina. Tudo está sendo como o programado. Sabíamos e por isso viemos e ficaremos até o final.

— Se sabiam, por que não impediram? Por que deixaram que acontecesse?

— Não podíamos fazer isso, Marina. Tudo estava planejado para que o acidente fosse naquela hora e naquele momento. Não teríamos como evitar. Nosso trabalho é ajudar na hora do desencarne para que o espírito não fique sozinho e desesperado por não saber o que está acontecendo, nada, além disso. Assim que os fios forem cortados, uma outra equipe, que já está chegando, estará aqui para acompanhá-lo. Ele será levado em segurança. Quando acordar, entenderá tudo o que aconteceu.

— Por que isso acontece, Donata? Ele é tão jovem, tem a vida toda pela frente... acho que não deveria acontecer... acho que isso não é justo...

— Tudo o que acontece na Terra foi muito bem planejado e se está acontecendo neste dia, nesta hora, é porque também foi planejado pelo próprio Octávio. Não se preocupe, ele está bem. Estamos aqui para ajudá-lo e logo tudo estará terminado. Quando ele acordar e souber o que aconteceu, ficará feliz por poder voltar para casa.

— Continuo não achando justo, Donata. Por que um jovem como ele ou como eu mesma tem de morrer tão cedo? Ele tinha uma vida toda pela frente para estudar, trabalhar e produzir. Eu tinha meu marido, além de dois filhos para criar e, assim mesmo, tanto eu como ele morremos tão cedo, deixando aqueles que nos amavam e precisavam de nossa ajuda e companhia para prosseguirem. Eu tinha muitos sonhos e meus filhos para criar e acho que esse rapaz, também. Eu tinha muitos sonhos para serem realizados. Não entendo por que os jovens morrem, enquanto muitas pessoas idosas e doentes continuam vivendo.

— Estou entendendo o que está sentindo, Marina. É assim mesmo que acontece. Quando comecei a fazer parte de uma equipe como esta, também, muitas vezes, senti isso. Quando via um jovem ou uma criança morrer, não entendia e também ficava, assim como você, revoltada e triste, mas, com o passar do tempo e conhecendo as histórias, aprendi que tudo está sempre certo e que nada é feito sem que tenha, antes, sido planejado e também que esse planejamento tem sempre o aval daquele que, como está acontecendo com Octávio, volta para casa. Sua missão já foi cumprida e já caminhou tudo o que poderia e precisava caminhar nesta encarnação.

— Sei que tem razão, Donata. Sei que tudo é planejado, mas continuo achando injusto. Não deveria ser assim. As pessoas deviam poder viver muito tempo e, poderem, assim, ter seus sonhos realizados. Uma mãe devia de ter o direito de ver seus filhos criados e encaminhados. Não é justo uma mãe ou um pai enterrar seu filho. O certo seria os filhos enterrarem os pais.

Donata, compreensiva, sorriu. Sabia que seria muito difícil fazer com que Marina entendesse o que estava acontecendo, pois ela mesma já havia passado por isso e, no começo, teve muita dificuldade. Tentando sorrir, disse:

— Em muitas coisas você tem razão, Marina, mas não podemos saber, agora, o que está por trás de tudo isso. Só o tempo poderá nos dar essa resposta. Vamos esperar porque, com certeza, as respostas virão. A hora da verdade chega para todos e todos terão de encará-la. Vamos esperar. Você precisa aprender a esperar e a ter paciência, pois essa é a virtude mais difícil de se conquistar...

Pelo tom de voz e o olhar de Donata, Marina percebeu que aquela conversa estava encerrada. Não estava satisfeita, mas sabia que precisaria esperar. Olhou mais uma vez para o rapaz, cujo corpo continuava deitado sobre a mesa. Percebeu que seu espírito continuava adormecido. Ficou olhando por alguns instantes, mas, sem conseguir se conter, perguntou:

— Ele ainda está dormindo, Donata?

— Sim, chegamos a tempo de poder fazer com que dormisse e não acompanhasse o que viria em seguida. Como vocês notaram, ele estava muito assustado quando se viu no alto e seu corpo aqui embaixo. Marconi e Ademir, com passes magnéticos, fizeram com que ele adormecesse. Em breve, os fios serão cortados e ele será levado por companheiros nossos que estão chegando. Só acordará novamente daqui a algum tempo, quando tomará conhecimento do como e do porquê tudo aconteceu.

— Ele não saberá que morreu?

— Por um tempo, não. Quando acordar estará em um hospital, se lembrará do acidente e pensará que é por causa dele que está lá. Depois de algum tempo e quando estiver em condições de entender, lhe será revelado tudo e ele, por ser um espírito que cumpriu tudo a que se propôs, entenderá.

Uma senhora entrou no quarto. Marina olhou para ela e, vendo que não tinha os fios prateados, sabia que era desencarnada. Acompanhando tudo, viu como Donata ficou feliz ao vê-la e, sorrindo, perguntou:

— Como está, Rosa? Veio para acompanhar o Octávio? Chegou bem na hora. Ele está quase pronto. Ademir e Marconi estão cuidando dos últimos detalhes.

— Estou bem, Donata. Sim, vim para acompanhá-lo. Sabemos que falta pouco. Logo mais o Pedro e mais alguns amigos estarão aqui. Sabíamos que encontraríamos vocês e, por isso, estávamos tranqüilos. Octávio terá a melhor assistência...

Donata sorriu novamente e disse:

— Não poderíamos deixar de estar aqui. Como pode ver, Marconi e Ademir estão cuidando muito bem dele.

— Sim, estou vendo, não estou preocupada com ele, pois sabíamos que aconteceria neste dia, porém estou muito preocupada com a Alice, Donata. Ela não está entendendo nem aceitando a situação do filho. Não entende por que isso aconteceu e, como sempre, está se julgando culpada.

— Culpada, por quê?

— Está inconformada e dizendo que, se não tivesse comprado o carro e dado para ele, isso não teria acontecido. Que não devia ter deixado que ele saísse, hoje, de casa. Isso e tudo o mais que você já sabe.

— É sempre assim, Rosa. As pessoas sentem-se culpadas por algo que não poderiam impedir.

— Tentei dizer isso a ela, Donata, mas não adiantou. Ela não me ouve e, mesmo que me ouvisse, não entenderia. Não podemos nos esquecer de que é mãe e que está sofrendo muito com tudo o que aconteceu. Sabemos que isso é normal, ainda mais quando acontece com alguém tão jovem como o Octávio. Para aqueles que estão vivendo na Terra, é realmente incompreensível. Só mesmo depois que retornam é que entendem e aceitam e, mesmo assim, alguns, levam muito tempo para entenderem e aceitarem.

Donata olhou para Marina, que acompanhava a conversa e disse:

— Sei como é, Rosa. Já passei por muitos momentos como este. Os jovens demoram para entender, não é , Marina?

Marina, sabendo o que ela estava querendo dizer, apenas sorriu. Donata continuou falando:

— Sei também que esse momento de tristeza, culpa e sofrimento, vai durar por muito tempo. Só nos resta consolar Alice da melhor maneira que podemos e que conhecemos. Só nos resta mandar-lhe muita luz e darmos passes magnéticos para que se acalme e aceite o inevitável. Com o tempo, ela não se esquecerá, é claro, mas com as dificuldades da vida, as lembranças se tornarão mais raras e Octávio, vendo que tudo está bem com ela, ficará também e poderá continuar sua jornada, só que agora do outro lado. Poderá trabalhar, estudar e crescer espiritualmente.

— É isso que estou tentando fazer. Mesmo antes de hoje, eu já vinha, em sonhos, conversando com ela e a preparando para este dia, mas, como sabe, Donata, ela é minha filha e, por isso, tenho muita dificuldade. Mesmo trabalhando em uma equipe como esta por tanto tempo, ainda estou presa a sentimentos da Terra, principalmente ao de mãe.

Donata sorriu e disse:

— Não se culpe, Rosa. Isso acontece com todos nós. Onde Alice está?

— Na sala de espera que fica no segundo andar deste hospital. Ela está inconformada e Fernando também. Ele um pouco menos, mas também não está aceitando.

— Fique ao lado do Marconi e do Ademir, eu, Jaime e Marina vamos ficar ao lado da Alice e de Fernando.

— Pode ir, Donata e ficarei muito grata, sei que ela não poderia estar em melhores mãos e que, tendo vocês ao seu lado, estará na melhor companhia.

Donata novamente sorriu. Olhou para Marina e Jaime, dizendo:

— Venham comigo. Aqui, não temos muito o que fazer. Tudo o que tiver que ser feito será por Ademir e pelo Marconi. Alice e Fernando estão precisando da nossa ajuda.

Marina e Jaime consentiram com a cabeça e a acompanharam.

Chegaram em poucos instantes em uma sala de espera do hospital, onde uma senhora, desesperada, chorava sem parar. Ao seu lado, estava um homem que a abraçava e também chorava. A senhora dizia:

— A culpa é nossa, Fernando! Não devíamos ter comprado o carro para ele...

— Não podíamos fazer isso, Alice. Tínhamos prometido que se conseguisse entrar na faculdade, daríamos o carro. Assim que passou no vestibular, ele nos lembrou da promessa, precisávamos cumprir. Como podíamos ter adivinhado que isso aconteceria?

— Isso não está certo, Fernando. Ele é o nosso único filho, como vai ser daqui para frente se ele morrer? Como poderemos continuar vivendo?

— Ele não vai morrer, Alice! Os médicos conseguirão salvá-lo, você verá! Para isso eles estudam muito e se dedicam. Eles salvarão o nosso menino. Precisamos ter fé em Deus. Já falamos muito sobre isso. Durante todo o tempo em que seguimos a Doutrina, aprendemos muito, Alice...

Alice olhou para o marido e disse:

— Sei que falamos muito sobre isso e na bondade de Deus e no Seu amor, mas como posso confiar em Deus, Fernando, se ele está tirando nosso filho? Que Deus é esse?

— Sei que tem razão para estar tão desesperada, mas não podemos nos esquecer do que, durante tantos anos, aprendemos na casa espírita. Sempre dissemos que tudo está sempre certo e que não podemos julgar a ninguém, muito menos a Deus. Ele é o único que sabe de tudo...

Alice olhou, com raiva, para ele e, chorando desesperada, disse, quase gritando:

— Casa espírita? Casa espírita? Nunca mais irei a uma casa espírita! Do que adiantou nos dedicarmos tanto tempo em freqüentar a casa espírita, ajudar as pessoas se, no final, a nossa recompensa foi essa? Foi esse o pagamento que tivemos? Esse Deus de quem tanto falamos está nos tirando nosso único filho, nosso bem maior! Como posso acreditar em qualquer coisa? Como posso acreditar que tudo está sempre certo?

Donata, percebendo que Alice estava fora de si e que era o momento de intervir, colocou a mão sobre a garganta de Fernando, que parecendo estar mais calmo, disse:

— Será que todo o tempo em que estivemos na casa espírita, depois de termos lido tantos livros e acreditarmos em uma vida após a morte, não serviu para nada, Alice? Será que nada aprendemos? Quantas vezes consolamos mães e pais que perderam seus filhos? Quantas vezes eles nos disseram que, realmente, nossas palavras os haviam ajudado? Não será esta a hora de usarmos tudo o que aprendemos para nosso próprio conforto? Se nosso filho tiver de ir embora, sabe que nada poderemos fazer. Sabe que o tempo dele terminou, mas que o nosso continua e sabe, também, que é sim uma vontade de Deus e que Ele, sim, é o único que sabe de tudo...

— O que está dizendo, Fernando? Acha que, se meu filho morrer, algum dia poderei me esquecer dele e não sentir revolta pelo que aconteceu e da maneira que foi? Ele é jovem, bom, estudioso, muito carinhoso e tem a vida toda pela frente. Sei que durante tanto tempo trabalhamos na casa espírita. Do que adiantou? Não tivemos proteção alguma!

— Não estou pedindo para que se esqueça do nosso filho, também nunca conseguirei esquecer, mas, como sempre dissemos aos pais que nos procuraram, devemos pensar da mesma maneira: Deus é quem sabe das coisas e, se isso aconteceu, deve ter existido um motivo.

— Que motivo pode ter existido? Ele é um jovem feliz, estudioso e carinhoso, é um bom filho... tem a vida toda pela frente! Não é um marginal que só poderia causar problemas para a sociedade, ao contrário, sendo médico como queria ser, só poderia fazer o bem. Não estou entendendo a sua atitude, parece que não gosta do seu filho, que não está se importando com o que pode acontecer com ele!

— Claro que gosto do meu filho, Alice. Só estou repetindo as mesmas palavras que sempre dissemos e em que sempre acreditamos. Será que, durante todo esse tempo, você não aprendeu nada? Será que durante todo esse tempo esteve apenas fingindo que acreditava?

— Mas era diferente, Fernando...

— Diferente por quê, Alice?

— Falávamos sobre os filhos e parentes das outras pessoas, nunca poderia imaginar que, um dia, isso estaria acontecendo conosco... com o nosso filho...

— Também nunca imaginei, mas se aconteceu, devemos aceitar e, como falávamos para os outros, devemos nos dizer as mesmas coisas. Tudo está sempre certo e tudo o que nos acontece, na maioria das vezes é resultado de nossas próprias escolhas. Hoje, mais do que nunca, precisamos acreditar nisso, Alice.

— Sei que deveria ser assim, mas não consigo, Fernando! Ele é o nosso único filho! Como posso aceitar? Como poderei viver sem ele?

— Nada vai acontecer. Nosso filho vai se recuperar e tudo voltará a ser como sempre foi, mas, se acontecer, teremos de usar para nós mesmos as mesmas palavras que sempre usamos para com os outros, da mesma maneira que tentamos conformar outras mães e pais que perderam seus filhos. Mais do que nunca, precisamos acreditar em tudo o que aprendemos, para o nosso próprio bem e para o bem de Octávio. Devemos entregar a ele e a nós mesmos nas mãos de Deus. Ele nos ama e é quem sabe das coisas, Alice. Só Ele sabe o verdadeiro motivo para esse acidente ter acontecido... só Ele, Alice, ninguém mais. Precisamos acreditar nisso...

— Sei que deveria ser assim, mas não está sendo. Comecei a freqüentar a casa espírita, a ler e a querer entender o plano espiritual, primeiro, por curiosidade, depois, pensando que, se me dedicasse, estaria protegida e nada de mau poderia me acontecer. Com o tempo, fui me sentindo bem e importante, por ver as pessoas me procurarem pedindo ajuda. Sentia-me muito bem sendo procurada. Acho que só o que me importava era isso. Estava me sentindo importante, segura e achava que, já que era importante e estava ajudando a tantas pessoas, nada de mau poderia me acontecer. Esse era o pagamento que eu achava que merecia por tanta dedicação!

— O que está dizendo, Alice? Queria só ser procurada pelas pessoas que sofriam para se sentir importante? Não acreditava naquilo que dizia?

— Claro que acreditava, mas me sentia muito bem sendo procurada e enaltecida. Achava que, por freqüentar uma casa espírita e ajudar as pessoas, nada de mal poderia me acontecer, pois eu era uma escolhida por Deus.

— Não consigo acreditar nisso que está dizendo, Alice! Você não pode ter agido assim. Isso não pode ser verdade... você está dizendo isso por estar nervosa e desesperada...

— Não estou dizendo por estar nervosa ou desesperada, Fernando. Era isso exatamente o que sentia. Achava que, por poder ajudar as pessoas, eu era uma escolhida e que nada de mau poderia me acontecer, mas vejo que estava enganada, que tudo o que sempre preguei era uma mentira!

— Alice, você não está em seu juízo perfeito. É impossível que não acreditasse no que dizia. Quantas vezes dissemos para as pessoas que tudo o que tivesse de acontecer, aconteceria, que a doutrina espírita ensina que podemos passar por uma dificuldade rindo ou chorando, mas que ela acontecerá e que o bom e o ruim passam e que de cada experiência boa ou ruim, sobra muito aprendizado. Quantas vezes dissemos isso, Alice? Milhares de vezes. Você não podia estar mentindo...

— Eu não estava mentindo. Eu dizia tudo isso, mas achava que nunca passaria por um momento como este. Agora que estou passando, não aceito tudo o que sempre disse! Meu filho é um rapaz que estuda, trabalha e nos ajuda na casa espírita como médium e evangelizador! Não merecia isso, Fernando! Isso não poderia ter acontecido, não com ele...

— Não acredito, Alice, que você, embora tenha passado tanto tempo na casa espírita, tenha lido tantos livros, não tenha aprendido nada! Eu, ao contrário, sempre acreditei e já entreguei meu filho nas mãos de Deus. Sei que tudo o que aconteceu teve um motivo e, por isso, não me desespero.

Ela, quando ouviu aquilo, ficou mais nervosa ainda, parou de chorar e perguntou, quase gritando:

— Como pode dizer isso, Fernando? Você não pode estar aceitando, dessa maneira, tudo o que está acontecendo com nosso filho e conosco!

— Estou aceitando e dizendo, porque acredito que seja assim que funcione. Já parou para pensar por que Octávio estava passando naquele momento e naquele cruzamento onde encontrou outro carro que vinha do outro lado e os dois se chocaram? Não podiam ter passado um minuto antes ou depois? Se isso aconteceu, foi porque tinha ou estava programado e precisava acontecer. Sempre dissemos para as pessoas que nos procuraram aquilo em que sempre acreditei. Acreditei e acredito que a encarnação tem sempre um planejamento e que os participantes concordaram com o que foi programado. Se nosso filho morrer é porque era assim que deveria ser, Alice, e que foi Octávio mesmo quem escolheu. Não podemos nos esquecer de que, também, já que somos seus pais, também devemos ter escolhido com ele.

— Você não pode acreditar nisso que está dizendo! Não pode estar aceitando dessa maneira! Não posso acreditar nisso que está dizendo, Fernando!

— Claro que estou acreditando, Alice. Foi isso que aprendi e em que acreditei durante muito tempo. Tudo que acontece é porque tem de acontecer. Cabe a nós escolhermos como devemos aceitar. Alguns, aqui na Terra, poderão dizer que o que aconteceu foi um acidente. Eu prefiro acreditar que tenha sido um acerto de contas entre eles dois.

— Não consigo entender nem aceitar o que está dizendo, Fernando! Eles não se conheciam! Nosso filho está morrendo e o outro, pelo o que ouvi dizer, não sofreu um arranhão, como quer que eu aceite isso?

— Por isso mesmo, por ele não ter sofrido um arranhão é que digo que pode ter sido um acerto de contas.

Alice recomeçou a chorar copiosamente. Havia, realmente, aprendido tudo aquilo que Fernando dizia, mas, mesmo assim, estava sendo difícil aceitar que seu filho estava morrendo. Fernando abraçou-a e choraram juntos. Donata retirou a mão que continuava sobre a garganta dele e disse:

— Agora está tudo bem. Ela está chorando porque está relembrando e pensando em tudo o que aprendeu, ficará melhor. Podemos voltar para junto de Octávio.

Marina, abismada com tudo o que havia presenciado, perguntou:

— Donata, ela realmente tinha conhecimento de como era na vida espiritual? Ela realmente sabia e confortava as pessoas na hora do sofrimento?

— Sim, Marina, durante muitos anos, estudou e acreditou em tudo o que pregava e foi uma das melhores médiuns da casa espírita que freqüentava. Sempre deu atendimento para as pessoas que estavam sofrendo pela perda de um ente querido. Sempre teve, ao seu lado, um protetor que a orientava nas palavras que devia dizer, e, na maioria das vezes, conseguia fazer com que as pessoas que a procurassem, saíssem aliviadas. Por isso era muito elogiada e procurada. No começo, tudo era normal para ela, mas com o tempo, deixou-se levar pelo orgulho e cada vez que era procurada, sentia-se, como ela mesma disse, importante, uma escolhida, quando, na realidade, não é assim. As pessoas que escolheram, antes de nascer, ajudar a outras, é porque, em encarnações passadas, prejudicaram a muitos.

— Isso que está dizendo é verdade, Donata? As pessoas que ajudam o fazem porque são devedoras?

— Na maioria das vezes, são devedoras e orgulhosas, por isso pedem para fazer esse tipo de trabalho, não só para resgatarem, mas também para superarem seu orgulho.

— Todas são assim?

— Claro que não, Marina. Algumas escolhem esse caminho, pelo simples desejo de ajudar, mas estarão sempre sujeitas a se deixarem dominar pelo orgulho. Isso não acontece só nas casas espíritas, mas em todas as profissões, em todos os segmentos da sociedade e em todas as religiões. O orgulho é um dos principais empecilhos para o aperfeiçoamento. Todos aqueles que, por qualquer motivo, podem ser reverenciados por ajudar aos outros, precisam tomar muito cuidado para não se deixar envolver pelo orgulho. Alice aprendeu tudo sobre a vida após a morte e como funciona o plano espiritual, mas na hora em que teve de provar sua fé, aconteceu isso que está vendo.

— Estou vendo, mas não entendo. Se ela acreditava no que aprendeu, por que não aceita o que está acontecendo com seu filho? Não entendo...

— Porque, como ocorre com a maioria das pessoas que participam, por muito tempo, de qualquer religião, seguem os rituais, ensinamentos e mandamentos, somente pelo orgulho que sentem ou pelo poder que podem exercer sobre as outras pessoas. Quando são procuradas para dar um conselho ou apenas ouvir, sabem exatamente o que dizer para consolar as pessoas que a procuram, mas, na primeira oportunidade em que devem, realmente, demonstrar sua fé, agem como Alice. Porque, embora tenham mostrado para as outras pessoas que são religiosas e que acreditam no que dizem, no fundo, não acreditam. Tudo não passa de aparência, para que os outros vejam. Por isso, para Deus, não existe religião. Para Ele, não importa a que religião cada um pertença. Para Ele, só interessa o ser humano, sua caminhada e sua evolução.

— Está dizendo que não se deve seguir nenhuma religião, Donata?

— Não, ao contrário, a religião é importante, porque o ser humano traz dentro de si, lembranças do passado, por isso sabe que, em algum lugar, existe um local de paz, de felicidade e, inconscientemente, procura por esse lugar. Daí, embora acredite na matéria e em tudo o que ela pode e deve conquistar, também acredita que existe algo superior que o protege e ajuda e é em busca dessa ajuda que todos se filiam a uma religião. O perigo das religiões é quando elas se julgam as melhores, únicas e verdadeiras, e partem para destruir as outras, tornando seus seguidores fanáticos. Isso, durante a história, já foi e é, ainda hoje, a causa de muitas guerras e destruição. Todas as religiões são boas, pois todas ensinam a palavra de Deus e as de Jesus e não poderia ser diferente, pois o que Jesus disse está escrito e não há como se mudar. Outras que não são cristãs acreditam nos ensinamentos deixados por seus profetas. Existem, também, os indígenas que não conhecem as palavras de Jesus e acreditam nos deuses da Natureza. Existem, ainda, aqueles que são ateus e que não acreditam em religião alguma, muito menos em Deus. Por acreditarem nessa ou naquela religião ou por deixarem de acreditar serão abençoados ou abandonados? Não, claro que não. Independente de qualquer religião, todos somos filhos do mesmo criador e estamos sujeitos às mesmas leis, entre elas, duas muito importantes, a de ação e reação e a do livre-arbítrio. Somos filhos de um mesmo criador e livres para escolher a religião que quisermos ou não aceitar nenhuma delas, mas responsáveis por nossa caminhada, pois, com ou sem religião essa caminhada terá de acontecer e depende de cada espírito e de sua escolha, independente de religião.

Marina ouvia com atenção o que Donata falava, ia fazer mais uma pergunta, mas foi interrompida por Rosa que entrou na sala, dizendo:

— Donata, está na hora, Marconi e Ademir mandaram chamar vocês.

— Está bem, vamos.

Voltaram para o quarto onde Octávio e os outros estavam, no exato momento em que Marconi cortava o fio que estava preso na cabeça de Octávio e que ele dava o último suspiro. O médico, sentindo sua impotência diante da morte, triste, disse para uma das enfermeiras que o acompanhava:

— Terminou, nada poderá ser feito. Preciso conversar com os pais. Providencie para que o corpo seja levado.

Dizendo isso, tirou sua roupa cirúrgica, saiu da sala e foi conversar com Alice e Fernando.

Marina, emocionada, viu Octávio que, adormecido, foi levado por quatro entidades que chegaram enquanto ela estava ao lado de Alice e de Fernando. Por isso, ela não as conhecia. Em seguida, olhou para o médico que saía da sala e também para Donata, demonstrando a vontade que sentia em acompanhá-lo. Queria ver qual seria a reação de Alice e de Fernando.

Donata, percebendo o que ela pretendia, disse:

— A curiosidade não é boa companheira, Marina. Nosso trabalho aqui terminou.

— Sei disso, Donata, mas, por favor, preciso saber se, nesta hora, Alice vai colocar em prática tudo o que aprendeu.

Donata olhou para Marconi e para Ademir, que, com a cabeça, concordaram. Ela disse:

— Está bem, Marina, podemos ir — voltou-se para Rosa e perguntou: — Também quer ir, Rosa?

— Sim, Donata. Alice é minha filha e, neste momento, precisa muito de toda a ajuda que eu possa lhe dar.

Donata sorriu e olhou para Jaime, perguntando:

— Quer ir conosco, Jaime? Embora não demonstre tanto quanto Marina, sei que também tem curiosidade.

Ele, um tanto envergonhado, disse:

— Desculpe, Donata, mas queria, sim, ver como tudo isso vai terminar.

Donata sorriu e, com a mão, fez um sinal para que a acompanhassem.

Em poucos instantes, estavam junto a Alice e Fernando, no exato momento em que o médico se aproximou e disse:

— Desculpem, mas não consegui. Fiz tudo o que estava ao meu alcance, mas ele não resistiu.

Alice, desesperada, começou a chorar. Fernando a abraçou. Por detrás de seus ombros, deixou que lágrimas caíssem por seus olhos e pensou:

Meu Deus, sei que chegou o momento de meu filho partir rumo aos Seus braços. Sei, também, que sofreremos muito e será triste e difícil a sua ausência, mas, por favor, Senhor, permita que ele seja acompanhado por espíritos amigos, para que possa chegar ao seu destino sem problemas. Um dia o Senhor o colocou em meus braços, agora, eu o estou devolvendo, sabendo que seu tempo, aqui na Terra, terminou. Seja feita a sua vontade. Ajude-nos a mim e, principalmente, a Alice a suportar tudo o que está acontecendo.

Para espanto de Marina e de Jaime, uma Luz imensa e branca surgiu do alto e iluminou os dois, que continuavam abraçados. Marina e Jaime não se contiveram e começaram a chorar, diante da beleza daquela Luz.

Donata, Ademir e Marconi, acostumados a ver aquela Luz, também emocionados, apenas sorriram. Com muita emoção e não se contendo, Marina perguntou:

— Que Luz maravilhosa é essa, Donata?

— É a Luz Divina que foi mandada para nos mostrar que, em todos momentos, bons ou ruins, Deus está sempre ao nosso lado e, também, para nos avisar que Octávio está bem e que cumpriu sua missão.

— Como bem, Donata? Ele morreu muito jovem...

— Sim, mas esta Luz que vimos nos mostra que ele está bem, portanto, cumpriu sua missão

— Continuo não entendendo. Você sabe por que aconteceu o acidente? Por que ele morreu e o outro não sofreu nenhum arranhão?

— Não, não conheço o motivo, pois trabalho há muito tempo nesta equipe ou em outras como esta, que dá assistência para aqueles que estão desencarnando. Existem outras equipes que, quando o espírito renasce, o acompanham em todos os momentos para ajudá-lo a realizar sua missão.

— Acha que Fernando estava certo quando disse que se tratava de um acerto de contas?

— Pode ser, mas, como só um morreu e o outro não teve nem um arranhão, pode-se deduzir que, embora não se conhecessem nesta encarnação, podem ter sido amigos de muito tempo e, provavelmente, quando escolheram a vida que teriam, Octávio, por saber que o amigo havia fracassado por várias vezes, resolveu acompanhá-lo, para que, se estivesse pronto a fracassar novamente o ajudasse.

— Está dizendo que só Octávio morreu para evitar que o amigo fracassasse outra vez?

— Eu disse que pode ser, mas não conheço a história de cada um. Quem pode, talvez, nos esclarecer é Rosa. Ela esteve sempre ao lado da família que, também, permanece junta há muitas encarnações. Pode nos esclarecer, Rosa?

— Acredito que sim. Como você disse, Donata, estamos há muito tempo convivendo. Eu, Alice e Fernando sempre estivemos juntos. Octávio e Roberto, que, é o nome do outro rapaz, vieram depois.

Marina interrompeu Rosa, perguntando:

— Desculpe por interromper, mas Fernando teve razão quando disse que foi um acerto de contas? Eles eram inimigos em outras encarnações?

Rosa sorriu e respondeu:

— Poderia ter sido, mas, neste caso, não foi. Como você disse, Donata, Octávio e Roberto sempre foram amigos. Octávio, após muitas encarnações, conseguiu se esclarecer e encontrar o caminho. Trabalhou por muito tempo em uma equipe que cuidava de reencarnação. Roberto continuou renascendo, mas sempre caía nas mesmas armadilhas e voltava a fracassar. Octávio ficava triste e, por várias vezes, foi em busca do amigo que estava perdido em algum lugar. Depois disso, junto com seus companheiros e com a ajuda do próprio Roberto, planejavam a próxima encarnação. Nesta última, vendo que o amigo tinha muita dificuldade para encontrar o caminho, decidiu que viria para ficar ao lado de Alice e Fernando, amigos também de outros tempos. Alice, de todos nós, era a que mais precisava de nossa ajuda. Se tudo corresse bem, eu, Fernando e Octávio a encaminharíamos para que conhecesse a espiritualidade, podendo, assim, encontrar o seu caminho. Tudo foi decidido e aceito por todos nós, inclusive por Roberto. Eles não se conheceriam para que Roberto tivesse a oportunidade de usar de seu livre-arbítrio e encontrar o seu caminho. A torcida de todos nós era no sentido de que ele realmente, desta vez, não fracassasse. Tudo corria bem, até que Roberto começou a se envolver, novamente, com más companhias que o levariam a cometer os mesmos erros de antes. Tudo havia sido combinado para que, se isso acontecesse, Octávio o ajudasse de alguma maneira. Com o acidente e com a morte dele, Roberto terá mais uma oportunidade de repensar sua vida e mudá-la.

Marina disse, nervosa:

— Está dizendo que Octávio morreu para que o amigo tivesse mais uma chance? Isso está errado! Se Roberto era quem estava se desviando do caminho, quem tinha de morrer era ele e não Octávio!

— Talvez seja difícil para você entender, Marina. Mas foi isso que aconteceu. Roberto sobrevivendo e sabendo que foi o culpado de tirar a vida de um jovem como Octávio, pensará em tudo o que fez e no que poderá fazer daqui para frente e, esperamos, que seja o certo.

— Mesmo com a morte de Octávio, nada garante que Roberto mudará!

— Nisso você tem razão, mas é uma nova chance.

— O que vai acontecer com Octávio?

— Ele está adormecido e permanecerá assim por mais algum tempo, quando acordar será inteirado de tudo o que aconteceu. Entenderá e, provavelmente, dentro de pouco tempo, estará trabalhando em uma equipe. Ele é um espírito de Luz.

— Alice não sabe do motivo por que tudo aconteceu e não poderá aceitar ter perdido o filho. O que acontecerá com ela e com Fernando?

— Por um bom tempo, sofrerão de tristeza, dor e saudade, mas logo surgirão problemas e soluções, alegrias e tristezas. A vida se encarregará de fazer com que as lembranças fiquem cada vez mais distantes e, com o tempo, se lembrarão do filho, é claro, mas não com ódio ou revolta. Continuarão trabalhando na casa espírita e, agora sim, passando por essa experiência, terão muito mais condição de ajudar as pessoas que os procurarem.

— Acha mesmo, Rosa, que Alice voltará a trabalhar na casa espírita?

— Acho, ela já aprendeu muito, embora não tenha usado o que aprendeu, mas aprendeu e, daqui para frente, aprenderá muito mais. Além do mais, eu e Octávio estaremos sempre ao seu lado para ajudá-la em algum momento de indecisão.

Marina se calou. Não entendia por que tinha de ser daquela maneira, mas, também, entendia muito pouco da espiritualidade.

Vendo que Marina se calou, Rosa olhou para Donata, sorriu e disse:

— Essa menina é muito curiosa, Donata. Está me lembrando de alguém quando começou a participar desta equipe.

Ademir, também olhando para Donata e sorrindo, disse:

— Eu que o diga... eu que o diga...

Marina e Jaime também se admiraram. Marina perguntou:

— Donata, você também era curiosa igual a mim?

Donata, um pouco envergonhada, respondeu:

— Nem tanto, Marina, você é muito mais...

Ademir, percebendo o constrangimento de Donata, ainda sorrindo, disse:

— Claro que era, Donata, e ainda continua. Sempre que

acontece alguma coisa que ela não entende, sei que logo vem uma pergunta.

— Depois de tanto tempo que fazem esse trabalho, ainda existe alguma coisa que vocês não saibam?

— Muitas coisas, Marina. Estamos a cada dia aprendendo mais. O espírito está em constante aprendizado.

— Donata, por isso é que você tem tanta paciência comigo?

— Não me lembrava mais da maneira como eu era, só depois que começamos a conviver foi que percebi e é por isso que não tenho problema algum para responder a todas as suas perguntas. Eu sempre tive para quem perguntar e sempre recebi as respostas. Quando conheci você, não posso negar que vi a mim mesma e, por saber como se sentia, foi que sempre tentei responder às suas dúvidas.

Marina não conseguiu esconder a felicidade, sorriu e disse:

— Que bom que você sabe o que estou sentindo e, agora, que conheço um pouco mais da sua história, não me sentirei mais constrangida em perguntar.

— Pode perguntar e farei o possível para responder.

Rosa, Ademir e Marconi, também sorriam felizes.

Novamente, Luci entrou, dizendo:

— Marconi, a Maria Isabel está esperando.

— Está bem, Luci, iremos agora mesmo para lá.

Luci, apressada, saiu. Marconi olhou para os demais, dizendo:

— Maria Isabel é, também, uma velha conhecida nossa. Está se lembrando dela, Donata?

— Como poderia me esquecer? Não sabia que um de seus pacientes era ela.

— Sim, é ela mesma. Já a conhece há muito tempo e sabe como será difícil o desprendimento.

— Sei, sim, Marconi. Ela, apesar de todas as vezes que reencarnou, ainda não conseguiu superar isso.

— Infelizmente, não. Vamos até lá?

— Vamos, sim.

Em breves segundos, desapareceram.

Dominação

Entraram em um outro quarto onde, sobre uma cama, estava deitada uma senhora idosa. Donata sorriu, aproximou-se e, carinhosamente, disse:

— Olá, Maria Isabel. Como você está?

A senhora abriu os olhos e, ao ver Donata, disse demonstrando, com os olhos, a felicidade que estava sentindo:

— Donata, você está aqui? Há quanto tempo que eu não a via e não sabia de você...por onde tem andado?...não estou bem, preciso da sua ajuda...

Sim, faz muito tempo, Maria Isabel, mas agora estou aqui e vim para ajudar você a voltar para casa. Lá todos a estão esperando ansiosos.

Maria Isabel, ao ouvir aquilo, começou a se debater e, nervosa, disse:

— Não posso voltar agora, Donata! Tenho ainda muita coisa para fazer e, principalmente, não posso deixar a Ieda sozinha! Ela não saberá viver sem a minha companhia.

— Chegou a hora, minha amiga. Não tem nada mais para fazer. Ieda não precisa mais da sua companhia. Ela precisa continuar sozinha.

— Ela não pode, Donata! Você nos conhece e sabe como sempre dependeu de mim e, também, que ela não saberá como continuar! Vai se entregar ao primeiro homem que aparecer...vai se perder e, depois, ficar doente!

Entrou no quarto uma outra senhora acompanhada de um médico. Ela chorava e estava muito nervosa. Assim que a viu, Maria Isabel disse, com a voz muito fraca:

— Ieda, ainda bem que chegou. Estava preocupada.

Quero que conheça minha amiga, Donata. Ela veio me visitar, fazia muito tempo que não a via.

O médico e Ieda olharam para o lado a que Maria Isabel se referiu. Donata, mesmo sabendo que eles não poderiam vê-la, sorriu e acenou.

Ieda, sabendo da condição da mãe, com lágrimas, perguntou:

— Como ela está, doutor?

— Sinto muito, mas nada mais poderemos fazer. Como sabe, ela já está doente há muito tempo. Nem sei como ela suportou até agora. É uma mulher muito forte.

— Não estou doente coisa nenhuma. Ele é quem quer me matar, Ieda. Ele está mandando me aplicar uma injeção que me faz dormir. Quero ir embora, me leve para casa, Ieda... — Maria Isabel falou com a voz muito baixa, tanto que Ieda precisou encostar seu ouvido bem perto da mãe.

— Não fale assim, mamãe. Faz muito tempo que o doutor Evaristo está cuidando da senhora. Ele só quer ajudar e essa injeção que está lhe aplicando é para que não sinta muita dor.

— Mentira! Ele só sabe pedir exames, receitar injeções e receber muito dinheiro por tudo isso. Só isso, nada mais que isso! Ele está enganando você, minha filha, e, como todos os homens, só quer o nosso dinheiro! Sempre lhe ensinei a não confiar nos homens, eles não prestam. Não se lembra do que seu pai me fez? Ieda, você precisa me levar embora deste hospital! — Maria Isabel, agora, estava chorando.

— Ieda tem razão, dona Maria Isabel. Eu cuido da senhora há muito tempo e sabe o quanto já a ajudei... sabe que não é por causa do dinheiro, é por eu ser médico e tentar curar as pessoas, é o meu dever, mas, também, pela amizade que sinto pela senhora e por ela. Estou aqui só para ajudar...

— Mentira! O senhor quer que eu morra para ficar com a Ieda e, assim, pegar todo o nosso dinheiro, mas não vai conseguir! Eu não vou permitir!

O médico e Ieda, confusos, se olharam. Ieda, nervosa, perguntou:

— De onde a senhora tirou essa idéia, mamãe?

Conhecemos o doutor Evaristo há muito tempo, ele sempre tratou da senhora e nunca existiu nada entre nós dois que não fosse a preocupação com seu bem-estar!

— Você está dizendo isso só para me enganar! Pensa que já não vi a maneira como se olham? Eu não vou morrer e você não vai se casar com ele!

Ieda olhou para o médico, incrédula, sorriu e disse:

— Tem razão, a senhora não vai morrer e eu não vou me casar com ele nem com ninguém. Ficarei ao seu lado até o dia em que eu morra.

— Então, vai ficar muito tempo... não é, Donata?

Ieda e o médico olharam-se e, ao mesmo tempo, se voltaram para o lugar onde Donata estava. Outra vez, Donata, mesmo sabendo que eles não podiam vê-la, sorriu e respondeu:

— Maria Isabel, seu tempo terminou. Ieda até agora foi uma filha dedicada, mas ela tem seus próprios compromissos assumidos antes de nascer. Precisa ficar sozinha e continuar sua caminhada e você não pode mais impedir que ela continue. Seu tempo terminou, precisa se entregar para que possa ser acompanhada até em casa, onde, verá como se sentirá melhor. Essas dores e esse mal-estar vão passar e você ficará feliz. Vamos, Maria Isabel, entregue-se.

— Não posso fazer isso, Donata. Ela não pode ficar sozinha, e se isso acontecer, ela vai se entregar ao primeiro homem que aparecer e isso não vou permitir! Você não se lembra como fiquei quando o Josias morreu? Quase me matei... não vou permitir que qualquer um faça o mesmo com ela! Não posso permitir que minha filha, que sempre esteve ao meu lado, sofra da mesma maneira que sofri... não posso... não posso, Donata.

— Sei tudo o que aconteceu em sua vida, Maria Isabel, mas sua filha, embora você nunca tenha aceitado, tem o direito de viver sua própria vida e escolher seguir o seu caminho. Ela, embora você pensasse que fosse, nunca lhe pertenceu, nunca foi sua propriedade. Ela, como todos nós, é um espírito livre e, por isso, não pode ser aprisionada. Você, com seu medo, com sua dominação, fez com que ela perdesse muito tempo, mas agora terminou. Agora, você irá para casa e, lá, terá tempo de pensar em tudo o que fez e sua filha continuará vivendo, acertando e errando como todos, mas tendo suas próprias escolhas.

— Donata, você não entendeu nada...ela pode viver, pode fazer suas escolhas desde que seja ao meu lado e longe de qualquer homem que só lhe trará infelicidade...

— Com quem a senhora está falando, mamãe?

— Com Donata! Já não disse que ela veio me visitar? Ela está dizendo que chegou a hora de eu ir embora, mas eu não quero ir! Não poso deixar você sozinha, Ieda...

Ao ouvir aquilo, Ieda começou a chorar. Ela também tinha medo que a mãe morresse e de ficar sozinha.

— Mamãe, a senhora não vai morrer, pois, se isso acontecer, também não sei como será a minha vida! Não consigo me imaginar sem a sua presença!

— Está vendo, Donata? Não lhe disse que ela não saberia viver sem mim?

— Ela saberá, sim, Maria Isabel. Não se preocupe, ela ficará bem. O seu tempo terminou, o dela só está começando.

— Não ficará bem coisa alguma! Não está vendo como ela está chorando com medo que eu morra?

— Estou vendo e sei como tem sido a vida de vocês, mas agora terminou. Precisa aceitar isso. Está voltando para casa e sabe que lá é muito bom.

— Não quero voltar para lugar algum que não seja a minha casa! Será que você não entende isso, Donata?

Todos acompanhavam a conversa. Marina, assim como Jaime, estavam confusos e não entendiam o que estava acontecendo. Ademir, com a mão, fez um sinal para que esperassem. Eles entenderam que, na hora certa, teriam todas as respostas.

Ieda chorava sem parar e, com um lenço, enxugava as lágrimas. A porta se abriu e, por ela, entrou um senhor que, ao vê-la ali, perguntou:

— Por que está chorando, Ieda, mamãe piorou?

— Sim, meu irmão. O doutor disse que nada mais pode ser feito. Tudo o que puderam fazer já fizeram e agora só nos resta esperar. Estou com muito medo...

— Tem certeza, doutor. Sabe que ela, apesar de ter setenta e dois anos, sempre resistiu e lutou contra a doença.

— Sim, Josmar, tem razão, mas, apesar de toda fortaleza, ela ficou doente e o peso dos anos conta muito.

— Sei disso, doutor, mas não existe, mesmo, chance de que ela se restabeleça?

— Infelizmente, não. Já esgotamos todos os nossos recursos. O organismo está rejeitando os medicamentos, e eles já não fazem mais efeito.

— Ela está nos ouvindo?

— Acho que sim, Josmar. Embora não tenha certeza se está nos ouvindo ou conversando com alguém que não estamos vendo ou ouvindo.

— Por que está dizendo isso, Ieda?

— Agora há pouco, ela falava com uma mulher que disse ter o nome de Donata.

Josmar sorriu e, em pensamento, disse:

Obrigado, meus irmãos por estarem aqui neste momento.

Donata olhou para Ademir, que sorriu e jogou um raio de Luz sobre Josmar, que se aproximou de Maria Isabel, dizendo:

— Mamãe, não sei se está me ouvindo, mas se estiver, quero que saiba que amo muito a senhora e desejo que parta em paz. Cumpriu sua missão e o seu tempo aqui na Terra. Estamos bem, sentiremos sua falta, mas a senhora está sofrendo muito com essas dores que não passam.

— Que está dizendo, Josmar? Ainda não chegou a minha hora... não posso deixar você e muito menos a Ieda... ela não saberá viver sem mim...

Mesmo tendo dito com a voz muito fraca, Josmar conseguiu ouvir e disse:

— Mamãe, não precisa mais se preocupar conosco. Eu e Ieda estamos bem. A senhora fez um bom trabalho. Criou-nos e nos deu tudo o que precisamos. Fique em paz, mamãe. Ieda disse que a senhora está conversando com amigos seus, que devem ter vindo para levá-la em segurança. Agradeço a esses amigos e a entrego em suas mãos. Vá em paz...

— Que é isso, Josmar? Não quero ir a lugar algum. Quero ficar com vocês... tenho ainda muito para fazer... vocês sempre foram minha responsabilidade e continuam sendo...pensa que ainda não sofro por ter me abandonado e se casado com aquela mulher? Sofri muito, mas, mesmo assim, você ainda é meu filho, eu o amo muito e não quero deixá-lo...

Marina, não conseguindo se conter nem esconder sua curiosidade, perguntou:

— Por que ela está dizendo isso, Donata? Apesar de já estar com setenta e dois anos e muito doente, não quer morrer e fica dizendo que não chegou a hora? Quando é a hora, quando o espírito acha que chegou a sua hora?

— Para a morte, Marina, nunca é a hora. Muitas pessoas com a idade de Maria Isabel, ou até mais velhas, estão bem e conseguem ter uma vida relativamente boa, mas, com ela, foi diferente. A doença apareceu há algum tempo. A medicina tem muito recurso, porém chega uma hora em que nada adianta. As pessoas, independente da idade, não querem morrer e sempre, embora saibam que é inevitável, encontram uma desculpa para poder adiá-la.

— Maria Isabel está dizendo que não quer morrer porque precisa ficar ao lado da filha.

— Sim, ela está dizendo isso, porém, na realidade, se não fosse a filha, ela encontraria outra desculpa qualquer. Por desconhecer a vida pós-morte, o ser humano tem medo e faz de tudo para adiar esse momento.

— Medo do quê, Donata?

— Do desconhecido, de não saber o que acontece realmente depois da morte.

— Donata, por que o organismo rejeita os medicamentos e por que eles não fazem mais efeito?

— Porque está na hora da separação. Está na hora de o espírito voltar para casa e o corpo, que cumpriu muito bem a sua tarefa, voltar para a terra. Por que pergunta isso, Marina?

— O corpo de Maria Isabel já está envelhecido, mas o meu, não! Eu era jovem, tinha filhos para criar e um marido que me amava! Não devia ter morrido tão cedo.

— Tudo acontece na hora certa e da maneira como tem de ser. Embora não aceite ainda, você morreu na hora certa...na sua hora, nem um minuto antes ou depois...

— Sei que isso é verdade, mas ainda continuo achando injusto. Você sempre fala a respeito da missão que temos de cumprir. Eu não tive missão alguma e mesmo que tivesse não tive tempo para descobrir qual era e, muito menos, tempo para cumprir. Isso não é justo. Maria Isabel viveu muito tempo, acertando ou errando, ela teve tempo de criar seus filhos, mas eu não...

— Você cumpriu sua missão.

— Que missão, como? Nada fiz de bom para a humanidade, não fiz algo que me tornasse famosa ou reconhecida. Qual foi a minha missão, Donata?

Donata começou a rir baixinho. Marina e Jaime, confusos, olharam para ela que, após parar de rir, disse:

— Desculpem por eu estar rindo, mas é que acabei de constatar uma coisa.

— Que coisa, Donata?

Você, como a maioria das pessoas, pensa que uma missão para ser cumprida deve ser algo grandioso e que as torne reconhecidas e renomadas, quando na realidade não é assim.

— Não é? — perguntou Jaime.

— Não, Jaime, não é. Ao contrário, quando um espírito está planejando sua reencarnação, tentará, de todas as maneiras possíveis, fugir de uma missão grandiosa.

— Por que ele faz isso?

— Porque todo espírito deseja renascer para poder resgatar erros, encontrar inimigos para que tenha a oportunidade de reconciliação e possa evoluir. Sabe que tem uma missão, mas sempre escolhe a mais fácil, aquelas que não o colocam em risco de falhar.

— Não estou entendendo, uma missão da maneira como penso só pode trazer facilidade, pois, com ela, pode-se ajudar a muitas pessoas.

— Tem razão, Marina, mas não é bem assim. Você não viu o que aconteceu com Irene? Ela teve uma missão como essa, só que o orgulho, que é próprio do espírito, fez com que se afastasse de seus reais motivos. A maioria dos seres humanos, quando são elogiados, homenageados e reconhecidos por algo que fazem, são vistos ou, o pior, sentem-se pessoas superiores, acima dos demais. Isso os torna orgulhosos e prepotentes. Por isso, sempre correm o risco de não cumprir sua missão como deveria ser. Na maioria das vezes, o espírito que retorna com esse tipo de missão, é porque já teve outras iguais e fracassou pelo orgulho e prepotência. Volta novamente, na tentativa de, desta vez, superar esses entraves. Podendo assim, cumprir sua missão e se redimir de erros passados.

— É por esse motivo que as pessoas escolhem nascer pobres?

— Na maioria das vezes, sim. O dinheiro fácil é outro elemento que causa muito problema para o espírito. O dinheiro foi inventado para dar o bem-estar. Com dinheiro, um empresário dá a muitas pessoas a oportunidade de ter um trabalho e poder, assim, se manter, com dignidade e aos seus filhos, mas, quando esse dinheiro é usado para explorar e servir só ao bem próprio, também se torna um perigo imenso para o espírito. Por isso, quando estão planejando o renascimento, muitos, embora aqui na Terra não acreditem, quase sempre escolhem nascer pobres, pois assim terão mais chances de poder cumprir bem suas escolhas.

— Mas isso nem sempre dá certo, Donata. Conheci muitos que, por não terem dinheiro, cometeram roubos e até assassinatos.

— Tem razão, Jaime, mas esta também é uma escolha de cada um. Todos sabem que roubar ou matar é um crime não só perante Deus, como também perante a sociedade. Ao cometerem esses crimes, é sempre por sua escolha e terão de pagar. Não só perante a sociedade, como perante a Deus também.

— Nossa, Donata, nunca pensei nesses termos. Existe uma outra profissão e missão que os espíritos não querem ter?

— Sim, existe outra missão da qual qualquer espírito foge e não deseja, a de ser político.

— Por quê?

— O político tem o dever de governar, criar leis que ajudem todas as pessoas de uma nação a progredir e a ter uma vida decente. Porém, a maioria deles, quando chega ao poder, se deixa corromper, não só pelo dinheiro mas também pelo próprio poder. O poder faz com que eles se sintam superiores e creiam que podem tudo. A vaidade toma conta de todo o seu ser. Deixando-se corromper, deixam de fazer aquilo para que vieram e perdem uma oportunidade maravilhosa de crescimento espiritual. Normalmente, quando morrem, são elogiados por alguns e recriminados por outros, mas eles, só eles, terão de enfrentar sua verdade e quase sempre se arrependem muito daquilo que fizeram e muito mais do que deixaram de fazer. Por saberem dos riscos que correm é que os espíritos, quando estão planejando o renascimento, fogem dessa missão, mas alguns terão de enfrentá-la.

Marina e Jaime iam fazer mais uma pergunta, mas ouviram um gemido agudo. Voltaram-se para Maria Isabel e perceberam, pela expressão de seu rosto, que ela estava sentindo muita dor. Ieda, desesperada, disse:

— Que está acontecendo, doutor? Parece que ela está com dor... o senhor não pode fazer nada para evitar isso?

— É isso mesmo o que está acontecendo, Ieda. O efeito da injeção está passando e a dor está voltando.

— Então, doutor, dê outra injeção!

— Pedirei para que enfermeira faça isso, mas não sei se adiantará. Como viram, o remédio não está fazendo efeito.

Imediatamente, atendendo a um sinal do médico, uma enfermeira se aproximou de Maria Isabel e lhe aplicou uma injeção. Imediatamente, ela parou de gemer e fechou os olhos. Parecia dormir.

— Ela está inconsciente, doutor?

— Sim, Ieda, e ficará assim por algum tempo, mas, como já disse, não por muito. Infelizmente, nada mais pode ser feito. Só nos resta esperar.

Marina, que até agora estava bem, ao ver o rosto de Maria Isabel se contorcendo de dor, começou a tremer.

Lembrou-se do tempo em que sentiu muitas dores e começou a chorar. Donata percebeu e perguntou:

— Marina, você está bem?

— Sabe que não, Donata. Por mais que tente, não consigo me sentir bem em um local como este ou ao ver uma pessoa doente e sofrendo tanto.

— Sei disso, mas espero que já tenha percebido como um trabalho como este que fazemos ajuda as pessoas. Na hora da verdade, todos precisam da nossa ajuda.

— Estou vendo e tentando me controlar, Donata, mas, para mim, que tenho bem recente a minha última encarnação, está sendo muito difícil.

— Se quiser, pode sair. Quando tudo estiver terminado, pedirei para o Jaime ir chamar você. Quer fazer isso?

Marina sentiu vontade de sair correndo dali, mas sabia que não devia.

Donata, percebendo a indecisão dela, disse com a voz firme:

— Marina, agora não é hora para isso. Você precisa tomar uma decisão e, se quiser ir embora, faça agora ou, então, faça uma oração e fique firme. Neste momento, mais do que nunca, precisamos estar firmes. Maria Isabel precisa de nossa ajuda e não é com lágrimas que vamos conseguir. A hora é de oração...

Marina percebeu que Donata estava nervosa. Com as mãos, enxugou as lágrimas e começou a fazer uma oração.

Donata olhou para Ademir e, depois, para Marconi. Ambos acenaram com a cabeça. Ela colocou a mão sobre a cabeça de Maria Isabel. Embora seu corpo estivesse dormindo, seu espírito estava atento. Começou a falar:

— Maria Isabel, a hora de encarar a sua verdade chegou. Não pode mais ser adiada e você não pode mais resistir. Precisa se desprender de tudo, inclusive do seu corpo. Se assim não fizer, a dor aumentará cada vez mais. Está na hora, minha amiga. Seu tempo e sua missão terminaram. Vamos embora...

— Não posso, Donata, não posso deixar Ieda...

— Pode, deve e precisa, Maria Isabel. Quanto mais resistir, mais sofrerá.

— Não posso, você me conhece e sabe como foi difícil criar essas crianças, depois que o Josias me abandonou.

— Sei, sim, e você se saiu muito bem, mas agora terminou. Você tem que vir conosco e seus filhos terão de continuar a sua caminhada. Tudo o que podia fazer por eles, já fez. Agora, depende de cada um o caminho que escolherão para suas vidas.

— Não, se eu for embora, Ieda não vai saber escolher e vai encontrar um homem que a iludirá e tirará tudo o que consegui com muito trabalho. Ela ficará na miséria como fiquei. Isso não pode acontecer...

— Não pode continuar fazendo isso, Maria Isabel. Agora tudo terminou. Durante toda sua vida, tentando proteger sua filha, usou de chantagem emocional e fez com que ela ficasse afastada de qualquer homem. Tentando protegê-la, atrasou a sua evolução. Agora, ela terá a oportunidade de caminhar sozinha, poderá fazer suas escolhas e usar seu livre-arbítrio. Sua dominação sobre ela terminou.

— Você não pode dizer isso, Donata. Sabe o que Josias fez comigo... depois que nos casamos, fez com que eu, confiante, assinasse papéis que eu não me importei em saber para que era e vendeu tudo o que eu tinha recebido por herança... depois que havia vendido tudo, me abandonou com duas crianças pequenas... tive de lutar muito para conseguir criar meus filhos...não posso permitir que aconteça com Ieda o que aconteceu comigo...

— Não pode impedir isso, Maria Isabel. Também não sabe se acontecerá. Não sabemos, agora, quais foram os planos que Ieda escolheu antes de nascer, por isso não podemos avaliar como teria sido sua vida sem a sua interferência, mas, de qualquer maneira, seu poder sobre ela terminou. Chegou a hora...

— Você acha que, querendo ajudar, prejudiquei minha filha, impedi que ela crescesse?

— Não posso responder a essa pergunta, pois, como já disse, não sei quais foram os planos dela e os seus. Só sei que ninguém tem o direito de evitar que qualquer pessoa viva da maneira como quer e que o espírito é livre e, por isso, não pode ser aprisionado. Você errou ao impedir que sua filha vivesse sua própria vida, com erros e acertos, e ela errou ao aceitar o seu domínio. Mas, como já disse, não tenho elementos para julgar. O que precisa agora é se entregar e permitir que a levemos em segurança. Tudo o que tinha de fazer aqui na Terra já fez. O que foi feito está feito e, ao menos no momento, nada poderá ser mudado. Vamos embora, Maria Isabel. E, quando chegar lá, após algum tempo, poderá saber se o que fez foi certo ou errado e, como acontece sempre, terá outra oportunidade para renascer e, desta vez, tentar acertar...

— Acha mesmo que preciso fazer isso, Donata?

— Acho, minha amiga. Sabe que, quando chega a hora, temos sempre de ir. Estamos aqui para que nos acompanhe de sua livre vontade, mas sabe que, se não fizer isso, teremos de usar a força e isso não é o que queremos. Estamos aqui para ajudá-la. Entregue-se e liberte-se desse corpo pesado.

Enquanto Donata conversava, sob os olhos atentos de Marina e Jaime, Ademir e Marconi cortaram os fios que estavam nas extremidades e que prendiam o espírito de Maria Isabel ao corpo. Ela sentiu que seus pés e mãos estavam paralisados. Sabia que a hora havia chegado e que, realmente, não tinha mais como se recusar. Ainda chorando, disse:

— Está bem, Donata. Estou pronta...

Donata sorriu, olhou para Ademir e Marconi, que imediatamente cortaram os fios restantes. O corpo de Maria Isabel, que permanecia adormecido, estremeceu, ela deu um suspiro fundo e se entregou. Outras entidades que estavam ali esperando aquele momento apanharam, com carinho, seu espírito e, sorrindo, dando adeus, a levaram embora.

Marina os acompanhou com os olhos. Evaristo, o médico, percebeu esse momento e, olhando para Ieda e Josmar, disse:

— Está tudo terminado. Ela agora está com Deus.

Josmar, embora como os outros não tenha ouvido a conversa de Maria Isabel com Donata, olhou para o alto e disse:

— Vá em paz, mamãe, agora terá de enfrentar a sua verdade, mas sei que se sairá bem...

Ieda começou a chorar. O médico, triste, por conhecer Maria Isabel há muito tempo, deixou que uma lágrima caísse por seu rosto. Ele, naquele momento, precisava constatar que, embora tivesse muito conhecimento e vontade de salvar as pessoas, naquela hora, nada poderia fazer.

Josmar, ainda concentrado, pensou:

Obrigado, meus irmãos, por terem estado aqui nesse momento tão importante. Que Deus os abençoe.

— Como é bonito um momento igual a este, Donata...

— Sim, Marina, e por mais que participemos de uma equipe como esta, sempre nos emocionamos.

— Que acontecerá com ela?

— Como acontece com quase todos, será levada para um hospital e ficará dormindo por algum tempo. Quando acordar, tomará conhecimento de tudo o que aconteceu e terá a oportunidade de rever como foi a sua vida aqui na Terra. Saberá no que foi que errou e no que acertou e poderá, com o tempo, planejar uma nova encarnação. Tentará, novamente, superar seus defeitos e aprimorar suas qualidades. Esse é o propósito do nosso criador. É só isso que Ele quer...

— É maravilhoso, Donata...

Evaristo apertou uma campainha e, logo depois, duas enfermeiras se aproximaram. Assim que elas entraram, ele apontou para a porta e saiu. Ieda e Josmar o acompanharam. Marina os seguiu com os olhos. Donata, que sempre prestava atenção nela, disse:

— Está curiosa para saber o que vão conversar, não é, Marina?

Marina não respondeu, mas olhou, ansiosa.

— Está bem, vamos e, para ser sincera, também estou.

Ademir olhou para ela com desaprovação e disse:

— Não tem jeito mesmo, Donata. Você continua a mesma de sempre.

Desta vez, foi Donata que ficou sem saber o que dizer. Marconi, também sorrindo, disse:

— Ademir, você, agora, está pensando como a maioria das pessoas, quando acham que, porque alguém morre, sabe de tudo, porém você sabe que não é assim. Ao morrer, qualquer um continua como sempre foi, com seus defeitos e suas qualidades. Donata, assim como Marina, sempre foi curiosa e não deixará de ser por um bom tempo. Pode ir, Donata. Sei que, de tudo o que ouvir, terá alguma coisa para nos ensinar. Enquanto vocês três vão e, como o trabalho desta noite terminou, eu e Ademir vamos para o jardim. Temos muito que conversar.

Donata olhou para Marconi e, com um sorriso de agradecimento, colocou um braço sobre os ombros de Marina e o outro sobre os de Jaime. Saíram.

Ieda, Josmar e o doutor Evaristo estavam em uma sala que ficava ao lado direito do corredor. Ieda chorava, desesperada, e Josmar a abraçava e dizia:

— Agora tudo terminou, Ieda. Ela se foi e torçamos para que esteja nos braços de Deus.

— Não sei o que fazer com a minha vida, Josmar. Não conseguirei viver sem ela...

— Como não? Agora está livre para decidir o que quer fazer. Você, desde criança, permitiu que ela a dominasse. Isso, agora, terminou. Está livre, minha irmã, e poderá decidir a sua vida. Poderá fazer suas escolhas, sem interferência dela ou de ninguém.

— O que está dizendo?

— Sem a presença da mamãe, poderá seguir seu caminho, livre, e poderá fazer suas escolhas. Poderá ser feliz, minha irmã.

— Por que está dizendo isso?

— Sabe que ela impediu que você vivesse sua própria vida. Nunca permitiu que você saísse, fosse passear ou dançar como qualquer moça gosta e precisa fazer. Fazia isso para impedir que você conhecesse alguém e se casasse. Ela é nossa mãe e está morta, mas não podemos negar que sempre foi muito egoísta e dominadora.

— Você deve estar muito nervoso e não sabe o que está dizendo! Ela, desde que papai morreu, nos criou e fez o possível para que tivéssemos uma boa vida. Nos deu educação e estudo.

— Estudo que você nunca aproveitou. Do que adiantou se formar professora se ela nunca permitiu que você saísse de casa para dar aula? Sim, quando papai morreu, ela cuidou muito bem de nós, mas para você o preço foi muito alto.

— Não acredito que esteja dizendo isso, Josmar.

— Estou dizendo porque é verdade. Lembra-se do que ela fez quando conheci a Matilde e quis me casar?

— Claro que me lembro. Ela fez um escândalo e vocês brigaram muito. Mas, mesmo assim, você se casou.

— Sim, eu estava apaixonado e me casei, mas mamãe ficou muitos anos sem querer me receber nem a Matilde. Mesmo quando meu filho nasceu, ela não foi nos visitar nem quis nos receber para conhecer o neto. Só me recebeu, quando você me contou que ela estava doente, e eu fui até a casa dela. Não sei se me recebeu porque estava com saudade ou porque sabia que ia morrer. Ela era muito ruim, Ieda...

— Eu sei que tudo isso que está me dizendo é verdade, mas você se lembra de que, todas as vezes em que quis me libertar, mamãe ficava doente e eu ficava ao seu lado novamente.

— É verdade, mas você deveria ter se libertado, Ieda. Tinha sua vida para viver... ela impediu isso...

— Não fale assim, Josmar, ela era nossa mãe... você está com muita raiva...

— Não estou com raiva, Ieda. Durante o tempo em que estive afastado de mamãe, me interessei por religião. Estudei, li muito e freqüentei muitas religiões, até conhecer a doutrina espírita e, nela, encontrar respostas para minhas perguntas. Pratico já há vários anos. Por isso, estou dizendo tudo isso a você. Não é porque mamãe morreu, que ela se tornou santa. Por tudo o que aprendi, ela terá de responder por seus atos. Aprendi, também, que o espírito é livre e que, apesar da circunstância que for, não pode ser aprisionado. Você é livre, Ieda...

Ieda começou a chorar com mais força. Josmar a abraçou. Doutor Evaristo se aproximou e lhe deu um pouco de água.

Depois que ela terminou de beber a água, saíram com Josmar, dizendo:

— Vamos embora, Ieda. Preciso cuidar da papelada para o enterro.

Saíram, abraçados.

Donata, Marina e Jaime ouviram a conversa. Marina olhou para Donata e perguntou:

— Do que eles estavam falando, Donata?

— Do que aconteceu.

— Mas eles falaram do pai como se ele tivesse morrido e Maria Isabel disse que ele a abandonou.

— E isso é verdade, mas ela não quis que os filhos soubessem. Sentia-se envergonhada, por isso inventou essa história. Da maneira como é, nunca poderia admitir ter cometido um erro. Erro que ela sempre julgou ter cometido ao escolher Josias para se casar.

— Ele a abandonou mesmo, Donata?

— Sim. Quando seus pais morreram, por ser filha única, Maria Isabel recebeu uma herança muito grande, não só em propriedades, mas em dinheiro também. Ela não era uma jovem muito bonita e sabia disso. Quando Josias apareceu e se interessou por ela, não pensou um minuto em aceitar. Ele era um jovem bonito, educado e soube como conquistá-la. Casaram-se em pouco tempo. Ela sempre confiou nele. Teve, primeiro, Josmar, depois Ieda, e cuidava deles com todo carinho. Josias tomava conta dos negócios e de todo o dinheiro. Com o tempo, ele foi trazendo papéis e ela, confiante, foi assinando. Ele vendeu as propriedades e gastou todo o dinheiro com bebidas e mulheres. Quando não restava mais nada, inclusive a casa em que moravam, ele desapareceu e Maria Isabel nunca mais soube dele. Com duas crianças pequenas e sem ter onde morar, ela conseguiu, em outra cidade, um emprego de doméstica. Nas horas de folga, começou um trabalho de artesanato que havia aprendido no tempo em que estudou em um colégio de freiras. Com a ajuda da espiritualidade, que nunca nos abandona, seu trabalho foi reconhecido e ela progrediu. Criou uma empresa, ganhou muito dinheiro e criou os filhos muito bem. Ambos estudaram e ela nunca, por vergonha de ter sido abandonada e por ter perdido toda sua fortuna, contou aos filhos o que havia acontecido. Disse a eles que o pai havia morrido. Eles acreditaram, pois, quando Josias foi embora, eles eram ainda muito pequenos, por isso, só tinham uma leve lembrança do pai.

— Tudo isso não foi combinado, antes que os dois renascessem?

— Quando tudo é combinado, não podemos nos esquecer, de que o espírito está em um ambiente seu, onde se sente protegido e sempre acha que é fácil cumprir qualquer missão. Mas, quando está na Terra em um corpo de carne, tudo fica mais difícil e nem tudo o que foi combinado é feito. Por isso é que temos de voltar muitas vezes para podermos reparar o que fizemos de errado. Maria Isabel e Josias estão há muito tempo renascendo juntos, mas nunca conseguiram se entender. Sempre existiu, entre eles, muito ódio, não só deles, mas de família. Nesta última encarnação, decidiram que voltariam, ficariam juntos e teriam uma família, porém ele, no meio do caminho, sentiu aquele velho ressentimento e abandonou a missão.

— Ele foi o culpado?

— Sim, e por isso terá de responder. Por isso, a espiritualidade deu condições a Maria Isabel para que pudesse continuar sua missão. Ela venceu em quase tudo, só errou quando quis e conseguiu dominar a vida da filha. Ieda, agora, está com quarenta e nove anos, perdeu muito tempo submetendo-se aos desejos da mãe, mas, como disse Josmar, ainda tem tempo para realizar seus sonhos, sua missão e ser feliz.

— Que aconteceu com Josias?

— Ele continuou gastando o dinheiro que roubou de Maria Isabel. Quando gastou tudo, se arrependeu, sofreu muito e terminou se suicidando. Isso faz muito tempo. Foi para o vale e está lá até agora.

— Não sairá nunca?

— Claro que sim. Maria Isabel, depois que acordar e tomar conhecimento de tudo o que aconteceu, com certeza pedirá ajuda para poder resgatá-lo e, com o tempo, terão uma nova oportunidade.

— Como sabe disso, Donata?

— Conheço Maria Isabel e Josias há muito tempo. Tem sido sempre assim. Eles fracassam, encontram-se novamente e decidem voltar para tentar outra vez.

— Essa história é muito bonita, mas até agora não falou sobre a minha missão. Qual foi?

— Agora não temos tempo para isso, Marina. Ademir e Marconi estão nos esperando.

Marina queria respostas, mas sabia que, naquele momento, não as teria. Acompanhando Donata e Jaime, foram ao encontro dos dois.

Lição de humildade

Enquanto tudo isso acontecia, Ademir e Marconi conversavam, sentados em um banco que havia no jardim do hospital. Donata, Jaime e Marina aproximaram-se no instante em que Ademir dizia:

— Olhando para esse céu, com suas estrelas e com essa lua maravilhosa, o sol quase nascendo e essa brisa suave, só posso dizer que a criação foi perfeita. Quando ouço falar em Éden e paraíso, acho que os dois são este planeta. Deve ter sido aqui que Deus iniciou a sua criação.

— Tem razão, meu amigo. Este planeta é maravilhoso, mesmo. Têm água em abundância, do rio e do mar; da sua terra brotam alimentos que podem manter uma população inteira. Tudo é perfeito. Alguns animais produzem o leite. Tudo foi criado para o bem.

— Mas, infelizmente, Deus resolveu criar o homem.

Marconi e Ademir olharam para o lado e viram Donata, que, rindo, dizia essas palavras.

— Vocês estão aí? Tem razão, Donata. Apesar de toda essa beleza e do planeta ter tudo para que as pessoas vivessem bem, o homem insiste em destruir.

— Ademir, você acha que, quando Deus criou o homem, Ele já não sabia que isso poderia acontecer?

— Claro que sabia, Marina.

— Também acho, mas penso que, lá no fundo, Ele desejou que fosse diferente.

— Isso pode ter acontecido, Donata, porém, se Ele quisesse, poderia ter criado bonecos que seriam controlados por Ele, mas não quis. Deu ao homem o livre-arbítrio para que ele próprio decidisse a sua vida.

— É verdade, e aconteceu tudo o que estamos vendo. A Terra, que não pertence a ninguém, foi dividida em pedaços e cada um se apropriou deles. Para que essa divisão fosse feita, houve e ainda há muitas guerras, mortes, dor e sofrimento e, em nome do progresso, ela está sendo destruída.

— Será que Ele está arrependido? — perguntou Jaime.

— Não, Jaime. Ele pode estar triste, mas não arrependido. Apesar de tudo, muitos espíritos que viveram e ainda vivem na Terra encontraram seu caminho e, conseqüentemente, a Luz e, hoje, trabalham aqui e em outros planetas.

— Bem, Ademir, estamos tendo uma conversa amena, mas sei que não foi para isso que vieram. Fui avisado que viriam, porém, quando chegaram, como viram, eu estava tendo muito trabalho para ajudar nossos amigos e não conseguimos conversar. Pode me dizer qual é o verdadeiro motivo para a visita de vocês? Sei que é para me ajudarem em uma missão, mas confesso que não tenho a menor idéia de que missão pode ser.

— Tem razão, Marconi. Agora, com tudo calmo, podemos conversar a respeito. Estamos aqui por causa da Aurélia.

— Aurélia? O que está acontecendo com ela? Pela última notícia que tive, ela estava bem, sendo criada por Manuela e José. Estava crescendo e se tornando uma linda mocinha. Tudo corria de acordo com o que havia sido planejado. Fiquei tranqüilo. O que mudou, Ademir?

— Sei que, com tanto trabalho, você não tem muito tempo para visitar seus amigos. Aurélia, agora, já é uma mulher. Está formada em farmácia e trabalha em um laboratório.

— Isso estava planejado.

— Sim, mas ela, agora, se encontrou novamente com Alberto.

— Isso também estava planejado, eles seriam farmacêuticos, se encontrariam, se tornariam amigos e trabalhariam juntos na descoberta de novos medicamentos.

— Tudo estava planejado, só que, ao se encontrarem, Aurélia voltou a sentir aquele amor doentio e, para conseguir que Alberto deixasse a esposa e ficasse com ela, se envolveu com forças poderosas. Agora, essas forças estão fazendo a sua cobrança e ela está passando por um momento muito perigoso.

— Meu Deus... como ela foi se envolver com isso?

— Não se conformou em não ter Alberto, que julga amar, e tentou o último recurso.

— Ela não podia ter feito uma coisa dessas. Não foi isso que decidiram quando planejaram sua encarnação. Ela deveria se livrar desse amor doentio que sempre julgou sentir por ele.

— Sabe muito bem, Marconi, que nem sempre tudo sai como o planejado e que, no meio do caminho, algumas coisas podem ser mudadas. Isso depende de cada um. Aurélia, apesar de tudo, está usando seu livre-arbítrio, por isso, pouco poderemos fazer. Só dependerá dela. Sabendo o que ela significa para você e para nós é que estamos aqui.

— Obrigado por terem vindo. Sei que ela pode usar do livre-arbítrio, mas pensei que como na última encarnação, ela havia sofrido e aprendido tanto que, nesta, seria diferente.

— Mas não foi. Na hora da escolha, ela, não se lembrando do que havia prometido, colocou tudo a perder e, agora, está sendo muito ameaçada

— Acha que ainda há tempo de a ajudarmos?

— Não sei, mas podemos tentar.

— Agora mesmo irei até ela, vocês me acompanham?

— Claro que sim, para isso estamos aqui.

— Está bem, vou falar com Luci, colocá-la a par do que está acontecendo e, depois, iremos.

— Vamos com você para nos despedirmos de Luci.

Entraram novamente no hospital. Marina e Jaime acompanharam, calados, a conversa e, como não poderia deixar de ser, estavam curiosos para saberem do que se tratava.

Após as explicações de Marconi e as despedidas dos outros, Luci, disse:

— Sei que farão o que for necessário para que Aurélia tenha toda a assistência de que necessita. Que Deus os acompanhe.

Já havia amanhecido, quando saíram dali e, em poucos instantes, estavam em um quarto, onde havia uma moça deitada em uma cama. Viram figuras sinistras que riam, rodopiavam em volta da cama e falavam:

— *Agora que já fizemos a nossa parte, você tem de fazer a sua.*

A moça, com olheiras profundas, virava de um lado para outro, tentando dormir ou, ao menos, aliviar aquela dor de cabeça que não passava.

A um sinal de Marconi, todos ficaram parados e encostados em uma das paredes do quarto, olhando para as entidades que não conseguiam vê-los. Uma porta se abriu e uma senhora entrou. Ela se dirigiu até a cama e, demonstrando preocupação, disse:

— Aurélia, você não pode continuar assim nessa depressão. Precisa abrir a janela. Esse quarto está cheirando mal, parece que você passou a noite toda bebendo e fumando.

— Não estou sentindo cheiro algum. Estou cansada, mamãe, preciso dormir.

— Já há vários dias não sai dessa cama nem vai ao trabalho. Seus amigos estão preocupados e telefonam a todo instante, não sei o que dizer.

A moça, num gesto furioso, sentou-se na cama, dizendo:

— Diga a eles que morri! Já não disse para a senhora, mamãe, que não quero ver ninguém? Quero ficar sozinha! Quero morrer!

— Não fale assim, minha filha. Que aconteceu para que ficasse dessa maneira?

— Nada! Nada aconteceu, mamãe, me deixe em paz, saia do meu quarto!

— Aurélia, levante-se dessa cama, tome um banho e vá trabalhar. Está na hora.

— Nunca mais voltarei para o laboratório.

— Por que não? Precisa me dizer o que aconteceu...

— Não quero mais trabalhar lá.

— Como não? Você adorava seu trabalho.

— Adorava, mas não gosto mais. Não posso voltar, não posso! Será que a senhora não entende o que estou falando?

— Entendo o que está falando, só não entendo o que está fazendo, minha filha...

— Não precisa entender, só me deixe em paz!

— Está bem, se não quiser ir trabalhar, não vá, mas precisa fazer qualquer coisa. Levante-se, vá fazer compras. Já faz tempo que não come e, se continuar assim, terá de ir a um médico. Está muito fraca e poderá ficar doente.

— Não quero ir a médico algum, não quero comer, só quero morrer, será que a senhora não entende o que estou dizendo?

— Entendo o que está dizendo, só não entendo o motivo. Você é jovem, tem um trabalho de que gosta, que mais quer da vida se ela já lhe deu tudo?

— Quero paz, mamãe, só isso. Por favor, saia do meu quarto!

Manuela, com o olhar triste, saiu e, assim que se viu do lado de fora, começou a chorar e a dizer:

— Por favor, meu São Judas, ajude minha filha. Não sei nem entendo o que está acontecendo com ela. Sabe que sempre fui de sua devoção e sempre me socorreu nas minhas dificuldades, por isso, sei que atenderá a esse pedido. Agora, mais do que nunca, preciso da sua ajuda

Donata e Marina, que a acompanharam quando saiu do quarto, jogaram luzes brancas sobre ela que, aos poucos, fizeram com que se acalmasse.

Manuela terminou de rezar e foi para a cozinha. Precisava preparar o café para o marido e os outros dois filhos. Donata, Jaime e Marina voltaram para junto de Ademir e Marconi que acompanhavam a dança macabra das entidades. Quando eles se aproximaram, Marconi, com lágrimas nos olhos, perguntou?

— Como ela pode ficar nesse estado, Ademir?

— Como está vendo, ela está rodeada de entidades que atraiu para seu lado e que só querem receber o que ela prometeu.

— O que ela prometeu, Ademir?

— Que, se eles conseguissem separar Alberto da esposa,ela lhes daria bebida e comida.

— Eles pediram só isso e separaram o casal? — Marina, assustada, perguntou.

Todos olharam para ela que, no mesmo instante, percebeu que havia perguntado em hora errada. Baixou os olhos. Ademir, percebendo seu constrangimento, respondeu:

— Sim, se separaram, Marina.

— Isso é horrível...

— É sim, por isso Aurélia está nessa situação. Quando pediu para que o "trabalho" fosse feito, não sabia com quem estava lidando, nem quais seriam as conseqüências. O resultado foi esse.

— Ela não sabe que eles estão aqui e por que está dessa maneira?

— Ela não sabe, mas as energias deles são pesadas.

— O "trabalho" deu certo, Ademir?

— Em parte sim, Marina.

— Em parte? O que não deu certo?

— Alberto se separou da mulher, mas, mesmo que Aurélia tenha se insinuado, ele não lhe deu atenção.

— Por que não, Ademir?

— Porque, apesar do "trabalho", Marina, Alberto ama a mulher e os filhos. Não está entendendo o que está acontecendo e por que, de repente, começaram a brigar até chegar à separação, mas sabe que se amam e que, em breve, estarão juntos novamente. Aurélia percebeu isso, ficou revoltada e não quer pagar o prometido. Prefere fingir que não mandou fazer o "trabalho", sente raiva e vergonha.

— Por isso eles estão nervosos?

— Sim e cobrarão tudo do que julgam ser merecedores.

As entidades, que continuavam rodopiando e rindo, pararam de repente, se aproximaram da cabeça de Aurélia e começaram a falar:

— *Não adianta, ele não vai ficar com você, mas disso nós não temos culpa. Fizemos o que pediu. Se ele não gosta de você, não é nosso problema. Queremos que pague o que prometeu e, como vê, nada mais tem para fazer a não ser se matar. Sua vida nem você valem nada.*

Você mexe com muitos produtos químicos e não será difícil encontrar um que sirva para que se mate.

No mesmo instante, como se os estivesse ouvindo, Aurélia começou a pensar:

Não deu certo, apesar de estar separado da mulher, ele não quer nada comigo. Sem ele não sei viver. Vou pensar em uma maneira de me matar... é só isso que me resta fazer... minha vida, sem ele, não tem valor algum. Amanhã bem cedo, vou até o trabalho e pegarei um produto que me mate imediatamente e não me faça sofrer muito.

— Não podemos permitir isso, Ademir. — Marina disse, quase gritando e muito assustada.

— Também penso assim, mas nada poderá ser feito. Ela fez, agora terá de sofrer as conseqüências do seu ato.

— Ela não sabia o que estava fazendo. Deve ter feito de impulso.

— Não, Marina, infelizmente não foi de impulso e, mesmo que tivesse sido, não existe motivo para se querer o mal de outra pessoa. Ela pensou muito bem no que estava fazendo e, até agora, não está arrependida. Só está nervosa porque acha que o "trabalho" não deu certo.

— Não existe nada, mesmo, que se possa fazer?

Marconi que ouvia a conversa, disse;

— Ademir, e se formos conversar com o Bartolomeu, será que ele não encontrará uma maneira de nos ajudar? Sabe o quanto gosto de Aurélia.

— Não sei se poderá nos ajudar, mas vamos falar com ele.

— Vamos, sim Ademir. Ele é a nossa única esperança.

— Está bem, Donata. Vamos até lá.

Marina olhou para Jaime e sorriu. Sabia que Aurélia havia feito algo muito grave, mas, mesmo assim, sentia pena dela e queria ajudar.

Em pouco tempo, estavam em uma casa afastada da cidade. Ficava em um bairro distante e que não parecia ser onde moravam as pessoas ricas. A casa não parecia, também, ser grande. Pararam em frente ao portão. Ademir, Donata e

Marconi pararam ao lado de uma pequena casinha feita de tijolos, coberta com palha e que ficava do lado esquerdo do portão. Marina e Jaime ficaram mais atrás. Após dizerem algo que os dois não entenderam, entraram no quintal. Ao passar pela casinha, Marina, curiosa como sempre, olhou dentro dela e, imediatamente, assustada, deu um pulo para trás. Tremendo, perguntou:

— O que é isso, Donata? Por que dentro dessa casinha há imagens do diabo?

— Essa é uma casinha de Exu. As imagens são do diabo, mas não representam a verdade. Os Exus não são o diabo, são guardiões e protegem suas casas e seus filhos.

— Não estou entendendo e não gosto do que estou vendo. Não conheço essa religião que fala dessas "coisas", mas sempre soube que só faz maldade.

— Quem faz a maldade não é a religião nem Exu. Quem faz maldade são as pessoas que a desejam e que pedem. Aurélia não foi procurada para fazer um "trabalho" que separasse Alberto de sua esposa. Foi ela quem foi a algum lugar, pediu e deve ter pagado muito bem não só ao encarnado, mas também, como você viu, aos desencarnados. Exu é um Orixá, que quer dizer deus do Candomblé e da Umbanda. Religiões que têm por deuses a Natureza e que foram trazidas pelos escravos quando aprisionados. Como a crença e o ritual eram proibidos, os negros escravos, para enganarem seus donos, deram o nome de santos da igreja católica para seus Orixás. Exu, por ser o Orixá que está sempre pronto a guerrear para proteger tanto seus filhos como templos e casas dos Orixás, foi representado com a imagem de um diabo. Porém, ao contrário, como todos os deuses, ele é muito bonito e só deseja praticar o bem e, quando o faz, é sempre com vontade de ajudar, porém, também quando lhe pedem o mal, embora não goste, faz, mas seu preço é muito alto.

— Tenho mais uma pergunta...

— Que novidade, Marina. — Donata disse, rindo.

— O que tanto você como Ademir e o Marconi falaram quando passaram pela casinha?

— É uma casa de Exu, por isso precisa ser respeitada.

Como sabemos que ele é o guardião desta casa, ao chegarmos, o cumprimentamos e pedimos licença para entrar. Assim fazendo, demonstramos que viemos em paz.

— Vocês fizeram isso?

— Sim, Marina, pois todas as religiões e crenças devem ser respeitadas. Cada um, usando de seu livre-arbítrio, escolhe aquela que quer seguir. Esta é uma casa dos Orixás, Exu é seu guardião, por isso, como todos os Orixás, precisa ser homenageado. Os Orixás representam, para os negros, as forças da Natureza e ela, também, deve ser respeitada para que o Planeta possa continuar recebendo os espíritos que precisam renascer.

— Por que, quando estamos na Terra, não sabemos isso e não respeitamos a todas religiões?

— Porque, como já lhe disse, quando conversávamos sobre a Irene, quando encarnados, não respeitamos um dos maiores mandamentos que Jesus nos ensinou e deixou: *Amai ao próximo como a ti mesmo.*

Marina entendeu, mas queria saber mais, porém se calou e ficou pensando. Donata percebeu que ela queria fazer ainda alguma pergunta, mas disse:

Agora, vamos entrar, Marina? Ademir e Marconi já devem estar falando com Bartolomeu.

— Quem é Bartolomeu?

— Venha, você logo saberá.

Continuaram andando, passaram pela casa da frente e, nos fundos do quintal, encontraram um enorme galpão. Viram Ademir e Marconi ao lado de um senhor negro e velho que estava sentado em frente à porta de entrada, fumando um cachimbo. Aproximaram-se. Donata se ajoelhou e, respeitosamente, beijou a mão do negro.

Ele, com a mão, fez um sinal da cruz na testa dela, depois, sorrindo e com os olhos brilhando de felicidade, disse:

— *Ocê tumem veiu, Dunata? Já tinha ficado filiz quando vi o Demir e o Marconi, mais num sabia qui ocê tumem tinha vindo.Cumu ocê tá?*

— Estou muito bem, Bartolomeu, e também feliz por tornar a vê-lo.

— *Ocê cuntinua falando dифici i bunitu, num é memo, Dunata?*

Donata sorriu. Ele continuou:

— *Fais muito tempo que a genti num si vê, pruque demorarum tanto pra vim visitá o nego?*

— Faz, sim, Bartolomeu. Demoramos, mas viemos, como sempre felizes por reencontrar você.

— *Ieu tava cunversando aqui cum us mininu e preguntando se ocês ainda trabaiam judando aqueles qui tão pra murrer.*

— Estamos, sim, Bartolomeu.

— *Essi trabaio é muito importanti. U que seria du espiritu se ocês num tivesse ali pra judá naquela hora. Elis ia ficá tudo perdido...*

Marina e Jaime, receosos diante daquela figura, acompanhavam a conversa.

Bartolomeu olhou para um e, depois, para o outro e, voltando-se para Ademir, perguntou:

— *Demir, quim são essis dois qui num cunheço? O qui tão fazendu juntu de ocêis?*

— São nossos amigos e estão nos acompanhando nesta jornada. Estão aprendendo para depois poderem ensinar.

Olhou novamente para Marina e Jaime e disse:

— *Ocês estão em muita boa cumpanhia e si quiser aprendê, vão aprendê memo...*

Marina e Jaime não conseguiam definir o que estavam sentindo, não sabiam se era medo ou respeito por aquela figura que, para eles, era tão estranha. Eles não conheciam aquela religião que falava em negros velhos. Claro que, algumas vezes, viram alguma imagem, mas nunca deram muita atenção. Bartolomeu, sorrindo, continuou:

— *Tô muito cuntente em recebê tudus ocês, mais sei que ocês tem sempri muito trabaio e si vinheram inté aqui, devi di tê um mutivu muitu forti. Qui mutivu é essi, Demir? U qui tá cuntecendo?*

— Tem um motivo muito forte, sim, Bartolomeu. Estamos aqui por causa da Aurélia.

— *Ela di novu? Aquela minina num tem jeitu.U qui ela feiz agora, Marconi?*

— Você sabe o sentimento que sempre existiu, por parte dela, para com o Alberto.

— *Craro qui sei. Mais desta veiz num ia sê diferenti? Elis num cumbinaram que iam si incuntrá, mais só pra fazê um trabaio junto? Qui num ia ixisti amô entri us dois? Qui iam só sê amigu?*

— Sim, tudo foi combinado, mas, quando se encontraram, aquele sentimento voltou e ela, em nome desse sentimento, cometeu uma loucura.

— *Qui locura?*

— Para que Alberto se afastasse de Matilde, ela se envolveu com forças das trevas.

— *Ela feiz isso, é?*

— Fez e agora está envolvida por eles que estão fazendo a sua cobrança.

— *Dévi di tê feitu memo. A sinhá Oréia nunca si conformô im sabê que o sinhô Berto num quiria ela e qui eli só quiria a sinhá Matirde. Ocês si lembra du qui ela feiz da úrtima veiz? Si lembrum da mardade dela?*

— Sim, Bartolomeu, nos lembramos. Ela, não podendo ficar com Alberto por ele amar Matilde, ordenou a um de seus escravos para que os matassem. Em sua loucura, dizia que, se ele não queria ficar com ela, não ficaria com mais ninguém. Falava com tanta certeza que planejou a morte dos dois e conseguiu.

— *Foi issu memo que ela feiz, Marconi, i u pió foi qui nunca se rependeu. Só dispois, qui murreu e foi junto cuns amigo dela i sufreu muitu, foi qui si rependeu e o sinhô Berto e a sinhá Matirde e ocê, Marconi, foram lá buscá ela.*

— Foi isso que aconteceu, Bartolomeu. Ela jurou que estava arrependida, pediu para renascer e prometeu que, desta vez, seria diferente, mas pelo que estamos vendo, não foi. Ela voltou a sentir aquele amor doentio.

— *U qui ela senti num é amô, Marconi, é urguio. Ela num si cunforma di perdê. Ela qué ganhá sempri i só vai sussegá quandu consegui isso. Amô é diferenti é u qui ocê senti pur ela, Marconi. U seu, sim, é amô...*

Ao ouvir aquilo, Marconi baixou a cabeça e permitiu que lágrimas caíssem por seu rosto. Marina e Jaime, abismados, entreolharam-se.

Bartolomeu, percebendo que Marconi estava triste e chorando, disse:

— *Ocê num percisa ficá anssim, Marconi. Sempre foi um mininu muito bão. Quandu era sinhô i donu di muitos iscravo, sempri tratô muito bem di todos elis. Seu únicu probrema sempri foi é a sinhá Oréia. Sei qui o amô que senti pur ela é muitu grandi e qui já feiz muita coisa prá judá ela. Pur isso perciso sabê pur que vinheram mi procurá i u que ocês qué qui o nego faiz.*

Marconi, emocionado, não conseguia falar. Ademir foi quem respondeu:

— Viemos até aqui, Bartolomeu, para que nos ajude a ajudar Aurélia.

— *Cumu qué que ieu jude?*

— Sabe que sempre respeitamos as crenças dos negros, mas não as conhecemos nem sabemos como lidar com seus rituais e magias.

— *Comu qui num conhéci? Ocês si esquecerum du tempo im qui erum nego i muravam na África?*

— Nós? — perguntaram juntos.

— *Faiz muitu tempu, oceis devi di tê isquecido memo. Oceis tudo nascerum, viverum i tiverum us mesmo deus dos negos. Inté ocê, moça de zóio curiosu que tá querendo fazê uma pergunta pro nego. Podi perguntá.*

Marina, desajeitada por ter sido pega por aquele desconhecido, perguntou:

— O senhor disse que eu também já fui negra e que já pratiquei essa religião. Como pode ser isso, se hoje sou branca, loira e tenho os olhos azuis?

— *Do jeito qui a genti é hoji, num tem nada a vê. Tudus ispiritu qui ixisti nesse mundo, já fórum nego, vermelho, amarelu i brancu. Forum i ainda vão sê.Ocêis forum negos e viverum na África. Como já disse, foi num tempo im que num ixistia brancu pur pertu. Us negu erum livre. Vivia filiz. Cantavum i dançavum muito. Tinhum rei, rainha, principi e princesa. Aduravum us deus da Natureza pruque elis sabia que sem a Natureza, elis num pudia vivê. Dispois, us brancu chegarum, levarum us nego si imbora i fizerum tudus elis escravu i foi aí que cumeçô u sufrimentu. Quandu issu cunteceu, us nego num intenderum pruque aquilo cunteceu, ais dispoes que murreram, elis intenderum i virum qui foi elis memo qui pidirum prá nascê iscravo e que é a genti memo qui iscoie a vida qui qué tê. Comu faiz muitu tempu, ocêis devi di tê se esquecidu memo. Mais isso num tem portância. Pur issu, Demir, cuntinua falandu u que tava falandu. Ocês num cunheci essa religião i u que qué sabê? Si ieu subé, ieu rispondo.*

— Queríamos que fosse conosco até onde Aurélia está e nos ajudasse a afastar aqueles que estão ao seu lado. Eles a envolveram e ela está prestes a cometer uma loucura. Sabemos que é o único que pode nos ajudar a ajudá-la.

— *Tô vendu qui ocês si equecerum memo, Demir. Si elis tão lá, foi pruque ela chamou e prometeu arguma coisa. Num dá pra genti tirá elis di lá, não. Inquantu num receberem u que ela prometeu, elis num vão saí, não...*

Marina, novamente, não se conteve e disse:

— Mas, se não fizermos isso, ela vai se matar?!

— *Moça dus oius curioso, o qui ocê disse?*

— Eles a envolveram e estão dizendo e querendo que ela se mate. Precisamos impedir!

— *A moça sabi comu?*

— Não...

— *Tumem num sei. Impedi que ela si mati, num sei si a genti vai consegui, mais agora... tentar fazê qui elis intenda qui tão nu caminhu erradu, inté pode sê...*

— Como, Bartolomeu? Como podemos fazer com que entendam que estão no caminho errado?

— *Ocê é que tem mais jeito pra isso, Marconi.*

— Não estou entendendo, Bartolomeu. Por que está dizendo que nós sabemos como fazer?

— *Aquelis qui estão cum ela são tudu ispíritu qui já nascerum i viverum muitas veiz na Terra. Elis estão lá pruque num sabi qui tem um lugá mió. Ocêis podi i sabi cumo cunversá cum elis, ocê podi mostrá o outro lugá i, quem sabi, eles aceitaum.*

— Você está dizendo que devemos tentar doutriná-los, Bartolomeu?

— *Isso mesmu, Marconi. Ocêis istão tão envorvido qui se isquecerum disso, Marconi? Ocêis sabi fazê issu muito bem. Num custa tentá...*

— Tem razão, nos esquecemos mesmo.

— Com licença, posso falar uma coisa?

Todos se voltaram para Marina que, aflita, perguntava. Bartolomeu olhou para os demais, sorriu e perguntou:

— *Dunata, essa moça dus zóio curiosu é sua fia?*

— Não, Bartolomeu, por quê?

— *Ela é iguarzinha ocê. Curiosa... curiosa...*

Donata e os outros riram. Ela disse:

— Tem razão, Bartolomeu. Acho que foi por isso que a escolhi para que viesse nesta missão.

O negro começou a rir e disse:

— *Ocê sabi qui num é essi u motivu, mas dexa prá lá. U qui a moça de zoius curiosu qué falá?*

— Por tudo o que vi quando estivemos com Aurélia, aqueles que estão com ela são feios e muito maus. O senhor disse que eles são espíritos que nasceram e viveram muitas vezes na Terra, como pode ser?

— *Moça, ocê acha que só pruque a genti morri vira santu? Dunata, ocê qui já viu muitu isprito nascê i morrê, conta pra ela qui é qui cuntece quandu um ispirito mau morri. Ocê sabi ixplicá meio qui ieu.*

— Sabe que o que está dizendo não é verdade, Bartolomeu. Você sabe explicar muito bem e melhor do que eu, mas está bem, vou explicar.

Bartolomeu ficou calado, apenas disse:

— *Tá bão, Dunata, só tô querendu vê se ocê aprendeu tudu certinhu...*

— Está bem, vou tentar explicar, mas se me escapar algo, quero que me ajude.

— *Ta bão, eu judo.*

Donata olhou para Marina e Jaime e disse:

— Como já conversamos a respeito, quando morremos, nada muda, continuamos como sempre fomos. Se fomos bons, ruins, mentirosos e enganadores, continuaremos assim. Bartolomeu, quando nos trouxe à realidade, dizendo que aqueles que estão com Aurélia já, por várias vezes, nasceram e viveram na Terra, nos lembrou de que eles não são entidades ou deuses. São espíritos que, como todos nós, estão caminhando para a Luz. Quando, aqui na Terra, alguém escolhe o caminho do roubo, assassinato e outros crimes mais, é condenado e enviado para a prisão. Alguns deles conseguem entender que o que fizeram até ali era errado e se esforçam para mudar. Sentem vontade de voltar para o caminho do bem. Outros, infelizmente, não conseguem ou não querem entender e continuam praticando os mesmos erros. Não se arrependem e, se houver oportunidade, farão tudo novamente. Estes, quando morrem, continuam os mesmos. Durante toda a vida em que viveram na Terra atraíram, para perto de si, espíritos desencarnados muito mais cruéis que eles. Esses espíritos os acompanham e, quando chega a hora de morrer, eles estão ali, esperando. Assim que o espírito se desprende do corpo, eles, por serem mais fortes, o apanham e o carregam para lugares onde serão aprisionados e se tornarão escravos. Aqueles que estão ao lado de Aurélia, provavelmente, são escravos que cumprem ordem. Aurélia fez o trato com os chefes, mas quem faz o "trabalho" e a cobrança são os escravos, pois lhes ensinaram e eles acreditaram que, se quiserem continuar bebendo e fumando, terão de trabalhar em troca dessas coisas. Eles não gostam de fazer mal, mas se lhe pedem, fazem. Tudo sempre é feito em troca de cigarro, charutos, cachaça, velas e, às vezes, farofa feita com cachaça. A cobrança sempre é feita, não importando, para eles, se o trabalho deu certo ou não.

— O que está dizendo, Donata? Eles fazem mal em troca só disso? Podem levar uma pessoa ao suicídio por essas coisas?

— Sim, Marina, pois, para eles, essas coisas têm um valor enorme. Eles pensam que é só isso que podem fazer, mas, como nos lembrou o Bartolomeu, apesar de estarem do lado do mal, podem, a qualquer momento, entender que não estão bem, que poderiam viver em um lugar melhor e caminham para o bem. Quando isso acontece, equipes preparadas estão sempre a postos e os ajudam. Quase sempre, eles são levados de volta para casa em segurança e é também causa de muita felicidade no plano espiritual. Familiares e amigos, que durante muito tempo rezaram e esperaram por esse momento, os recebem com muito amor e carinho. Mas, de tudo isso, a maior culpada é Aurélia.

— Por quê?

— Ela, antes de nascer, escolheu o caminho que devia trilhar. Entendeu que Alberto não deveria fazer parte desse caminho. Teve como pais dois espíritos amigos que se propuseram a vir, ajudar e dar toda a oportunidade para que ela pudesse cumprir sua missão, mas ela, como aquele que, embora esteja preso, não se arrepende e, na primeira oportunidade, volta a praticar o mesmo erro de sempre, não se importou com os sentimentos de Alberto nem com os de Matilde. Pensou só nela mesma e, como disse o Bartolomeu, no seu orgulho. Recorreu a forças desconhecidas sem se importar com a dor e sofrimento que estava causando nem com as conseqüências. Agora, existe uma chance para que esse quadro se reverta e que, de tudo isso, alguma coisa possa restar de bom.

— O quê?

— Como o Bartolomeu nos alertou, podemos não só ajudar Aurélia a entender o que fez, como também, talvez, possamos ajudar aqueles que estão ao seu lado.

— *Tô muito cuntenti cum ocê, Dunata.*

Donata se voltou para Bartolomeu e, sorrindo, perguntou:

— Por quê, Bartolomeu?

Ele respondeu também com um sorriso de felicidade.

— *Ocê aprendeu tudu direitinho i sabe expricá cumu ninguém.*

Ela olhou firme para ele e disse:

— Tive um bom professor.

O negro riu, feliz, e disse:

— *Achu qui agora, a genti devi di í inté lá ondi tá a sinhá Oréia?*

— Acho bom, Bartolomeu, pois, apesar de tudo o que ela fez, continuo gostando dela da mesma maneira. Quem sabe consigamos fazer com que se arrependa e, de alguma maneira, reverta esse quadro tão perigoso para ela.

— *Tá bão, Marconi. A gente vai, mais antis, perciso chamá o meu amigo Frecha Dorada pra ele ficá aqui, inquantu ieu dou essa saidinha.*

— Quem é Flecha Dourada?

— *Frecha Dorada, moça, é um cacique qui mora na froresta, mais que tumem juda o Levi i sempri qui perciso saí, eli tuma cunta di tudo inté ieu vortá. Quandu ieu num tô, ele tá. Quandu ele num tá, ieu tô. Nóis dois tumamu conta da casa e du Levi. Ô, Dunata! Essa moça num tem só us zóius curiosu, não... ela é toda curiosa...*

— Tem razão, Bartolomeu. Marina, agora não temos tempo para mais perguntas. Precisamos ir e tentar ajudar não só a Aurélia, mas os outros também.

Marina, embora continuasse curiosa, aceitou com a cabeça.

Em poucos momentos, apareceu um índio alto e forte. Tinha na cabeça um cocar feito de penas amarelas e brancas. Seu porte era encantador. Ele se aproximou e Bartolomeu disse:

— *Frecha Dorada, esses aqui são meus amigus. Elis vinheram pra pedi pra eu judá elis a judá uma moça que é nossa cunhecida di muitu tempu. Ocê podi ficá tumandu conta di tudu pur aqui, inté ieu vortá?*

O índio não respondeu, cruzou os braços, sorriu e se colocou em pé diante da porta.

Bartolomeu olhou para ele e, sorrindo, disse para os outros:

— *Eli num é di falá muito, mas a genti podi i sussegado. Eli vai tumá conta di tudo.*

— Então, vamos. — disse Marconi.

Em poucos instantes, estavam dentro do quarto de Aurélia. Seu corpo estava adormecido sobre a cama, mas seu espírito estava acuado em um dos cantos do quarto. As entidades a ameaçavam, fingiam que iam atacá-la e diziam:

— Você tem que pagar o que prometeu. Fizemos o que pediu, agora tem de pagar!

— Vocês não fizeram! O Alberto não me quer!

— Você pediu pra gente separar ele da mulher, isso a gente fez, se ele não quer você, não é problema nosso. Você só pediu *pra* ele se separar, mais nada...

— Não vou pagar, só quando ele for meu!

— Vai pagar, sim, moça! Se não pagar, a coisa vai ficar muito pior...

— Ela está sonhando, Donata?

— Sim, Marina. Quando as pessoas dormem, o espírito se desprende do corpo e vai a muitos lugares. Vai para escolas no plano espiritual, rever amigos, ajudar as diversas equipes que, como a nossa, fazem outro tipo de trabalho. Nós mesmos, muitas vezes, necessitamos do auxílio de encarnados para nos ajudar.

— Por quê?

— A energia do encarnado é diferente da nossa e, dependendo daquele que está para desencarnar, muitas vezes essa energia é importante e necessária. A isso se dá o nome de sonho ou, como neste caso, de pesadelo.

— Ela está muito mal, Bartolomeu.

— *Tá, sim, Marconi, im pirigo tumem.*

— O que podemos fazer?

— *Ocê sabi, Marconi, pirmero a gente tem de deixá elis vê a genti.*

— Tem razão. Vamos todos nos unir em oração e permitir que nos vejam. Depois, de acordo com a reação de cada um, veremos o que pode ser feito.

Fizeram uma oração pedindo ajuda e, em poucos momentos, eles os viram. Aurélia, ao vê-los, gritou:

— Marconi, Ademir, Donata e você, Bartolomeu! Que bom que vieram, preciso de ajuda! Marconi, esses homens querem me atacar e maltratar... você sempre me ajudou, precisa fazer isso novamente...

— Cuidado, Marconi...

— Não se preocupe, Ademir. Sei com quem estou lidando, já me deixei enganar muitas vezes, mas isso não acontecerá novamente.

— Não fale assim, meu amor... não se deixe levar pelo Ademir ou por qualquer outra pessoa... você sabe que sempre o amei e continuarei a amá-lo por toda eternidade. Sempre que precisei, você ajudou e sei que continuará ajudando. Afaste esses homens horríveis. Não sei por que eles estão aqui. Não os conheço... amo você...Marconi...

— Estamos aqui, Aurélia, para conversarmos e tentarmos ajudá-la. É só esse o nosso desejo.

— Não me interessa o que os outros estão fazendo, só me interessa você, meu amor. Sei que sempre me amou e, por isso, sei também que me ajudará. Sabe que, se me livrar desses homens que estão me torturando, ficarei ao seu lado para sempre. Sei que é isso o que sempre desejou...

— Tem razão, Aurélia, por séculos estamos juntos e, por esse mesmo tempo, tenho amado você e, por amar você com loucura e para tê-la ao meu lado, matei, roubei e enganei. Sempre me envolveu com mentiras e me levou a praticar esses crimes. Não estou dizendo que não tive culpa, claro que tive. Quando cometi esses crimes, sabia que era errado, mesmo assim, os cometi e sabia que, para eles, não existiria perdão, mas descobri que existe um Pai maravilhoso que a todos ama como filhos e, por isso, dá várias oportunidades. Na última encarnação, quando você quis que eu matasse Alberto e Matilde e que, pela primeira vez, eu me recusei, você, para se vingar, assassinou os dois, de uma maneira que me incriminasse. Fui julgado e condenado por muitos anos por um crime que eu não havia cometido. Quando estava lá, Ademir, Donata e Bartolomeu, que sempre estiveram ao nosso lado, me visitaram, conversaram comigo e me fizeram entender como eu havia me enganado durante tanto tempo. Ainda se ofereceram para me ajudar. Quando desencarnei, estavam lá me esperando para me conduzirem a um lugar, onde eu teria muito mais tempo para pensar em tudo o que haviam falado e na proposta que haviam feito. Pensei muito e, agradecendo a eles, aceitei a proposta de ajuda. Foi quando comecei a trabalhar na equipe em que já trabalhavam há muito tempo. Eles, com todo amor e carinho, me ensinaram, treinaram e hoje, eu e mais quatro irmãos, fazemos parte de uma equipe de socorro. Estou feliz, Aurélia e agradecido aos nossos amigos. Eles me ouviram, entenderam e me deram a oportunidade de ser feliz. Hoje, estamos tentando fazer o mesmo por você, mas como eu tive de aceitar a ajuda que me ofereciam, só você poderá decidir o que deseja. Se quiser a nossa ajuda, estamos aqui para isso e faremos com felicidade, mas, se quiser continuar orgulhosa como sempre foi, sinto muito, mas nada poderemos fazer.

— Está dizendo que eles ajudaram a você, mas não poderia ser de outra maneira! Na última encarnação estiveram ao seu lado e contra mim! Donata, que sempre foi amiga de Matilde e que, nessa última encarnação, foi sua irmã. Ademir foi seu melhor amigo, sempre esteve ao seu lado, e esse negro velho e sujo era mais um negro da fazenda. Eles sempre foram contra mim! Sempre me odiaram e fizeram de tudo para me prejudicar e para nos separar! Preciso de você, Marconi, foi o único que sempre esteve ao meu lado...

— Devem, mesmo, ter odiado a você, mas não pode negar que tiveram motivo, Aurélia. Hoje, porém, deixaram seu trabalho, que é muito importante, e estão aqui para tentar ajudá-la. Volto a repetir que só depende de você.

— Não quero nem preciso da ajuda deles! Só preciso de você... Marconi... mande-os embora, meu amor. Não precisamos deles nem de ninguém...

— Posso ajudá-la, desde que você mesma se ajude. Esqueça o que fez, converse com Alberto, conte toda a verdade e faça com que ele volte para Matilde. Eles estão juntos há muito tempo e se amam...e quando existe amor, nada nem ninguém pode separar um do outro. Devia já ter aprendido isso, Aurélia...tentou por tantas vezes e nunca conseguiu que se afastassem nem que deixassem de se amar...

— Nunca, nunca farei isso, Marconi! Sei que um dia vou conseguir. Ele tem e precisa me amar! Eu amo Alberto, sempre amei e continuarei amando eternamente! Ele já está separado de Matilde e, me querer, será só uma questão de tempo. Sabe que tenho paciência, sei esperar...

— Isso não acontecerá, Aurélia, e você sabe disso. Desista, estamos aqui para lhe dar força e ajudá-la a se libertar dessa loucura. Se não fizer isso, voltará a sofrer como sempre sofreu e estará à mercê desses homens e muitos outros. Com seu desejo de destruição e ódio, os atraiu para o seu lado e, se continuar assim, não teremos como afastá-los.

— Não quero esse tipo de ajuda. Quero que me ajude a mantê-los separados. Eu os odeio, mas não quero que esses homens horríveis continuem aqui. Sei que pode me livrar deles e sei também que vai fazer.

— Aurélia, parece que você não está ouvindo o que estou dizendo! Pare de pensar só em destruição e me ouça, por favor... não posso afastá-los nem ajudar você a separar Alberto de Matilde, muito menos continuar amando você. Cansei de sofrer por sua causa. Consegui, com a ajuda de meus amigos, superar esse amor e, hoje, vejo você como a uma irmã, nada mais que isso...

— Tudo isso faz parte do passado, Marconi... hoje é diferente...descobri que o amo e que sempre o amei...só que não sabia... você precisa me ajudar... quero ficar ao seu lado para sempre...me ajude, meu amor...

— Sim, Aurélia, graças a Deus, faz parte do passado. Hoje, com a ajuda de meus amigos, entendi o quanto havia sido iludido por você. Entendi que aquele amor que sentia por você só me fazia mal.

— Seus amigos? Já lhe disse que não são seus amigos. Eles me odeiam e querem nos separar. Mande-os embora... fique ao meu lado, meu amor...

— Não posso mandar meus amigos embora, pois eles estão aqui para tentar ajudar você, como me ajudaram. Pense bem em tudo o que lhe disse e procure, dentro de você, o arrependimento e a vontade de ser feliz. Para isso, só precisa deixar que Alberto e Matilde sejam felizes.

— Não quero a ajuda deles, muito menos que Alberto e Matilde sejam felizes! Será que você não entende o que estou falando, Marconi?

— *Pense bem, sinhá. Tá tendo uma uportunidadi de si rependê i incuntrá a Luiz.*

Aurélia olhou para Bartolomeu e disse com muito ódio na voz:

— Cale-se, negro sujo! Quem é você para falar comigo dessa maneira ou mesmo se atrever a me olhar? Não ficou satisfeito com o castigo que mandei que lhe fosse aplicado, quando quis defender o Marconi, dizendo que ele era inocente e que havia sido eu quem tinha mandado matar Alberto e Matilde? Quem pensa que é? Sabe muito bem do que sou capaz de fazer, por isso, cale-se e não se atreva nem a me olhar!

— *Num sô ninguém, não, sinhá. Só sô aqueli que a sinhá causô muitu sofrimento, mais que tá aqui só pra judá a sinhá e qurendu qui a sinhá seje feliz...*

— Cale-se, negro! Só de ouvir sua voz, sinto asco! Nunca precisei de sua ajuda!

— Não adianta, Marconi. Ela não mudou, não aprendeu. Continua a mesma que sempre foi, orgulhosa e egoísta. Nada mais poderemos fazer. Precisamos cuidar daquele outro assunto que nos trouxe até aqui.

— Tem razão, Ademir.

Aurélia, percebendo que Marconi estava se deixando levar pelos amigos, estendeu as mãos para ele e disse, quase chorando e com a voz trêmula:

— Não dê ouvidos a ele, Marconi. Eu mudei, descobri que só amo a você... não pode me abandonar nem se deixar levar por eles. Sabe que sempre me odiaram...

— Não, Aurélia, não posso mais acreditar no que diz. Vou dizer, outra vez, somos todos seus amigos e, se quiser, estamos aqui para ajudá-la a encontrar a Luz Divina.

— Só quero você, meu amor... só você... não pode ter se esquecido do amor que sempre existiu entre nós...

— Continuo amando você, mas só que, agora, de uma maneira diferente. Hoje, você, para mim, é uma irmã muito querida. Enquanto não mudar seu comportamento, mais nada poderemos fazer por você, mas por vocês, sim, e é para isso, que também estamos aqui. — disse olhando para as entidades que, assustadas com a presença deles, encostaram-se em um outro canto do quarto. Uma delas, percebendo que ele estava falando com ela, disse, assustada:

— Ajudar a gente? Estão loucos, quem disse que a gente precisa de ajuda? Quem pediu ajuda?

— *Isso memu, moço, a genti veio judá ocês... só ocêis querê...*

Ao ouvir aquilo, um deles disse, raivoso:

— Ninguém pediu ajuda e vocês não podem nem têm o direito de estar aqui. Não estamos fazendo nada de mal. Estamos apenas cobrando uma dívida! Essa mulher prometeu e agora tem de pagar!

— *A genti sabi di tudu isso, moço, mais a gente sabi tumem que ocês tão sofrendo sem necissidadi. Ocês podem bandoná tudu qui fizerum inté hoji i cunhecê a Luiz de Nosso Sinhô Jesuis Cristu.*

— Que Luz? Que Deus? Que Nosso Senhor Jesus Cristo? Nada disso existe! Só o que existe é a força e o poder. Essas duas coisas estão com a gente! Vocês não podem continuar aqui! Essa mlher prometeu, agora ela é nossa e só estamos esperando que se mate para a levarmos conosco.

— Vocês, se quiserem, podem fazer isso, pois, infelizmente, não temos como impedir. Como você disse, ela prometeu e agora está presa a vocês, mas o que ganharao com isso? — Ademir perguntou.

— Ela vai ser nossa escrava! Vai ter de fazer tudo o que a gente quiser.

Marina, nervosa e assustada por tudo o que estava vendo e ouvindo, novamente não se conteve e perguntou:

— Vocês querem transformá-la naquilo em que foram transformados?

— Que está dizendo moça? Ninguém aqui é escravo. A gente faz o que quer.

Marina, novamente percebeu que havia falado demais e antes da hora. Olhou para seus amigos que também a olhavam. Ademir, Marconi e Bartolomeu estavam sérios. Donata sorriu e com a cabeça disse que ela continuasse. Com a aprovação de Donata, ela ficou confiante e continuou:

— Vocês estão dizendo que não são escravos, mas sabem que não é verdade. Sabem que precisam prestar contas a outros. Não é verdade?

— Está louca? Ninguém aqui é escravo! A gente faz o que quer e não tem de prestar contas a ninguém!

— Não entendo muito do mundo espiritual, mas, por tudo o que aprendi, tem sempre um chefe. Só por curiosidade, para que eu entenda, vocês têm algum chefe?

Um olhou para o outro e um deles perguntou:

— Moça, você só é curiosa ou está brincando com a gente? Está querendo nos enganar?

— Não quero brincar nem enganar, já percebi que são muito perigosos, mas a curiosidade e a minha vontade de aprender são muito grandes. Disseram e me ensinaram que existe sempre um chefe. Nunca acreditei muito nisso, mas gostaria muito de saber se é verdade e só vocês é que podem me responder.

Um olhou para o outro e ficaram pensando por alguns segundos. Depois, aquele que sempre falava respondeu:

— Chefe... chefe não tem. O que tem são alguns que vieram antes e, por isso, eles sabem mais que todos nós e têm mais poder, mas só fazem isso para ensinar a gente.

— O que eles fazem?

— Eles ordenam o que devemos fazer e dizem o que devemos cobrar e tudo o que conseguimos como pagamento, temos de dividir com eles.

— Disseram, também que vocês fazem qualquer trabalho em troca de cachaça, charutos e cigarros e outras coisas, isso é verdade?

— Claro que é! Como a gente ia viver se não tivesse essas coisas?

— Vocês sabiam que, se quisessem, essas coisas não lhes fariam falta, porque não precisam mais delas?

— Como não, moça? A gente, mesmo antes de morrer, sempre foi viciado nessas coisas e não é porque a gente morreu que o vício se acabou. Além do mais, como acontecia quando a gente era vivo, a gente gosta dessas coisas.

— Sei disso, eu também era viciada em cigarro, mas, depois que morri, com o tempo, percebi que, aqui, ele não me fazia falta. Esse corpo que temos, embora nos pareça igual ao outro, não é. Ele sobrevive muito bem sem essas coisas. Descobri que não precisamos nem de alimentos e que só comemos por puro costume.

— Está brincando mesmo, moça! — ele disse, nervoso.

Eles continuavam sentados nos cantos do quarto e ela em pé, na frente deles. Olhou para Donata, que continuava sorrindo, o que lhe deu a certeza de que estava indo bem.

— Não estou brincando, só quero saber. Desculpem, mas sou curiosa mesmo. Já levei muita bronca por causa disso, mas posso me sentar aí ao lado de vocês?

Todos se olharam, inclusive os amigos. Temiam por ela, sabiam que eles eram perigosos, mas ela estava determinada. Um deles respondeu:

— Tem coragem de ficar perto da gente?

Claro que tenho. Estou cansada de ficar em pé e sei que, como não quero fazer mal a vocês, também não querem fazer a mim. Quero contar a vocês que fui convidada a vir com essa equipe nesta viagem e que já estamos há mais de dois dias trabalhando sem descansar! Sabe por que fazemos isso?

Enquanto falava, sentou-se ao lado deles.

— Não, não sabemos. Você falou em equipe? Que equipe? O que fazem?

— Vocês não sabem, mas tem uma porção de equipes que trabalham muito. Esta em que estou fica ao lado das pessoas quando estão morrendo. Elas cortam os fios que prendem o espírito na carne. Se elas não estivessem ali, teria muito sofrimento. Elas, cortando os fios, fazem com que o espírito adormeça e se desprenda sem sentir. Depois que isso acontece, os espíritos são levados para um hospital, onde serão tratados e, aos poucos, serão informados de que estão mortos.

— Como é isso, moça? Você está inventando. Quando a gente morreu, ninguém cortou fio nenhum e também não fomos para hospital algum. Fomos perseguidos por figuras sinistras que nos causaram muito medo.

Marina olhou para os outros. Donata a interrompeu, dizendo:

— Todos, bons ou maus, na hora de enfrentar a sua verdade, sempre contam com uma equipe ao seu lado para cortar os fios. Vocês também tiveram. Normalmente, são amigos e familiares que estão ali. O que pode ter acontecido foi que vocês estavam tão envolvidos com as energias do mal que não conseguiram ver.

As entidades ficaram olhando para Donata, sem nada dizer. Marina percebeu que eles estavam confusos e achou que era uma boa oportunidade para continuar falando. Disse:

— Depois do que disse, Donata, entendo por que eles se tornaram escravos. Assim que se viram perseguidos por essas forças, sentiram medo e começaram a obedecer.

— Não, não foi por medo! Nós só percebemos que eles eram mais antigos e experientes. Entendemos também que, se a gente ficasse do lado deles íamos ficar protegidos e teríamos comida, cachaça, charutos e cigarros.

— Agora, estou entendendo o que aconteceu com vocês. Comigo, graças a Deus, foi ao contrário. Quando morri, era muito jovem, tinha marido e filhos pequenos, por causa disso, quando acordei e ao saber que havia morrido, fiquei muito nervosa e revoltada. Não entendia por que aquilo havia acontecido, logo comigo. Achava injusto e que não havia Deus. Depois de recuperada e me sentindo bem, fui levada para uma casa e, lá, me explicaram o que havia acontecido. A mulher que me recebeu tem muita luz e, por isso, teve muita paciência e conversou muito comigo. O nome dela é Ana. Vocês deveriam conhecê-la, tenho certeza que gostariam muito.

— Entendi, você também percebeu que se ficasse do lado dela, ia ficar protegida?

— Não, entendi que se ficasse ao lado dela, além de ficar protegida, teria muito ensinamento e, como sempre fui muito curiosa, fiquei porque queria saber de tudo. Estou lá até agora, só saí para participar desta equipe, mas voltarei para lá, assim que meu trabalho terminar.

— Vocês estão falando que essa equipe em que estão trabalhando cortam alguns fios que prendem o espírito ao corpo? Que fios são esses? A senhora disse que é porque a energia nossa é diferente. Não entendi e acho que nada disso existe, não. Quando a gente morreu, não vi ninguém cortando fio algum. Vocês viram? — perguntou, olhando para os outros, que balançaram a cabeça, dizendo que não.

Marina ficou sem saber o que responder, mas lembrou-se de Leopoldo e de que seus fios haviam sido arrebentados. Olhou primeiro para Donata e depois para eles e disse:

— Isso eu não sei responder e a Donata já explicou, mas também, assim como vocês, também não entendi muito bem. Como disse, esta é a primeira vez que participo de uma equipe. Vocês permitem que Donata se sente aqui do nosso lado. Sei que ela poderá explicar melhor aquilo que não entendemos.

Marina, enquanto falava, olhava ansiosa para eles e para Donata que, surpresa, olhou para os outros e percebeu em seus olhos muita preocupação. Depois, sorriu, voltou-se para as entidades e disse:

— Talvez eu não tenha me explicado bem, por isso, se vocês permitirem, posso me sentar e tentar responder a essa e a outras perguntas que quiserem fazer.

— A senhora vai se sentar com a gente?

— Se permitirem, sim.

— Está bem, pode se sentar.

Ademir, preocupado, segurou o braço de Donata no sentido de que ela ficasse onde estava e respondesse as perguntas, mas ela se libertou da mão dele, caminhou em direção onde Marina estava sentada e sentou-se também. Marina respirou aliviada. Sabia que havia ido longe demais.

Sentada, Donata sorriu e disse:

— Vocês querem saber se também tinham fios e se eles foram cortados, não é?

— Sim. Essa moça e a senhora disseram que isso é feito, mas nós não vimos isso, não. Quando a gente morreu, fomos arrancados e a gente não estava dormindo, não. A gente estava muito bem acordado e tivemos de sair correndo. Figuras muito feias correram atrás da gente.

— Se isso aconteceu é porque seus fios não foram cortados. Por estarem presos, antes de morrer, a energias negativas, os fios foram arrebentados por elas e, por isso, tiveram aquela sensação de que foram arrancados.

— Por que isso? Por que essa diferença de tratamento? O que essa moça tinha de melhor que a gente?

— Tem muita diferença. Vocês, durante toda a vida, foram pessoas que fizeram muito mal, roubaram, e alguns até mataram e, por isso, prejudicaram muitas pessoas. Por esse motivo, outros encarnados, por também, terem sido maus, estiveram sempre ao lado de vocês. Esses, assim como vocês, têm uma energia muito densa, o que não permite que nós nos aproximemos. Quando morreram, os fios que prendiam o espírito de vocês ao corpo foram arrebentados e arrancados por aqueles que sempre acompanharam vocês, da mesma forma que temos uma equipe ao lado de cada pessoa que morre, para ajudá-la e protegê-la nesse momento. Eles têm também um tipo de equipe. Ela espera por aqueles que escolheram viver sob o seu domínio para arrancá-lo e persegui-lo até que o convença de que é seu dono e senhor. Foi o que aconteceu com vocês. Como viveram todo o tempo sob o domínio deles, assim que os libertaram, eles continuaram perseguindo vocês, transformando-se em figuras conhecidas e temidas por todos. Da mesma maneira que estão, agora, fazendo com Aurélia, quando, na realidade, sabemos que não são esses monstros que demonstram ser. A diferença, agora, é que vocês podem vê-los, coisa que não acontecia quando estavam vivos.

Eles se olharam outra vez. Marina, percebendo o que estavam pensando e preocupados, segurou a mão de Donata e continuou falando:

— Também não sabia isso, Donata. Vocês viram por que há essa desigualdade? Viram como estou em situação diferente da de vocês? Enquanto estou morando em uma casa com tudo o que se possa desejar, vocês estão na escuridão e cercados por outros que sempre os subjugam e, agora, os trazem debaixo do terror. Eu, ao contrário, tenho paz e tranqüilidade e, o mais importante, não tenho chefe.

— Como não tem chefe?

— Os meus amigos me ensinaram que o espírito é livre para desejar o que quiser, que não pode nem deve ser aprisionado por nada nem por ninguém.

— O que está dizendo?

— Conta para eles, Donata. Você sabe explicar muito melhor que eu.

— É verdade o que ela disse. Fomos criados por um mesmo Deus que nos ama a todos, da mesma maneira. Para Ele, não existem filhos preferidos. Ele, para que fôssemos livres, nos deu o livre-arbítrio para que nós mesmos possamos escolher o nosso destino.

— O que é livre-arbítrio?

— É o direito de escolha. Por ele, podemos decidir a nossa vida, presente e futura, mas existe outra Lei.

— Qual?

— Como temos o livre-arbítrio, temos também outra Lei a que se dá o nome de Ação e Reação. Por ela, podemos usar o livre arbítrio, mas sabemos que estamos sujeitos a ter de volta tudo o que fizermos de bom e de mau.

— Se essa Lei existe mesmo, estamos *ferrados*.

— Por que está dizendo isso? — Donata perguntou, sem mudar o tom de voz nem demonstrar surpresa pela palavra que ele disse.

— Durante toda a vida, a gente só fez coisas que a gente sabia que era contra a lei. Se a gente for receber de volta, vai ser muito ruim. A gente vai mesmo queimar no fogo do inferno.

Marina olhou para Donata, que disse:

— Talvez vocês não tenham percebido, mas estão no inferno.

— Isso a gente já sabe e já se conformou porque sabia que merecia.

— Mas não precisam se conformar. Já devem estar aqui por muito tempo. Deus, nosso Pai e Criador, não quer que soframos, ao contrário, quer nos ver bem e felizes.

— Como isso pode ser? A senhora mesma disse que tem a tal da Lei de Ação e Reação.

— Sim, mas existe uma outra Lei, que é a do amor e do perdão. Deus está sempre pronto para nos perdoar e nos dar novas oportunidades para resgatarmos os nossos erros.

— Tudo isso é muito complicado.

— Não, não é. É simples entender as Leis, nós é que as tornamos complicadas. A única coisa que precisam saber é que Deus é um Pai amoroso e só quer que caminhemos ao encontro de sua Luz Divina.

— Luz Divina? O que é isso?

— É a Luz da criação. Todos temos um pouquinho dela e cabe a nós aumentá-la até podermos nos aproximar do Pai.

— A senhora disse que todos temos um pouquinho dessa Luz, até a gente?

— Sim, todos, sem exceção. Quando Deus nos criou, deu a todos a mesma quantidade de Luz. Com o passar do tempo, alguns, durante a caminhada, foram aumentando-a ou apagando-a, mas ela nunca é apagada totalmente. Sempre restará uma, por menor que seja. Essa Luz serve de farol para que o Pai saiba onde estamos e como nos encontrar.

— A senhora está brincando. Se isso é verdade, acha que a gente ainda tem essa Luz, nem que seja só uma chaminha bem pequenininha?

— Sim, todos temos. Alguns, por suas ações e comportamento e sempre usando o livre-arbítrio, fizeram com que essa Luz aumentasse seu brilho. Outros, pelos mesmos motivos, fizeram com que essa Luz ficasse cada vez mais fraca, até quase se apagar, mas nunca será apagada totalmente.

— Está dizendo que eu, meus companheiros e até aqueles que são os chefes também têm essa Luz? Está dizendo que essa moça que pediu para a gente fazer aquela maldade com aquele homem para ele se separar da mulher também tem essa Luz? Por tudo o que a senhora disse, até esse negro velho que não presta para nada também tem essa Luz?

— Sim, todos. O pai de uma família, quando está encarnado, não trabalha muito para quando morrer deixar o que conquistou como herança para seus filhos?

— Acho que sim.

— Então, Deus, que é nosso Pai e Criador, só quer nos deixar o que tem de mais precioso, sua Luz. Ele não escolhe a qual dos filhos vai deixar. Ele dá a todos igualmente. Depende de cada filho como vai usar essa Luz.

— Não estou acreditando nisso, dona. A senhora só está querendo enganar a gente para que essa moça, que é amiga de vocês, fique livre de pagar o que prometeu.

— Tem razão, queremos que a deixem livre para que ela mesma, sem a influência de vocês, possa usar a Lei do livre-arbítrio e possa decidir o que quer fazer. Queremos que a deixem livre, para que vocês próprios possam ver sua Luz.

— Olha, dona, não dá para acreditar em tudo isso que a senhora está dizendo. Eu não acredito, vocês acreditam? — perguntou para os amigos que, extasiados por tudo o que Donata dizia, não conseguiram dizer uma palavra, apenas balançaram a cabeça, dizendo que não. Ele, vitorioso, disse:

— Está vendo, dona? Não dá para acreditar, não...

— Também não sabia disso e nunca vi essa Luz, Donata. Não daria para você mostrar a Luz que eles têm?

Donata olhou para Ademir, Marconi e Bartolomeu que sorriram. Ela entendeu e disse:

— Dá sim, Marina. Vocês querem ver como o que estou dizendo é verdade? — perguntou, olhando para as entidades.

— A senhora pode fazer isso?

— Posso e, se quiserem, basta levantarem-se.

Um olhou para o outro e, ao sinal daquele que falava, levantaram-se.

Marina também se levantou e ficou olhando para Donata, que fechou os olhos e nem precisou olhar para os amigos, pois sabia que eles também estavam de olhos fechados, e que estavam em oração. Fez o mesmo, fechou os olhos e começou a orar.

— Estavam assim, quando ouviram um grito:

— Olha, você tem Luz mesmo! Também tenho!

Abriram os olhos e viram as entidades que olhavam uma para a outra, gritavam de espanto e alegria ao verem que tinham, pelo corpo todo, vários pontinhos de luzes que brilhavam. Os pontos eram poucos e pequenos, mas estavam ali. Um deles disse:

— Tenho mais Luz do que você!

— Mas as minhas são mais brilhantes!

Um deles, que estava olhando para as mãos, ao ver um outro ponto de Luz se formando naquele instante sobre elas, gritou, assustado:

— Dona! Que Luz é essa que está aparecendo agora na minha mão?

Donata olhou para a mão dele e viu a pequena Luz que se formou. Sorriu e disse:

— Alguém deve, neste momento, estar pensando em você com muito carinho. Sempre que um pensamento de carinho é enviado para o desencarnado, pontos de Luz surgem, como está acontecendo agora, e trazem muita felicidade para aquele que recebe. Eu disse que cada um de nós pode aumentar a luz, dependendo da nossa atitude, mas elas podem, também, aumentar pelo amor daqueles que nos conhecem e amam.

— Quem pode estar pensando em mim?

— Provavelmente, sua mãe, algum parente ou amigo. Não importa o caminho que seguimos, sempre teremos alguém que nos ame e que pense em nós com carinho e amor.

— Também tenho pontos de Luz e agora tem outra se formando!? Olhem essa se formando, sim!

Olharam para Aurélia que continuava no canto do quarto e havia acompanhado toda aquela conversa. Agora, ela também estava em pé e olhava para suas mãos. Donata, ao ver que Aurélia estava feliz com as luzes sobre suas mãos, disse, sorrindo:

— Sua mãe, Aurélia, apesar de todo sofrimento que você tem lhe causado, está fora do quarto rezando e pedindo ajuda ao seu santo de preferência.

— Minha mãe está rezando?

— Sim, ela está muito preocupada com sua atitude. Como vê, ama muito você.

Aurélia ficou calada. Parecia emocionada.

Marina, que realmente não sabia que todos, independente de tudo, tinham luz, também estava emocionada. Olhou para suas mãos e braços e viu que não tinha só pontos de luz, mas que eles eram contornados por fachos de luz com cinco centímetros mais ou menos. Continuou olhando para o corpo e pernas. Disse, entusiasmada:

— Donata, meu corpo todo está iluminado. Também sou um espírito de luz?

Donata olhou para seus amigos que riam, felizes, e disse:

— Sim, Marina. Você é um espírito de luz. Conseguiu toda essa luz com muito trabalho e dedicação. Quando esteve doente, nesta última encarnação, elas foram sendo criadas a cada dia. Nesta missão, tentando ajudar a esses nossos irmãos com carinho e dedicação, elas aumentaram mais ainda.

Marina olhava para as mãos e para seu corpo. Não conseguia evitar as lágrimas que corriam por seu rosto.

— Marina! Também tenho luzes pelo corpo todo!

Marina olhou para Jaime e ele, assim como ela, olhava para seu corpo que brilhava como o dela. Ele não conseguiu se controlar e começou a chorar de felicidade.

— Dona, a gente também pode aumentar nossa luz e brilhar igual a vocês? — perguntou uma das entidades.

— Sim, elas poderão ser aumentadas em uma dimensão que vocês, por mais que imaginem, não podem calcular.

— Tem mais luz do que essa que essa moça tem?

— Sim. Existem espíritos que têm mais de um metro de luz.

— Um metro? Tem mesmo, dona?

Donata, novamente olhou para os amigos, que com a cabeça consentiram. Ela continuou falando:

— Sim. Vamos lhes mostrar. Assim, poderão entender que só depende da vontade de cada um de vocês ter luzes iguais a esta que vão ver.

Imediatamente, ela, Ademir e Marconi começaram a se iluminar. A luz era tão intensa que as entidades, Marina e Jaime, sem perceberem, emocionados, se ajoelharam.

Aurélia se encostou mais à parede e ficou olhando. Depois de algum tempo, gritou:

— Vocês estão sendo enganados!

Todos se voltaram para ela. Marconi, perguntou:

— Por que está dizendo isso, Aurélia?

— Donata disse que todos têm luz, não estou vendo luz alguma nesse negro! Eu sabia que um negro como ele não poderia ter luz alguma! Negro nem alma tem! Viu, negro, você não tem luz! — disse, rindo.

— *A sinhá sabi que issu num é verdadi. Tenho luiz, mas num queru mustrá.*

Uma das entidades, olhando para Bartolomeu, disse, rindo:

— É mesmo, ela tem razão, ele não tem luz. Se tivesse, mostrava! Será que negro escravo não tem alma, mesmo?

— Aurélia e vocês não sabem o que estão dizendo. Todos somos filhos do mesmo Deus e todos temos luz. Bartolomeu não quer que vejam a sua luz porque é muito intensa e poderia lhes fazer mal.

— Mentira! Ela está mentindo! — gritou Aurélia.

— Essa moça ruim tem razão. Por que a luz dele pode nos fazer mal? Ele é só um negro!

— *Num queru mustrá minha Luiz, pruque num percisa. Ocês já viram que são fios di Deus i qui pode, si quisé, encuntrá u caminho da Luiz e da felicidadi. Si ieu tenho Luiz ou não, issu num importa. U qui importa é ocêis encuntrá i aumentá a luiz di ocêis.*

Donata, entendendo que a situação estava se tornando difícil, disse:

— Ele tem razão. Vocês, quando vivos, estiveram o tempo todo no caminho do mal. Depois de mortos, achando que não tinham outra opção, continuaram, mas agora viram que não precisa ser assim. Está na hora de se arrependerem de tudo o que fizeram e caminharem para a Luz maior. Por causa da lei do livre-arbítrio, não podemos obrigá-los. Tudo o que podíamos ter feito e mostrado, já fizemos. Agora, depende de cada um de vocês. Temos trabalho para fazer e, por isso, precisamos ir embora. Chegou a hora de decidirem o que escolhem para o futuro. Querem continuar vivendo da maneira como estão ou ir para um lugar onde terão toda assistência e carinho e onde ninguém lhes dará ordem e nem existem chefes?

Marina, com medo que eles não aceitassem, disse:

— Agora que já conversamos e vocês perceberam que estou bem, aceitem a nossa ajuda e usem seu livre-arbítrio. Sei que não se arrependerão e que, em breve, estarão trabalhando em uma equipe como a nossa.

Um olhou para o outro e um deles perguntou:

— A senhora disse que aquela luz que apareceu na minha mão podia ser da minha mãe que estava pensando em mim? Ela não pode estar pensando com amor e carinho, só causei tristeza e sofrimento para ela.

— O filho pode fazer tudo o que quiser, pode se tornar bandido, mas, para uma mãe, sempre será seu filho. O mesmo, e com muita mais intensidade, acontece com Deus. Seremos, para sempre, Seus filhos amados. Não só a mãe de vocês, mas irmãos, parentes e amigos podem estar pensando em você.

— Se eu passar para o lado de vocês, poderei ir visitar minha mãe?

— Claro que pode! Eu vim nesta missão para poder visitar a minha família. Esperei muito tempo por isso, mas, finalmente, o dia chegou, não é Donata?

— É sim, Marina, mas vocês precisam entender que não estão passando para o nosso lado. Precisam entender que estão passando para o lado da Luz e que, para que isso aconteça, terão de realmente entender que esse caminho só é feito de bondade e amor. Precisam entender que, o que fizeram até aqui, estava errado, que precisamos sempre respeitar e amar o nosso próximo. Se entenderem tudo isso e se comprometerem a fazer o possível para mudarem, poderão, sim, visitar não só as suas mães, mas a todos a quem amaram. Pela Lei do livre-arbítrio, só vocês podem decidir.

— A gente pode tentar?

— Sim, e se não gostarem do que encontrarão, podem retornar à vida que tiveram até hoje.

Olharam-se novamente. Um deles disse:

— Eu quero. Estou cansado dessa vida. Não quero mais ter que viver me escondendo e não quero mais ter um chefe. Quero ser livre e conseguir aumentar minha luz.

Os outros dois, emocionados, não conseguiram falar. De seus olhos, lágrimas corriam e desciam por seus rostos.

Bartolomeu se aproximou e disse:

— *Qui bão qui ocêis dicidirum issu. Agora, ocêis vão sê levadu pra um lugá muito bão. Ocêis num vão si rependê, não.*

Eles, sorrindo, olharam para Marina e um deles disse:

— Obrigado, moça. Você foi muito bondosa e teve paciência para conversar com a gente.

— Marina, sorriu e disse:

— Que nada, não precisa agradecer, vocês merecem, são filhos de Deus. Assim que terminarmos esta missão e voltarmos, vou procurar vocês para saber como estão. Tenho certeza de que estarão muito bem.

Enquanto conversavam, não perceberam que Bartolomeu estava em oração. Em poucos minutos, surgiram três entidades que se aproximaram. Uma delas, disse:

— Estamos aqui, Bartolomeu.

— *Qui bão qui chegarum. Essis nossus irmãos, qué i si embora juntu cum ocêis. Ocêis podi levá elis?*

— Claro que sim, sabe que esse é o nosso trabalho.

Dizendo isso, olharam para as entidades, perguntando:

— Estão prontos para ir? A viagem é longa, mas não precisam se preocupar, estaremos bem.

— O nosso chefe vai deixar a gente ir embora?

— Não poderão fazer nada. Seguiremos cercados por raios magnéticos e eles não poderão nos ver. Vocês estão livres.

Os três olharam para Donata e os outros, sorriram e baixaram a cabeça num sinal de respeito e agradecimento.

Assim que desapareceram, todos se colocaram em oração e Bartolomeu disse:

— *Brigadu, Pai, pur tê pirmitidu que esses nossus irmão incuntrasse a Sua Luiz. Prutege elis na viagem.*

Enquanto dizia essas palavras, pouco a pouco seu corpo foi se iluminando. Em breves instantes, ficou todo iluminado com uma Luz intensa, que atingia mais de um metro. Donata, Ademir e Marconi sorriram. Marina e Jaime, por nunca terem visto uma luz como aquela, olhavam extasiados com lágrimas nos olhos.

Quando Bartolomeu terminou de orar, Marconi olhou para Aurélia que, surpresa pelo que via, continuava no canto do quarto, e disse:

— Como viu, Aurélia, Bartolomeu não só tem luz, mas muito mais do que nós todos juntos. Você acompanhou tudo o que aconteceu aqui. O que decide? Vai mudar seu comportamento e fazer o que é certo ou vai continuar fazendo o que fez até agora?

— Não sei, Marconi. Confesso que fiquei surpresa com tudo o que vi acontecer aqui, mas não sei o que vou fazer.

— Não podemos mais continuar aqui. Como a Donata disse, temos muito trabalho. Tudo o que podíamos dizer e fazer para que você entendesse que está no caminho errado, fizemos. Agora tudo ficará por sua conta. Neste momento, voltará para seu corpo que está adormecido. Quando acordar, terá vagas lembranças de tudo o que aconteceu aqui e pensará que sonhou, mas seu espírito saberá, com clareza, o que aconteceu. Daqui para frente, livre dessas entidades que você atraiu, usando de seu livre-arbítrio, terá seu destino em suas mãos.

Imediatamente, seu espírito voltou para o corpo e adormeceu. Alguns minutos depois, Manuela entrou e chamou, baixinho:

— Aurélia, acorde. São quase dez hora, seu chefe acabou de telefonar. Disse que está precisando da sua presença. Aconteceu um problema lá no laboratório.

Aurélia abriu os olhos. Sentia-se estranha.

— Que esta dizendo, mamãe?

— Que precisa se levantar. Seu chefe telefonou.

Aurélia sentou-se na cama e perguntou:

— Que problema?

— Não sei, ele não disse. Apenas falou que precisa de você para resolver esse tal problema.

Aurélia ficou com o olhar distante, como se estivesse tentando se lembrar de algo. Manuela, preocupada, perguntou:

— Que está pensando, Aurélia? Você está estranha.

— Não sei, mamãe, tive um sonho estranho.

— Que sonho?

— Não sei, não me lembro muito bem, mas parece que sonhei com anjos e santos. Eu estava com medo, mas eles me acalmaram. Vi muita luz.

— Que sonho bonito, Aurélia.

— Foi sim, mas, que pena que não me lembro direito.

— Aurélia, você não está bem. Acho que deveria ir à igreja. Sabe que São Judas é milagroso.

— Ora, mamãe, a senhora com essa sua fé. Não tenho tempo para isso. Preciso ir ao trabalho e ver que problema é esse que está acontecendo.

Levantou-se imediatamente e foi para o banheiro.

Todos acompanhavam seus passos. Marconi olhou para os outros e disse:

— Agora, ela está por sua conta. Estive pensando e acho que devíamos fazer uma visita para Alberto e Matilde. Eles devem estar confusos, sem entender o que aconteceu em suas vidas.

— *Tumem achu.*

— Então, podemos ir?

Todos concordaram, deram-se as mãos, saíram dali e, em poucos instantes, estavam em uma sala que parecia ser um escritório. Dois homens conversavam:

— O que aconteceu com você, Alberto? Por que está separado de Matilde?

— Não sei explicar, Jurandir. De repente, não sei como, começamos a brigar sem motivo. Parece que ela sentia ódio por mim e eu por ela.

— Isso é muito estranho. Vocês sempre se deram muito bem. Seus filhos são crianças sadias e bonitas. Não acha que deveria voltar e tentar uma reconciliação? Vocês se amam, isso todos sabem.

— Também sabemos. Não sei, mesmo, o que aconteceu.

Eles, que acompanhavam a conversa, sorriram. Marconi se aproximou, dizendo:

— *Vá para casa, meu irmão. Agora está livre para continuar sua jornada que, até aqui, tem sido só de vitória.*

Alberto, parecendo ouvir o que Marconi dizia, falou:

— Tem razão, Jurandir. Eu e Matilde nos amamos. Hoje à noite, quando terminar o expediente, vou até lá em casa. Como você disse, nós nos amamos e sempre fomos felizes. Vou conversar com Matilde e tentaremos outra vez.

— Faça isso, Alberto. Tenho certeza de que tudo ficará bem.

Alberto sorriu e disse:

— Também acho, mas agora precisamos voltar ao trabalho. Hoje, o dia vai ser longo, temos muito o que fazer.

Marconi e os outros sorriram. Ademir disse:

— Aqui, parece que está tudo bem. Ele conversará com Matilde e, sem a presença daqueles que os estavam perturbando, tudo voltará ao normal. Podemos ir.

Novamente, deram-se as mãos, saíram dali. Chegaram em frente ao portão da casa onde Bartolomeu morava. No portão, saudaram e cumprimentaram Exu e entraram. Marina, desta vez, ao passar pela pequena casinha, também fez uma reverência e acompanhou os outros. Foram até os fundos da casa. Encontraram Flecha Dourada que continuava como guarda em frente à porta do barracão. Batendo com a mão direita sobre o peito e levantando a outra para o alto, cumprimentaram Flecha Dourada, que fez o mesmo gesto e foi embora. Marina o acompanhou com os olhos. Depois que ele desapareceu, ela disse:

— Como ele é bonito, Donata! Embora tenha o rosto muito sério, seus olhos mostram que é muito bondoso.

— Ele é mesmo, Marina. Com a planta da Natureza, ele ajuda e cura muitas pessoas.

Bartolomeu sentou-se no mesmo banquinho que estava quando eles chegaram. Olhou para Ademir e disse:

— *Achu qui agora ocêis já terminarum u qui vinherum fazê aqui, Demir. A sinhá, agora qui tá suzinha, vai pudê escoiê o que tem di fazê. Oceis vão simbóra?*

— Vamos, sim, Bartolomeu. Marconi precisa voltar para o hospital e nós precisamos continuar com a missão que nos trouxe até aqui.

— *Tá bão, ocêis podi i simbora i qui a Luiz Divina cumpanhe ocêis.*

Começaram a se cumprimentar para se despedir. Todos se ajoelharam em frente ao negro, baixaram a cabeça e ele os abençoou. Quando chegou a vez de Marina, ela fez a mesma coisa. Bartolomeu, com a mão, levantou sua cabeça e perguntou:

— *Qui é qui a moça de zóiuz curiosu tá querendu mi preguntá?*

Marina, surpresa com aquela pergunta, olhou nos olhos do negro e perguntou:

— Como o senhor sabe que quero fazer uma pergunta?

— *Num sei cumu sei, só sei qui sei.*

Marina olhou para Donata, que sorriu. Aquilo era um sinal de que poderia perguntar. Olhou bem para Bartolomeu e perguntou de uma vez:

— Por que um espírito com tanta luz como aquela que vimos, se apresenta assim, como um negro velho, fala dessa maneira e se veste com essas roupas tão simples?

— *Arguém, um dia já mi feiz essa mema pregunta, num é Dunata?*

Donata e os outros sorriram. Ele continuou:

— *Vô rispondê aquilu qui respondi, naqueli dia pra Dunata. O espíritu num vali pur aquilu que demunstra nem du jeitu qui fala. U espiritú i as pissoas quando estão encarnada, vale pur aquilu qui elis são. Ocê viu minha Luiz e eu tô muitu filiz cum ela, mas num pudia mustrá praquelis irmão. Eles ia pensá que ieu tava querendu só humiá elis. Ocê num gustô di mim, memo como nego véio?*

— Gostei, claro que gostei!

— *Intão, moça, é isso qui vali.*

Marina sorriu e baixou a cabeça num sinal de respeito. Ademir disse:

— Tudo esclarecido, está na hora de irmos embora. Bartolomeu, não quer mesmo vir conosco? Sabe que a sua presença seria de muita ajuda.

— *Num possu não, Demir. Ocê sabi qui percisu ficá juntu du Levi.*

— Quem é Levi?

— *Ocêis tem tempu prá isperá ieu cuntá pra essa moça de zóis curioso quem é Levi?*

Um olhou para o outro e Ademir respondeu:

— Por nós, sim. A nossa próxima missão será só para a noite. E você, Marconi?

— Também tenho tempo. Não há nada programado para hoje. Lá no hospital está tudo em paz.

— *I ocê, Donata, u que acha? Acha qui devu di cuntá pra moça quem é Levi?*

— Acho que sim, Bartolomeu, pois se não fizer isso, ela não vai ter paz e vai ficar me perguntando até eu contar.

Todos sorriram, menos Marina que sabia ser curiosa, mas não queria que os outros pensassem isso. Bartolomeu disse:

— *Tá bão, moça, vô cuntá.*

— Antes posso fazer um pedido?

— *Craro qui pódi, moça.*

— Será que o senhor pode falar bem devagar. Desculpe, mas, quando fala, tenho um pouco de dificuldade para entender.

Bartolomeu olhou para os amigos e respondeu:

— Não preciso falar devagar, posso falar de uma maneira que você e seu amigo possam entender.

Marina e Jaime, confusos, se olharam. Jaime disse:

— O senhor sabe falar direito?

— Sim, mas como precisava ficar ao lado de Levi e ele ia trabalhar com essa religião, escolhi me apresentar e falar dessa maneira, para poder conversar com todos aqueles que precisam de um conselho. Sabem como é, um velho sempre impõe mais respeito. — disse, rindo.

Donata e os outros riram da cara de espanto de Marina e de Jaime. Bartolomeu continuou:

— Já que vocês estão com tempo e a história é longa, acredito que seria melhor sentarem-se.

Mostrou um banco, onde todos se sentaram e ficaram olhando para ele, esperando que contasse a história.

Eternamente amigos

Bartolomeu respirou fundo. Seu olhar ficou distante, como se estivesse lembrando-se de um tempo muito distante. Olhou para eles e começou a falar:

— Eu e Levi estamos juntos há muito, muito tempo. Estou tentando me lembrar de quanto tempo. Vivemos vários períodos da história da humanidade. Vivemos na Grécia ao lado dos grandes filósofos, na Judéia, na época em que Cristo viveu por lá. Vivemos em Roma, no tempo em que os cristãos foram perseguidos e em muitas outras ocasiões. Sempre fomos guerreiros, fizemos muita maldade e cometemos assassinatos. Não precisava haver motivo, se não gostássemos de alguém, matávamos sem perdão. Quando, depois de mortos, perdidos nos vales e nas trevas, nos arrependíamos, pedíamos perdão, e éramos resgatados por amigos e familiares. Sempre que planejávamos a próxima encarnação, prometíamos que seria diferente, mas nunca cumpríamos as promessas e ao nos ver na Terra, novamente, a ganância e o gosto pelo poder voltavam e tornávamos a cometer os mesmos crimes, às vezes até piores. Vivemos, também, na época em que a igreja católica foi tomada por um poder absoluto, a Santa Inquisição. Nesse período, todos aqueles que fossem, para ela, um perigo ou que tinham algum dom diferente, eram considerados dominados pelo demônio e servidores dele. Essas pessoas eram tachadas de bruxas e bruxos e eram, depois de muita tortura, condenadas à morte na fogueira. Eu e Levi éramos inquisidores. A princípio, quando fui indicado para fazer esse trabalho, fiquei feliz em saber que teria o poder absoluto para condenar ou absolver qualquer um.

Levi, assim como eu, também estava feliz e começou a perseguir a todos. Eu acompanhei e, também, cometi muitos assassinatos e injustiças. Éramos amigos e sempre defendíamos um ao outro, por isso, nos sentíamos protegidos. Continuamos assim, por muito tempo, até que, um dia, estava dormindo e sonhei com um homem que me dizia:

— *Está tudo errado, você está falhando novamente, Bartolomeu...*

— Acordei assustado. Não me lembrava muito bem do sonho, mas me lembrava das palavras. Fiquei pensando o que aquele sonho queria dizer. Quando me encontrei com Levi, lhe disse:

— *Levi, tive um sonho muito estranho.*

— Ele sorriu e disse:

— *Também tive, Bartolomeu. Sonhei que alguém me dizia que estava tudo errado.*

— *Foi isso que aconteceu comigo! No meu sonho aconteceu a mesma coisa! Que será que isso quer dizer, Levi?*

— *Não sei e não me interessa. Foi apenas um sonho. Hoje, vamos interrogar aquele bruxo que dizem que faz muitos milagres. Ele não vai ter como negar que tem trato com o demônio.*

— Fiquei calado, pois embora ele não tivesse dado atenção ao sonho, eu estava muito preocupado e sabia que aquilo que fazíamos estava errado.

— Naquela tarde, fomos até uma cela, onde um homem com mais ou menos cinqüenta anos estava acorrentado, pelos pés e mãos, a uma mesa. Em frente aos seus dedos, havia um aparelho que tinha nas pontas pequenas agulhas que, quando movidas por uma roldana, fazia com que elas entrassem por debaixo das unhas, o que causava uma dor insuportável. Eu, várias vezes, já havia presenciado uma tortura como aquela e outras ainda piores, porém nunca havia me importado e ficava feliz ao ver homens e mulheres gritando de dor e desespero, mas, naquele dia, depois do sonho, ao ver aquele aparelho, senti um estremecimento pelo corpo todo.

— Levi, embora tenha tido o mesmo sonho, não ligou e, ao ver o homem naquela situação, disse, com ironia:

— *Como vai, meu bom homem?*

— O homem olhou para ele e, demonstrando o medo que estava sentido, respondeu:

— *Não muito bem...*

— *Não se preocupe, daqui a pouco vai ficar tudo bem. Só depende de você...*

— Eu sabia o que aquelas palavras queriam dizer e o homem também. Percebi que de seus olhos caíam lágrimas. Levi, com um sorriso infernal, continuou falando:

— *Sabemos que você é bruxo, quanto a isso não resta dúvida, só nos resta saber como faz para contatar o demônio e como ele lhe dá as ordens.*

— O homem, assustado, respondeu:

— *Não sou bruxo e não falo com o demônio...*

— *Não minta! Sabemos da verdade! Você só precisa confessar!*

— Percebi que Levi já estava descontrolado. O homem, tremendo, disse:

— *Como posso responder sobre algo que não fiz?*

— *Sei que você sabe onde encontrar o diabo, que fala com ele e que obedece a suas ordens! Pare de mentir, do contrário será muito pior.*

— *Não posso confessar, não fiz nada disso de que o senhor está me acusando...*

— Levi, tomado de ódio e pelo prazer que sentia ao perceber o poder que tinha naquele momento, fez um sinal para um outro padre que estava ali e ele começou a rodar a roldana. As pequenas agulhas começaram a entrar por debaixo das unhas do homem que gritava sem parar. Meu coração começou a bater forte e ouvi aquela voz de homem que disse:

— *Está tudo errado...*

— Num impulso, após ouvir aquela voz, me aproximei do padre que fazia com que aquela máquina terrível se movesse, segurei sua mão e, olhando para Levi, disse, nervoso:

— *Faça com que ele pare, Levi! Esse homem nada sabe, ele não pode confessar uma coisa que não faz!*

— Levi, me olhando e não acreditando no que eu estava fazendo, perguntou, raivoso:

— Que está fazendo, Bartolomeu? Não vê que ele, como todos os outros que passaram por nossas mãos, está mentindo? Ele serve, sim, ao demônio!

— Não Levi! Ele, e talvez os outros também que condenamos, não estava nem está mentindo. Ele não sabe sobre o que você está falando. Se soubesse, já teria contado. Não suportaria tanta dor...

— Como não, Bartolomeu? Ele foi apontado como alguém que faz curas milagrosas!

— O que tem isso de mal, Levi? Se isso for verdade e ele pode ajudar as pessoas é muito bom!

— Afaste-se, Bartolomeu, precisamos continuar o nosso trabalho!

— Não posso mais continuar aqui. Não tenho condições de presenciar uma tortura como essa.

— Está bem, pode sair. Você está estranho desde que me contou sobre aquele sonho.

— Não esperei nem mais um minuto, saí dali e, quando me vi sozinho, comecei a chorar sem parar. Desesperado, pensei:

Aquele homem não está com o demônio... quem está com ele é Levi, pois só o demônio poderia usar da força e do terror como Levi está fazendo... Deus não faria isso, ele é nosso Pai e criador...

— Daquele dia em diante, nunca mais participei daqueles atos de terror e tortura e comecei a ajudar e a esconder aqueles que eram suspeitos de bruxaria. Levi tomou conhecimento do que eu estava fazendo, ficou furioso e mandou que eu fosse levado até sua sala. Assim que me aproximei, com muita raiva e gesticulando, disse:

— O que você pensa que está fazendo ajudando a esses bruxos que estão ao lado do demônio?

— Eles não são bruxos nem estão ao lado do demônio, Levi. São pessoas simples que acreditam em Deus.

— Como se atreve a dizer isso? Você também está servindo o demônio e só não mando que seja queimado porque é meu amigo, mas vai ficar preso em uma cela pelo resto da sua vida, para que não tenha chance de continuar servindo o demônio.

— Não estou servindo o demônio, só estou praticando o que Jesus nos ensinou, a caridade.

— Jesus nos ensinou a caridade, mas ensinou também a expulsarmos o demônio! Como podemos ter caridade com o demônio? Agora, não temos mais o que conversar. Padre, leve o Bartolomeu para uma cela de onde não poderá sair nunca mais. Lá, sozinho e sem ter como ajudar, o demônio se afastará para sempre do lado dele e será salvo.

— Um padre que estava lá e que acompanhou toda a nossa conversa segurou com força em meu braço e me empurrou até uma cela, onde fui colocado e fiquei até morrer.

Todos ouviam Bartolomeu contando sua história. Nenhum deles a conhecia. Não conseguiram evitar que lágrimas caíssem por seus rostos. Donata disse:

— Deve ter sofrido muito nesse tempo em que ficou preso, Bartolomeu.

— Sim, não só por estar preso, mas muito mais por não poder mais ajudar aqueles que precisavam e, principalmente, por acreditar que Levi estava sendo dominado pelo demônio.

— O que aconteceu depois que morreu?

— Durante o tempo em que estive preso, li muito a bíblia e outros livros que existiam na época, mas, por mais que lesse, não conseguia me conformar com aquilo que estava acontecendo. Rezava muito por todos aqueles que estavam sendo perseguidos e por Levi. Devido à má alimentação e às condições em que estava vivendo, não fiquei muito tempo na cela, apenas cinco anos, mais ou menos. Em uma noite, muito fraco pela doença que havia me acometido e sem tratamento, sonhei com um lindo anjo vestido de branco e muito brilhante, que me disse:

— *Agora está tudo certo e você pode retornar para a casa do Pai e, dessa vez, vitorioso.*

— Eu, muito fraco, apenas sorri e adormeci. Quando acordei, estava em um quarto pintado de um azul muito claro e suave. Ao meu lado, uma senhora disse, sorrindo:

— *Que bom que acordou, Bartolomeu.*

— *Onde estou?* — perguntei intrigado.

— *Está em um lugar de tratamento, mas agora está bem e poderá ver tudo por aqui.*

— *Posso me levantar?*

— *Está se sentindo bem?*

— *Sim, muito bem.*

— *Então, pode e deve se levantar. Tem muito para ver.*

— Aquela mulher falava comigo com tanto carinho, o que fez com que me levantasse. Naquele mesmo dia, tomei conhecimento de tudo o que eu e Levi havíamos feito durante tantos séculos. Chorei muito ao ver tudo aquilo e como eu havia sido mau.

— Que aconteceu com Levi?

Bartolomeu olhou para Marina e disse, sorrindo:

— Moça dos olhos curiosos, você não é só curiosa, é impaciente também...

Marina já estava acostumada a ser repreendida. Sorriu e, com os olhos, ficou esperando a resposta. Bartolomeu continuou falando:

— Levi morreu quinze anos depois de mim. Durante todo esse tempo, embora eu ficasse ao seu lado, intuindo bons pensamentos, ele nunca ouviu e continuou praticando as mesmas maldades. Quando morreu, estava sendo esperado por aqueles espíritos maus que o acompanharam durante toda a sua vida. Embora tenha tentado interferir, não consegui. Ele estava muito envolvido com as forças do mal e, por isso, sua energia era intensa e pesada o que não permitiu que eu me aproximasse. Foi levado para um lugar do qual, embora eu estivesse estado lá por muitas vezes, naquele momento, não me lembrava. Quando tomei conhecimento de como era, fiquei horrorizado e rezava todos os dias para que ele fosse libertado daquele lugar e daquelas forças. Em uma manhã, fui chamado e me disseram que o tempo havia passado e que Levi estava pronto para ser resgatado. Não podem imaginar como fiquei feliz, pois, apesar de tudo o que ele havia me feito na última encarnação, eu ainda o considerava meu amigo e sabia que era considerado por ele. Junto com uma equipe de resgate, fui ao seu encontro. Quando o encontramos, ele estava em uma situação muito ruim. Parecia demente, falava coisas sem nexo e sentia muito medo. Ao me ver, demorou um pouco de tempo para me reconhecer, mas, assim que reconheceu, correu para meus braços e, chorando muito, nos abraçamos. Ficamos assim por um bom tempo. Ele, com medo, não queria se separar do meu abraço, até que um dos participantes da equipe disse:

— *Está na hora de irmos embora. Nosso tempo está terminando.*

— Eu, que nunca havia participado de uma equipe como aquela, não entendi o que ele quis dizer com aquelas palavras, mas, sem protestar, os acompanhei e saímos dali.

— Cuidei de Levi com muito carinho. Era meu amigo e estava de volta ao meu lado. Depois de muito tempo de tratamento, Levi tomou conhecimento de tudo o que havia praticado e, como sempre, se arrependeu, jurou que havia mudado e que nunca mais seria mau. Acreditei nele e fiquei feliz. Fomos chamados, estava na hora de renascermos, nos perguntaram se queríamos renascer juntos. Claro que respondemos que sim. Mas, como das outras vezes, novamente Levi fracassou. Nasci como seu irmão e, como eu realmente havia mudado, fiquei o tempo todo tentando convencê-lo a não praticar maldade, mas levado pela ambição e pela vontade do poder, ele se tornou um assaltante e assassino. Voltou, assim, à estaca zero. Para resumir, nascemos e renascemos muitas vezes, sempre juntos, ora como pai e filho, irmãos, parentes, ou amigos. Eu tentava, mas não adiantava, ele sempre fracassava. Até a última encarnação, quando era o pai de Aurélia, poderoso dono de fazenda com muitos escravos. Eu era um escravo que havia sido trazido da África e que nunca havia sido escravizado.

Quando o pai de Levi me comprou, eu era ainda um menino, tinha apenas oito anos, a mesma idade de Levi. Fomos criados juntos. Brincávamos e fazíamos tudo o que uma criança da nossa idade fazia. Não existiam preconceitos, como não poderia deixar de ser, continuávamos amigos. Quando crescemos e ele foi para outro país estudar, fiquei ansioso esperando sua volta. Quando ele voltou, logo percebi que ele estava diferente. Já não era o mesmo, tratava os escravos e até a mim, com muita raiva e nos fez ver, a todos, a enorme diferença que existia entre nós. No começo, não entendi o que havia acontecido para que ele mudasse tanto. Com o tempo, fui entendendo que ele conheceu outras pessoas e viu um mundo diferente. Deve ter descoberto que o branco era superior ao negro e que, por isso, não podia se misturar, muito menos ser amigo de um escravo.

— Ele se esqueceu da amizade que existia entre vocês durante tanto tempo?

— Não, Ademir, embora ele sentisse e demonstrasse o ódio e asco que sentia pelos negros, nunca conseguiu esquecer nem deixar de gostar de mim. Sempre que tinha algum problema ou estava feliz, me chamava para contar seu problema ou falar de sua felicidade. Quando conheceu Rita, aquela com quem pretendia se casar, me chamou, contou e perguntou o que eu achava. Eu respondi que se gostava dela e se estava feliz com aquele casamento, devia se casar. Ele sempre fazia isso, mas logo que ouvia o que eu tinha para dizer, me mandava de volta para a lavoura ou para a senzala. Ele, enquanto seu pai viveu, não pôde fazer muita maldade com os escravos, pois seu pai, embora fosse um rico fazendeiro, que também não gostava dos negros, nunca permitiu violência contra eles. Mas assim que ele morreu e Levi se viu dono de tudo, inclusive dos escravos, aquela velha ânsia pelo poder se fez presente e ele começou a usar dela para poder se realizar. Cometeu muita maldade.

— Não entendo uma coisa...

— O que moça dos olhos curiosos não entendeu?

— Se em todas as encarnações ele sempre fracassou por causa do poder, por que em todas foi lhe dada a oportunidade de exercê-lo?

— Exatamente por isso, era uma fraqueza que ele precisava superar. Isso acontece com todos nós. As mesmas dificuldades de sempre, os mesmos desafios, sempre retornam, até o dia em que entendemos o que fazemos e mudamos nossa atitude.

Marina olhou para ele e disse:

— Tem lógica, mas é perigoso, muitos podem fracassar.

— Todos temos o livre-arbítrio e, com a ajuda dele, podemos mudar ou continuar. Como disse, é difícil, mas não impossível. Quando conseguimos superar nossas fraquezas, não existe felicidade maior.

— Que aconteceu quando ele se tornou único dono e poderoso? — Marina perguntou.

— Começou a perseguir os negros. Teve conhecimento de que eles praticavam uma religião na qual adoravam deuses diferentes dos dele. Ficou furioso, tentou descobrir que religião era essa, como e onde praticavam. Fez perguntas, procurou, colocou seu capataz para que contasse com a ajuda de algum negro para conseguir a informação que queria, mas não obteve resposta, ao contrário, quando os negros descobriram sua intenção, começaram a mudar os nomes de seus deuses para o nome de santos da igreja católica e diziam-se cristãos. Para poderem continuar praticando seus rituais, preparavam um altar com imagens de santos, doadas por Levi, mas, por debaixo do altar, que sempre era coberto por um lençol branco, depositavam as oferendas, comidas e presentes para seus Orixás. Embora ele fingisse acreditar, sabia que estava sendo enganado e continuou procurando e torturando os escravos. Por ter muito orgulho de seu nome, desejou ardentemente ter um filho, mas só teve duas filhas, Aurélia e Matilde. Embora, quando elas nasceram, tenha ficado triste, com o tempo as reconheceu e as amou. Matilde estava sempre ao seu lado, carinhosa, o atendia em tudo o que precisava. Aurélia também gostava do pai, mas era mais prática e o ajudava na administração dos negócios. Ele tinha verdadeira adoração por elas e sonhava com um casamento que, além de fazê-las felizes aumentaria a fortuna que já era enorme. Em uma fazenda próxima, moravam Alberto e você, Marconi.

Eram irmãos e praticamente da mesma idade de Matilde e Aurélia e, como as famílias se davam muito bem, estavam sempre juntos. Quando crianças, brincavam e sempre vinham me procurar para escutar as histórias que eu tinha para contar. Marconi, você sabe, sempre gostou muito de Aurélia e ela, sabendo disso, fazia com que você fizesse tudo o que queria e atendesse a todos os seus desejos. Alberto e Matilde, desde crianças, sempre estiveram juntos e também se gostavam muito. Aurélia não conseguia entender aquele amor e carinho que um sentia pelo outro e resolveu que gostava de Alberto e que não permitiria que eles ficassem juntos. As famílias resolveram que, para que a fortuna não fosse dividida e, ao contrário, se unisse, deveriam se casar. Marconi, Matilde e Alberto ficaram felizes, pois era o que mais queriam, mas Aurélia ficou desesperada. Ela não queria se casar com Marconi, mas sim, com Alberto. A data e a festa dos casamentos foram preparadas. Seriam no mesmo dia. Tudo foi feito com muito luxo. Para que não houvesse brigas futuras entre as duas famílias, foram construídas duas casas em cada fazenda, assim, os casais poderiam morar um tempo em cada uma. Tudo estava perfeito, mas Aurélia, embora não demonstrasse, estava infeliz e passava o tempo todo imaginando uma maneira de impedir que Matilde se casasse com Alberto. No dia do casamento, tudo saiu como o planejado. A cerimônia foi muito rica e bonita. As noivas estavam lindas e pareciam felizes. Na festa, havia pratos apetitosos e vinho de boa qualidade. Enquanto a festa acontecia na casa grande, os negros, sabendo que não estariam sendo vigiados, aproveitaram e fizeram comidas para seus Orixás, dançaram e cantaram em sua homenagem. Na hora do brinde, quatro taças com champanhe foram oferecidas aos noivos, que beberam felizes. Assim que terminaram de beber, Alberto e Matilde demonstraram que não estavam bem e, em poucos minutos, caíram mortos na presença de todos convidados. Houve muita confusão, ninguém entendia o que havia acontecido. Desesperada, Aurélia apontou para Marconi e começou a gritar:

— Foi ele! Foi ele!

Marconi, sem entender o que estava acontecendo, olhou para ela, perguntando:

— *O que está dizendo, Aurélia? Sou culpado do quê?*

— *Você me disse que estava casando contrariado e que faria qualquer coisa para que esse casamento não se concretizasse! Vi quando você conversava com aquele negro velho e ele lhe deu um pacotinho com um pó dentro. Delegado! O veneno deve estar no quarto dele, vá até lá e procure, sei que vai encontrar!*

— O delegado, por sugestão de Aurélia, dizendo que ele era uma autoridade, foi até a fazenda de Marconi e ao seu quarto. Não levou muito tempo para encontrar um pacotinho com um pó branco. Aurélia ficou feliz quando viu que o delegado acreditou no que havia dito. Sabia que ele encontraria o tal pacotinho que havia sido colocado por ela em um lugar estratégico. Você foi preso e condenado. Ficou preso por muito tempo. Levi, depois que a festa terminou e todos foram embora, mandou me chamar. Eu estava na festa dos negros, não dançava mais porque já estava muito velho. Embora eu tivesse a mesma idade de Levi, pelo trabalho ao sol, durante a vida toda, e pela alimentação de má qualidade, aparentava ser muito mais velho. Quando recebi o chamado por um dos escravos da casa e sem saber o que havia acontecido, fui até a casa grande. Quando me aproximei, estranhei que a festa já houvesse terminado e as pessoas estavam indo embora. Entrei na casa e vi o corpo de Matilde e Alberto caídos no chão. Sem entender o que havia acontecido, me aproximei de Levi, que estava sentado em uma poltrona feita de madeira e perguntei:

— *Qui cunteceu, sinhô?*

— *Como se atreve a fazer uma pergunta como essa, Bartolomeu?*

— *Num tô intendendu, sinhô...*

— *Como não? Não se faça de bobo, sabe muito bem o que aconteceu!* — disse, nervoso e gritando.

— Eu fiquei assustado com aquilo que via e tentei dizer:

— *Nun sei, não, sinhô...*

— *Claro que sabe! Você ajudou aquele canalha do Marconi a matar minha filha e Alberto!*

— *Eu, sinhô?*

— *Não precisa mentir, já sei de tudo o que aconteceu!*

— *Num fiz nada, sinhô...*

— *Não quero mais ouvir suas mentiras!*

— Sem mais nada dizer, chamou o capataz e mandou que eu fosse chicoteado até morrer. Fui açoitado e, por ser muito velho, não suportei por muito tempo. Vi quando amigos que, assim como vocês fazem hoje, vieram me buscar. Adormeci e quando acordei estava em um quarto. Fui recebido com sorrisos por amigos nossos que partiram antes e que estavam esperando que eu acordasse. Ao tomar conhecimento de que havia morrido e do que havia acontecido, comecei a chorar, não pela minha morte, mas por Levi ter fracassado mais uma vez.

Bartolomeu, emocionado por se lembrar de tudo o que havia acontecido, parou de falar. Os outros que o ouviam com atenção, choravam e também permaneceram calados. Ademir foi o primeiro a falar:

— Lembro-me desse dia, Bartolomeu. Como todos, fiquei surpreso, mas, por ser seu amigo e de Alberto e saber o quanto ele gostava de Matilde, estava triste por tudo o que havia acontecido com eles. Sabia que você, Marconi, não havia feito aquilo e muito menos que você havia lhe dado o veneno, Bartolomeu. Você nos conhecia desde crianças e sempre demonstrou muito amor por todos nós. Nunca faria aquilo. Não conseguia saber ou entender o que havia acontecido. Enquanto você, Marconi, esteve preso, eu o visitei várias vezes. Você sabia o que havia acontecido, que Aurélia tinha planejado tudo aquilo, mas sabia também que não teria como provar.

— Também sofri muito naquele tempo, Marconi. Você era meu irmão, sempre tinha sido muito carinhoso com todos nós. Não dava para acreditar, mas como o veneno foi encontrado lá em casa, não havia como contestar. Papai, triste por não acreditar que você havia feito aquilo, foi ficando doente e um ano após também morreu. Eu e Ademir nos casamos e fomos para a faculdade. A fazenda ficou sendo dirigida por Armando, nosso primo, que sempre cuidou muito bem dela e de nós, também.

— Nossa, quanto sofrimento!

— Foi muito sofrimento, mesmo, Marina. Aconteceram coisas que ninguém, por mais que imagine, pode entender.

— Mesmo assim, Bartolomeu, você disse que está aqui para ajudar Levi?

Bartolomeu, enxugando as lágrimas com as mãos, disse:

— Ele sempre foi meu amigo, Marina.

— Mas sempre lhe fez muito mal também...

— Sim, tem razão. Depois de tomar conhecimento de tudo o que houve e depois de estar recuperado, pedi para voltar à fazenda e tentar ajudar Levi. Permitiram que eu, acompanhado de alguns amigos, voltássemos. Quando cheguei, percebi que Levi estava pior do que havia sido até aquele dia. Ficou com mais ódio dos negros e muito mais daquela religião que eles praticavam. Proibiu qualquer manifestação religiosa, pois sabia que eles o enganavam, dizendo-se cristãos. Todo negro que fosse pego praticando qualquer ritual seria colocado no tronco e chicoteado até morrer, mas nem sempre isso aconteceu. Muitos foram mortos, mesmo sem dar motivo algum, bastava que Levi desconfiasse e dava a ordem, que era cumprida imediatamente. Fiquei muito triste com o que vi. Por isso, durante a noite, enquanto ele dormia, eu me aproximava e tentava conversar com ele, pois, assim como está acontecendo agora com Aurélia, ele também atraiu para junto de si entidades das trevas. Essas entidades o envolviam por uma nuvem densa, igual àquela que vocês viram envolvendo Aurélia, que impedia que eu me aproximasse. Com muita oração, consegui ficar à distância e lhe falava, na esperança que ele pudesse ouvir algumas palavras. Tentei lhe mostrar o mal que estava fazendo para os negros e, muito mais, para ele mesmo. Rita, sua esposa, morreu logo em seguida a todos aqueles acontecimentos. Aurélia que, a princípio, vibrou por seu plano ter dado certo, com o tempo, se deu conta de que havia matado não só a sua irmã, mas também ao homem que julgava amar. Espíritos das trevas se aproximaram dela e começaram a atormentá-la. Ela não conseguia esquecer o momento em que os dois haviam morrido e não conseguia comer ou dormir. Andava pela fazenda, conversando com Alberto e dizendo o quanto o amava. Em uma manhã, tomou do mesmo veneno que tinha colocado nas taças e do qual havia guardado um pouco, caso, naquela noite, não conseguisse. Quando isso aconteceu, eu estava ao seu lado, mas não consegui evitar. Aqueles que ela havia atraído por companheiros estavam ao seu lado, só esperando para que cometesse aquele delito para apoderarem-se e levá-la para onde quisessem.

Bartolomeu parou de falar. Os outros, emocionados, continuaram olhando para ele, esperando a continuação da história. Enquanto Bartolomeu falava, os outros choravam. Marconi, emocionado, disse:

— Nessa época eu estava preso e só soube o que tinha acontecido com ela, quando morri e me encontrei com você, Bartolomeu.

— Sim, você morreu antes de todos. Eu, que já participava de uma equipe e fazia o trabalho que fazem hoje, estava à sua espera e o conduzi para um lugar seguro. Contei-lhe o que havia acontecido com Aurélia e o que temia que fosse acontecer, outra vez, com Levi. Depois de recuperado, você começou a trabalhar ao meu lado.

— Sim, a princípio eu não queria ir, tinha muito medo de doenças e da morte. Embora soubesse que estava morto, ainda achava que ela, em alguns casos, era injusta, mas, depois de acompanhar muitos espíritos nessa hora, percebi que ela não era injusta, mas era uma bênção. Participando desta equipe e tendo como professor você, Bartolomeu, aprendi que a morte sempre vem na hora em que precisa vir e que ela é sempre justa. Cada espírito tem um tempo certo para viver na Terra e poder se libertar do corpo que o aprisiona e impede que veja com clareza o que fez ou deixou de fazer. Crianças e jovens, embora sejam apresentados dessa maneira, são espíritos velhos, que já viveram muito, e às vezes, o tempo em que vivem na Terra é o tempo que lhes restava para atingirem a plenitude.

— Tem razão, Marconi, também quando eu e a Donata morremos, fomos convidados por Bartolomeu para trabalharmos na sua equipe e, assim como você, Marconi, aprendemos muito.

— Para vocês dizerem isso é muito fácil, pois são espíritos iluminados e têm uma visão e conhecimento maior que quase cem por cento da humanidade. A maioria não pensa assim. Quando perde um ente amado, se desespera. Eu mesma não aceitei e, embora tente até hoje aceitar, não consigo entender por que tive de morrer tão cedo e abandonar meu marido, que me amava, e aos meus filhos ainda tão pequenos.

— Assim como você, Marina, existem outros tantos, que pensam da mesma maneira, mas, com o tempo, sei que entenderá o que aconteceu e o porquê.

Marina ouviu o que Donata disse, mas não deu muita atenção. O que queria mesmo era saber o que havia acontecido com Levi e por que Bartolomeu, depois de tudo aquilo, ainda continuava ao seu lado. Bartolomeu, depois dessa pausa, continuou, falando:

— Levi, quando viu a maneira como Aurélia morreu, entrou em desespero. Ele, que sempre fora um homem muito rico e poderoso, e ainda continuava sendo, estava ali, sozinho. Perdeu sua família de uma maneira que nunca havia imaginado e, aos poucos, pensando em tudo o que havia acontecido, algumas vezes tentou mudar de atitude, mas não conseguiu. Estava muito envolvido pelas entidades das trevas e continuou perseguindo os negros e sua religião. Quando eu conseguia ultrapassar a nuvem densa e fazer com que ele ouvisse algumas de minhas palavras, ele sentia saudade do tempo em que conversávamos e sabia que durante toda vida eu sempre havia sido seu melhor amigo e queria muito que eu estivesse ali, naquele momento, para poder ter alguém com que pudesse conversar. Mas isso durava pouco, pois as entidades que o acompanhavam, assim que percebiam a minha presença, o envolviam com mais força e ele não conseguia mais me ouvir.

O tempo passou e ele, também como todos, morreu. Como havia acontecido com Aurélia, também foi levado por aquelas figuras sinistras. Eu estava ao seu lado, mas, impedido pelas criaturas, não consegui me aproximar, muito menos impedir. Ele havia usado de seu livre-arbítrio e escolhera um caminho para seguir. O tempo passou, continuei trabalhando na equipe e, acompanhado por vocês, ajudamos a muitos. Um dia, fomos chamados e nos comunicaram que estava na hora de resgatarmos Aurélia e Levi. Vocês se lembram como foi imensa a nossa felicidade. Sabíamos que eles teriam uma nova chance e nós os reveríamos novamente.

— Sim, Bartolomeu, como não nos lembramos daquele dia? Depois de nos reunirmos, fomos em busca deles e a maneira como os encontramos nos deixa tristes até hoje. Eles estavam em uma situação indescritível. Assustados, dementados, não conseguiam nos reconhecer. Nós nos aproximamos, primeiro de Aurélia e depois de Levi. Com muito cuidado e carinho, conseguimos trazê-los. Foram tratados e, depois de algum tempo, já estavam em condições de conversar e saber o que havia acontecido e o porquê. Tomaram conhecimento de tudo e mostraram-se arrependidos e desejosos de ter uma nova chance. A equipe que cuida das reencarnações disse que em breve seríamos chamados, pois deveríamos decidir juntos.

— Esse dia chegou, Marconi. Nós nos reunimos e a equipe de reencarnação disse para Levi:

— Estivemos pensando muito, Levi, por tudo o que fez e para que possa resgatar seu espírito, achamos que deveria voltar como negro e ser um dirigente espiritual da religião deles a qual perseguiu com tanto ardor. Assim, poderá sentir o que um negro sente quando é discriminado. Sua principal missão será a de ser um guardião dessa religião, ensinar todos os mistérios e magias para seus muitos seguidores que se identificam com ela.

— Para nossa surpresa, Levi começou a chorar e a dizer:

— Não posso... não quero, Bartolomeu, vou fracassar outra vez...

— Por que não, Levi? Terá uma ótima chance de resgatar, em uma só encarnação, tudo o que fez de mal na anterior...

— Não quero... não quero...

— Também não entendi. Por que ele não queria?— perguntou Marina.

Bartolomeu olhou para Donata e, rindo, disse:

— Donata, você sempre foi muito curiosa, mas essa moça ganha de longe...

Todos que conheciam Donata, também riram.

Bartolomeu se voltou para Marina e continuou falando:

— Em parte, sabíamos que ele tinha razão e medo de ser um líder espiritual.

— Por quê?

— Ser líder espiritual ou um comunicador em qualquer área é um desafio muito grande para qualquer espírito.

— Ainda não entendi. Sempre achei que um líder tem a chance de ajudar a muitas pessoas, fazendo com que tenham mais facilidade para entender o que se passa à sua volta.

— Nisso você tem razão, Marina, mas um líder pode e, na maioria das vezes é o que acontece, usar de sua liderança em benefício próprio, não só por ambição, mas também por poder, orgulho e vaidade.

— Ainda não entendi.

— Um líder espiritual, de qualquer religião, política ou um comunicador, torna-se, para as pessoas que o seguem, quase um Deus. Elas acreditam em tudo o que ele diz e se deixam levar. Se um líder espiritual não for alguém sério, poderá levar essas pessoas por caminhos de submissão total, fazendo com que elas façam tudo o que ele quiser, tirar delas todo o dinheiro que possuem. Com isso, embora não saibam ou não se importem, estarão trazendo para si a responsabilidade da Lei de ação e reação e terão de responder perante a espiritualidade. Por isso, quando é comunicado a um espírito que ele terá de voltar como comunicador, político ou líder espiritual, ele, quase sempre, sente muito medo, pois essa é uma missão muito difícil de ser cumprida e quase todos fracassam.

— Nunca pensei sobre isso... fracassam, por quê?

— Um líder espiritual, como aqueles que professam na Umbanda, Candomblé e em outras religiões, tem por obrigação e dever de ensinar tudo o que aprenderam sobre sua religião. Na Umbanda e no Candomblé precisam, também, ensinar a seus seguidores a magia e a história de seus Orixás, que representam as forças da Natureza. Mas, de posse dessa magia, eles, na maioria das vezes, ao sentirem o poder que exercem sobre as pessoas, por orgulho, vaidade e, principalmente, ganância, se aproveitam e exploram, mentem. Outros fazem como fez aquele que Aurélia foi procurar. Fazem "trabalhos" para separar um casal ou até destruir um inimigo. Esses estarão contraindo para si dívidas enormes, assim como aqueles que o procuram. O mesmo acontece com o líder espiritual do Cristianismo. Ele tem por dever e obrigação ensinar o que Jesus nos deixou. Ao judeu deve ser ensinado o que está escrito no Tora e aos mulçumanos, o que lhes deixou o Profeta Maomé, assim como nas demais religiões. Infelizmente, quando os líderes, na maioria das vezes, ao perceberem que têm muitas pessoas que os endeusam, deixam-se levar pelo poder, vaidade, orgulho e ganância e também começam a explorar essas pessoas para as quais a palavra dele é lei.

— Nossa... que horror.

— Sim, é verdade, mas isso acontece, também, com escritores e comunicadores de rádio, televisão e jornal. Assim que descobrem que vendem muitos livros, ou que têm uma audiência muito grande no rádio ou na televisão, ou que vendem muitos jornais, enchem-se de orgulho e julgam-se superiores aos demais. Esse é o primeiro passo para se deixarem envolver pelo orgulho, vaidade, poder e, o pior, pela ganância, assim, passam a desvirtuar o que fizeram e no que acreditaram até então. Começam a só escrever e falar aquilo que pode lhes render mais poder e dinheiro.

— Isso é verdade?

— Sim, Marina. Está vendo por que os espíritos não querem nascer como líderes?

— Estou e também nunca vou querer ser uma líder...

— Não, Marina, não deve pensar assim. O líder é importante e necessário. Ele, assim como pode subjugar e destruir uma pessoa, pode também ajudar e incentivar outras para que conquistem seu lugar e direitos. O líder espiritual pode e deve ensinar uma pessoa a pensar naquilo que está em suas leis, sem desvirtuar ou desejar para si glória, poder e dinheiro. O pai de santo deve ensinar a seus filhos como adorarem, louvarem e presentearem seus Orixás. Pode e deve trabalhar com Exu para que ele ajude uma pessoa a conseguir trabalho, curar uma doença ou até desmanchar uma demanda ou algo que foi feito contra ela. Por suas energias serem parecidas com a dos encarnados, eles fazem isso muito bem. O que não podem é usar Exu para prejudicar ou destruir e nunca, nunca mesmo, cobrar por isso. Se conseguirem cumprir essas leis como eu disse para Levi, podem, em uma só encarnação, resgatar todos os erros passados, pois estarão ajudando a muitas pessoas.

— Qual é a religião verdadeira?

— Todas as religiões são boas e não existe uma verdadeira. Todas elas são compostas por espíritos encarnados e, entre eles, como acontece em qualquer lugar, sempre existem os bons e os ruins. Deus, quando nos criou e nos deu o livre-arbítrio, como não poderia deixar de ser, sabia que todas elas existiriam e que cada um ficaria e professaria aquela que fosse mais útil para o seu aperfeiçoamento e sua caminhada em direção a Ele.

Deus é sábio, mesmo.

— Se não fosse assim, ele não seria o criador de tudo e de todos.

— O que aconteceu para que Levi aceitasse essa missão, já que ele tinha tanto medo de fracassar novamente?

— Conversamos muito e eu lhe fiz ver as enormes conquistas que poderia ter. Ele relutou e só aceitou quando lhe disse que voltaria não mais como um encarnado, mas como seu guia espiritual e que estaria sempre ao seu lado. Ele aceitou e aqui estamos.

— Por isso continua com a aparência de negro, escravo e velho?

— Por isso e para não me esquecer de que, não importa a aparência, o que importa é o espírito e sua caminhada e que não sou diferente nem melhor que Levi. Só encontrei o meu caminho um pouco antes. Naquela época, eu tomava conta dessa equipe em que trabalham, hoje, Marina e você, Jaime. Fiquei muito triste em ter que deixá-la, mas como sabia que estaria em boas mãos, entreguei a vocês e, parece que estão indo muito bem, não é Ademir?

— Sim, com a ajuda da espiritualidade e por termos tido um ótimo professor.

— Como Levi está se comportando? — perguntou Jaime.

— Até aqui, muito bem. Acredita, de todo seu coração nessa religião. É dedicado e três vezes por semana tem trabalhos com caboclos, pretos velhos, marinheiros, boiadeiros e, claro, com Exu, mas só praticando o bem e, também, com seus filhos de santo. Todos ajudam a muitas pessoas que os procuram. Aos domingos, faz uma reunião com seus filhos e lhes ensina tudo sobre a religião, inclusive suas magias e a maneira de trabalharem. Sempre faz questão de dizer que não é superior a eles, apenas tem um pouco mais de conhecimento. Esta casa foi deixada por seu pai, portanto não precisa pagar aluguel. As pessoas e os filhos de santo trazem flores, velas e todo o material que é usado para poderem trabalhar. Levi não cobra pelo trabalho e nem permite que um filho de santo, seu, também cobre. Vive do salário que recebe de uma empresa, onde trabalha como eletricista. Eu estou muito feliz, pois sinto que, dessa vez, ele conseguirá vencer todos os seus preconceitos e voltará vitorioso.

— Vitória essa que, em grande parte, deve a você, Bartolomeu.

— Talvez eu tenha ajudado, Ademir, mas a vitória é toda dele. Se não tivesse a convicção de fazer a coisa certa, a minha presença, como das outras vezes, não adiantaria.

Marina e Jaime, diferentes de Ademir, Donata e Marconi, que já o conheciam, estavam extasiados e ouviam com atenção o que Bartolomeu dizia. Tinham tido contato com espíritos iluminados, mas nunca com um igual a ele. Ela, ainda curiosa, perguntou:

— O que Aurélia decidiu nessa reunião em que estavam discutindo uma próxima encarnação?

— Ela reconheceu seu erro, pediu para voltar com uma missão que fizesse com que ela tivesse a chance de resgatar seus erros. Depois de muito conversarem, chegaram à conclusão de que ela e Alberto teriam de se encontrar novamente para, desta vez, ela esquecer o amor doentio que sentia por ele e se libertar. Trabalhariam juntos em uma indústria farmacêutica, onde poderiam desenvolver estudos para que remédios fossem criados e ajudassem na cura de muitas doenças. Assim, juntos, também ajudariam a muitas pessoas.

— Parece que não está dando certo.

— Sim, infelizmente parece, mas para Deus nada é impossível. Existe uma equipe que trabalha exatamente com a intenção de ajudar para que todas as oportunidades sejam dadas aos espíritos para que encontrem seu caminho. Uma delas está ao lado de Aurélia. Bem, agora que terminei minha história, acho que já podem ir embora. Devem ter muito que fazer.

— Temos, sim, Bartolomeu. Hoje à tarde, lá pelas seis horas, algo muito importante vai acontecer e precisamos estar presentes.

— Vocês me levarão até a minha casa para que eu encontre a minha família?

— Ainda não, Marina. Não está na hora. Mas não se preocupe, essa hora chegará.

— Está bem. Estou tão feliz com tudo o que estou vendo e aprendendo, que desejo ficar por aqui por muito tempo.

— Antes de irmos embora, posso fazer um pedido?

— Claro que sim, Marina. Estava esperando por isso. Sabia que não sairia daqui antes de ver o que existe dentro do barracão.

Marina sorriu, sabia que um espírito como aquele, devia adivinhar seu pensamento.

Bartolomeu e os outros sorriram. Ele disse:

— Não é preciso ser um espírito iluminado para adivinhar seu pensamento, basta simplesmente conhecê-la.

Vendo a expressão envergonhada de Marina, continuou:

— Não precisa ficar envergonhada, a curiosidade é uma de suas qualidades. Devemos, sim, querer saber de tudo o que acontece e como acontece em qualquer religião, assim, será mais difícil sermos enganados. Vamos entrar?

Apontou para a porta que estava aberta e todos entraram. Bartolomeu foi o último. Lá dentro, ouviram uma música suave que envolvia todo o ambiente. Na frente deles, havia um altar com imagens de vários santos da igreja católica, conhecidos por todos. No centro, a imagem de Jesus com os braços abertos. Todo o altar estava enfeitado com flores e velas que permaneciam acesas.

Os outros conheciam aquele lugar, já haviam estado ali muitas vezes em busca de alguma erva para algum doente para quem embora, estivesse muito mal, ainda não havia chegado a hora de partir. Marina e Jaime, ao contrário, nunca haviam estado em um lugar como aquele. E estavam encantados com a beleza das luzes que saíam das velas e que subiam para o alto a uma distância que não tinham como calcular. Só viam que elas ultrapassavam em muito o telhado.

— Essa luz vai muito além daquilo que podemos ver ou imaginar, Marina. Ela, para aqueles que acreditam, serve de farol e direção para que os mortos não fiquem perdidos.

— E isso é verdade?

— Para aqueles que acreditam, sim.

Bartolomeu, Ademir, Marconi e Donata aproximaram-se do centro do altar, fizeram uma reverência e saíram. Marina e Jaime, mesmo sem entender o que significava, fizeram o mesmo.

Saíram do barracão. Abraçaram-se para se despedirem de Bartolomeu, que disse:

— Apareçam sempre, estarei aqui ainda por muito tempo. Levi está só com quarenta anos e só morrerá depois dos oitenta.

— Sabe que apareceremos, Bartolomeu, pois sempre precisaremos de suas ervas ou de seus conselhos.

Sorriram e, com um aceno de mão, foram andando em direção ao portão da casa. Marina e Jaime estranharam, pois estavam acostumados a desaparecer de um lugar e chegar ao outro, mas ficaram calados e acompanharam os três.

Agora, sim, em poucos instantes, estavam no hospital e no mesmo lugar perto do banco em que estavam sentados e decidiram ir falar com Bartolomeu.

A história de Jaime

Sentaram-se no banco, menos Marconi que, permanecendo em pé, disse:

— Fiquem à vontade, desfrutem dessa paisagem. Preciso entrar, já estou há muito tempo fora do hospital. Preciso falar com Luci e ver como as coisas estão caminhando.

— Vá, Marconi, ficaremos aqui, ou melhor, Donata, o que acha de voltarmos para aquela praça que fica na cidade da Marina? Acho que temos muito para mostrar a esses dois.

— Acho uma boa idéia, Ademir.

— Façam isso, mas não se esqueçam de que precisam estar aqui às seis horas.

— Não se preocupe, Marconi. Por nada perderíamos um acontecimento como esse.

Marconi sorriu, acenou com a mão e entrou no hospital. Marina, desde que ouviu o que Ademir disse, não cabia em si de felicidade. Sentia que estava chegando a hora de poder ir até sua casa e rever sua família, mas permaneceu calada. Assim que Marconi desapareceu pela porta, Donata se voltou para ela e perguntou:

— Marina, que achou da idéia de Ademir?

— Estou muito feliz, Donata. Sempre gostei de passear naquela praça. Assim, estando perto de casa, poderemos ir até lá, nem que seja só por um instante?

— Ainda não está na hora, Marina. Lembre-se de que estamos aqui a trabalho. Depois que terminarmos o que viemos fazer e, antes de voltarmos, passaremos por sua casa, você verá a todos, matará a saudade e iremos embora.

— Está bem, mas não posso negar que estou muito ansiosa e não vejo a hora que isso aconteça.

— Deve estar mesmo, mas precisa aprender a controlar essa ansiedade. Sabe que ela é a maior causadora de muitos males? A ansiedade não permite que se pense com clareza e muitos erros são cometidos.

— Sei disso e como sei...

Donata sorriu e disse:

— Você e noventa e nove por cento das pessoas que vivem na Terra sabem disso, mas não adianta. Sentem-se impotentes perante ela. Agora, vamos para a praça?

Marina e Jaime sorriram e acompanharam Donata e Ademir e desapareceram.

Em breves instantes, chegaram à praça. Era um pouco mais de meio-dia e as pessoas andavam apressadas. Eles sabiam que todos estavam indo para algum lugar almoçar. Marina e Jaime já haviam aprendido como distinguir os encarnados dos desencarnados e os acompanhavam com os olhos. Donata apontou um banco, que estava vazio, onde se sentaram.

Marina respirou fundo e, olhando para uma rua que saía da praça, disse:

— Quanta saudade eu tenho do tempo em que vivi aqui e que era muito feliz. No meio daquela rua fica a faculdade onde conheci o Norberto.

Suspirou fundo e continuou olhando a praça. De repente, soltou um grito de felicidade, dizendo:

— Olhe lá a Nanci!

— Quem é Nanci?

— Minha melhor amiga, Jaime!

Jaime e os outros olharam para onde ela apontava e viram uma senhora que se aproximava. Ela se levantou para ir ao seu encontro, mas foi impedida por Donata que disse:

— Espere, Marina, sei que está feliz por rever sua amiga, mas não pode se esquecer de que sua energia é diferente da dela e, ao se aproximar e tentar abraçá-la, poderá lhe causar mal. Tome cuidado...

— Obrigada por me lembrar, Donata. Realmente, eu ia abraçá-la. Deve imaginar como fiquei feliz ao vê-la, mas ela está diferente, mais velha do que quando a conheci.

— O tempo passou, Marina.

— Sim, é verdade, mas mesmo assim, ela continua muito bonita.

Nanci continuou andando e foi em direção a um dos bancos que existiam na praça. Marina ficou acompanhando-a com os olhos e viu, emocionada, que no banco havia outra senhora sentada que, ao ver Nanci, sorriu.

Marina deu outro grito:

— Aquela é a dona Cora!

— Quem é ela?

— A mãe de Nanci. Elas foram muito importantes em minha vida, muito mais em todo o tempo em que estive doente. Donata, posso me aproximar delas?

— Sim, pode, desde que não tente abraçá-las.

Marina se aproximou e pôde ouvir o que elas conversavam. Nanci dizia:

— Finalmente, o dia chegou, mamãe. Hoje é a formatura dele. Nem consigo acreditar...

— Pode imaginar como estou feliz, Nanci. Esperei tanto por este dia. Quando fiquei doente, senti muito medo de morrer, antes deste dia. Meu neto se formando em medicina. Vai ser um médico! Nunca em minha vida pensei que teria um médico na família. Estou muito feliz.

— Também estou, mamãe. Ele é um menino muito bom e estudioso. Sei que será um bom médico. Mas, vamos buscar o presente que comprei para lhe dar? Pretendo dar esta noite, antes de irmos para a formatura.

— Vamos, sim, Nanci. Sei que ele ficará muito feliz com o presente.

Levantaram-se e saíram andando. Marina, com lágrimas nos olhos, acompanhou-as com os olhos e disse:

— Quanta saudade... obrigada a vocês dois por me trazerem. Estou muito feliz, mais ainda em saber que Nanci se casou, tem um filho e parece que está muito feliz.

— Sim, ela parece estar muito feliz, Marina.

— Sinto muita saudade daquele tempo.

— Também sinto muita saudade, Marina...

Marina olhou para Jaime, que havia falado, e perguntou:

— Posso lhe fazer uma pergunta, Jaime?

Jaime olhou para Donata e Ademir que falou:

— Já estava demorando muito, Marina. Sabia que, a qualquer momento, você faria essa pergunta...

— Como sabe que eu ia perguntar? Pode ler meu pensamento?

— Nem precisaria, pois, por todo esse tempo em que estamos juntos, pude conhecer você muito bem. Quer que eu faça a pergunta?

— Está bem, faça, assim, ninguém pode dizer que sou curiosa. O curioso, agora, está sendo você, Ademir. — falou, rindo e olhando para Donata, que também sorriu.

Ademir, também sorrindo e imitando a maneira de Marina falar, perguntou:

— Jaime, quanto tempo faz que você morreu? É tão jovem... morreu do quê?

Jaime, entrando na brincadeira, também sorriu e respondeu:

— Não faz nem um ano.

— Você é tão jovem...

— Sim, Marina. Quando aconteceu, também não quis aceitar. Ao acordar e tomar conhecimento de que havia morrido, assim como aconteceu com você, também me revoltei. Não entendia o porquê daquilo. Logo comigo, que havia lutado tanto para chegar aonde cheguei. Não aceitava e me perguntava por que a vida havia sido tão injusta comigo. Eu tinha só trinta anos. Ia completar trinta e um dali a quatro meses. Havia terminado de me formar em medicina, de fazer minha residência e estava com tudo pronto para meu casamento com Sandra, uma moça que conhecia desde que entrei na faculdade e a quem amava muito.

— Como foi sua vida e a sua morte?

— Desde criança, não sei por que, meu sonho era ser médico. Minha família não tinha posses, portanto esse sonho seria quase impossível, mas estudei muito, me dediquei e conseguí passar em uma Faculdade Federal onde não precisaria pagar. Contudo, a faculdade ficava distante da cidade em que eu morava e, para me manter estudando, precisaria de um bom dinheiro. Meus pais e meus dois irmãos mais velhos do que eu trabalhavam e conseguiram me manter estudando. Foi uma época muito difícil para todos nós, mas consegui e me formei. Depois, fiz dois anos de residência em um hospital público, trabalhei muito, mas foi lá, no dia a dia, que realmente aprendi muito.

— Que aconteceu para que uma carreira como essa fosse interrompida e um jovem médico tão promissor morresse?

— Quando comecei a estudar na faculdade, conheci Sandra. Ela não era estudante, trabalhava no escritório da faculdade e fazia o trabalho burocrático. Assim que nos vimos, nos apaixonamos e começamos a namorar. Sabíamos que eu precisava me formar, fazer a residência e que, só poderíamos nos casar depois que isso acontecesse. Ela não se importou e continuamos o namoro. Ela era uma moça muito pobre. Desde que nasceu, havia sido criada em um orfanato e não sabia quem era sua família. Depois que saiu do orfanato, sempre se manteve sozinha. Pagava seu aluguel, vestuário e alimentação. Vivia de uma maneira muito simples, mas estava sempre sorrindo e brincando. Só quando conversávamos sobre como sua vida tinha sido, ela, chorando, dizia:

— Não entendo como uma mãe pode abandonar uma criança e nunca mais querer saber dela...

— Sua mãe deve ter tido um motivo muito forte, um problema para ter feito isso, Sandra. Não deve condená-la... uma mãe não abandona seu filho a não ser que não tenha como evitar isso.

— Tento não condená-la, Jaime, mas não consigo. Ela pode ter tido um motivo, mas a vida dá muitas voltas. Será que, em algum momento da vida, ela não deve ter ficado em condições de voltar ao orfanato e procurar saber o que havia acontecido comigo? Se ela tivesse feito isso, me encontraria, e minha vida teria sido diferente, mas não, nunca fez isso. Ela não deve ter tido problema algum,

eu devia ser uma criança que ela não esperava e, por isso, sim, me tornei um problema e, assim que nasci, ela se desfez do problema e o esqueceu para sempre...

— Não deve sofrer por isso, pois, pelos menos, ela permitiu que você nascesse, se tornasse essa linda moça que eu amo e que farei o possível para fazer feliz. Não se preocupe mais, Sandra. Quando nos casarmos, teremos muitos filhos e você poderá dar a eles todo o amor que não teve. Esse tempo ruim em sua vida está terminando.

— Ela me ouvia e ficava mais calma.

— Coitada dessa moça...

— Também achava isso, Marina, mas não ficava preocupado, pois sabia que, assim que nos casássemos, ela seria recompensada por todo o tempo de sofrimento por que havia passado. Continuei os estudos e, quando me formei, sabia que teria pela frente dois anos de residência, o que não seria fácil para nós dois, pois os plantões seriam difíceis e cansativos. Teria de trabalhar muitas noites e ela, trabalhava durante o dia, o que, sabíamos, dificultaria nossos encontros, mas, mesmo assim, continuamos com o firme propósito de esperar e assim fizemos. Aqueles dois anos de residência, realmente, foram difíceis. Quase não nos encontrávamos, mas, quando isso acontecia, o nosso amor era maravilhoso. Terminei a residência e comuniquei à minha família que queria me casar. Eles ficaram muito nervosos e não quiseram aceitar. Conheciam Sandra, mas não como eu. Eu a havia levado em casa só algumas vezes e ficávamos pouco tempo. Não acreditaram que aquele namoro continuaria depois que me formasse. Achavam que ela, além de não pertencer à nossa religião, não era uma moça à minha altura e diziam que eu era um médico e merecia uma moça que tivesse uma família para apresentar e que, de preferência, essa família tivesse dinheiro. Quando eles falavam isso, eu ficava nervoso, brigava e dizia:

— Não me importa quem possa ter sido a família dela! O que me importa é que amo essa moça e sei que seremos felizes.

— Meus irmãos, que haviam me ajudado para que eu pudesse estudar, diziam:

— *Investimos tanto em você para que se tornasse alguém e, agora que está formado e que vai começar a ganhar dinheiro, vai tudo para essa moça que não tem um tostão furado!*

— *Isso não me importa, já estou com trinta anos e sei muito bem o que quero da minha vida!*

Houve muitas discussões e brigas sérias, mas eu me mantive sempre na mesma posição, até que, um dia, quando estávamos todos reunidos, naquele clima de brigas, estranho, minha mãe disse:

— *Jaime, estivemos conversando e, já que você não quer nos ouvir, decidimos que você tem razão, quando diz que já tem trinta anos e sabe o que quer da vida, não temos mais o que fazer. Por isso, você precisa entender que, embora tenha decidido isso, nós não precisamos nem queremos participar dessa loucura. Essa mulher vai estragar a sua vida, porém sabemos que você só se dará conta disso, quando estiver velho. Não estamos dispostos a esperar todo esse tempo. Portanto, se quer mesmo continuar insistindo nessa loucura, queremos que saia desta casa e que só volte quando recuperar a razão e nos diga que abandonou essa mulher...*

— Meu Deus... sua mãe disse isso, Jaime?

— Sim, disse, Marina.

— O que você fez?

— Olhei para todos eles e, com lágrimas nos olhos, fui até o meu quarto, peguei duas malas, coloquei algumas peças de roupa e saí dali. Estava triste e ao mesmo tempo revoltado com toda aquela situação. Minha família não conhecia Sandra, a não ser nos poucos momentos em que a levei até minha casa e que ela ficava o tempo todo ao meu lado. Por sentir que não era bem-vinda, ela ficava calada. Eles não tiveram tempo de conhecê-la e não quiseram, apenas a descartaram de nossa família. Sofri muito.

— Posso imaginar. Não entendo como sua família e, principalmente, sua mãe, pôde fazer aquilo.

— É fácil de se entender, Marina.

— Como fácil, Donata? Se pensarmos bem, não havia motivo algum. Jaime estava feliz e só isso deveria importar.

— Disse bem, deveria, mas nem sempre o que deveria, agrada as pessoas. Sua família, Jaime, havia esperado muito de você. Queria que simbolizasse o valor e orgulho dela própria e uma moça como Sandra, pobre e sem família, estava longe disso. Para eles, o amor entre vocês não importava. Não sabiam, mas estavam perdendo um momento maravilhoso de reconciliação.

— Sabia disso, mas pensava que, com o tempo, conheceriam Sandra mais a fundo e, assim como eu a conhecia, aconteceria o mesmo com eles, mas não houve tempo.

— Não houve tempo, por quê?

— Eu estava surpreso com aquilo, não esperava, por isso, não tinha para onde ir nem sabia o que fazer com a minha vida. Durante todo o tempo em que estive com Sandra, ela continuou morando com mais duas amigas em um apartamento que alugaram juntas, pois, sozinha, com o salário que ganhava, não daria para pagar. Elas, quando alugaram o apartamento, resolveram que, para evitar constrangimento, nunca levariam um namorado até lá, por isso, sempre nos encontrávamos em qualquer lugar que não fosse no apartamento. Depois de pegar as malas, nervoso com tudo aquilo, saí apressado de casa. Meu carro estava estacionado do outro lado da rua. Atravessei sem olhar. Um carro vinha se aproximando e, mesmo contra vontade do motorista, que fez tudo para evitar, fui atropelado e morri ali mesmo.

— Meu Deus... morreu na frente da sua casa? Deve ter sido horrível...

— Sim, morri na frente da minha casa, mas não senti coisa alguma, parece que adormeci antes do impacto. Só soube o que havia acontecido, quando acordei em uma casa muito grande e bonita. Minha avó mora nela e me recebeu com muito carinho.

— Como não sentiu coisa alguma?

— Posso responder a essa pergunta, Marina. Sabendo o que ia acontecer, uma equipe como a nossa, segundos antes, se aproximou e cortou os fios que o prendiam ao corpo, Jaime. Por isso, você não sentiu o momento do impacto.

— Se a equipe sabia, Donata, por que não evitou? Por que ele não saiu de casa um pouco antes ou um pouco depois?

— Porque aquele era o momento em que o acidente aconteceria, Marina.

— Então, mesmo que não houvesse a briga, o acidente aconteceria?

— Sim, Marina. O tempo de Jaime havia terminado. Ele já tinha cumprido sua missão.

— Que missão, Donata? Eu, depois de muito esforço e sacrifício, havia terminado meus estudos. Estava formado naquilo com que havia sonhado durante toda a minha vida. Amava Sandra e era amado por ela, íamos nos casar! Como pode dizer que cumpri minha missão, ela estava só começando!

— Sua missão estava cumprida, Jaime. Sua missão não era ser médico na Terra, mas, sim, aqui ao nosso lado. Sandra e sua família precisavam continuar com suas vidas, aparar as arestas, se perdoarem mutuamente.

— Isso é fácil de dizer, mas, na realidade, é muito difícil de entender, Donata.

— Sei disso, Marina, mas os motivos da espiritualidade são diferentes do que pensamos quando estamos encarnados.

— Quando acordei, minha avó disse essas mesmas palavras. Confesso que aceitei, mas não entendi e não entendo até hoje.

— Sei disso, mas chegará o dia em que entenderá, Jaime.

— Sua família e, principalmente sua mãe, não se sentiu culpada pelo acidente?

— Não sei, Marina. Desde aquele dia em que acordei na casa de minha avó, tentei e pedi várias vezes para voltar, mas sempre me disseram que não era a hora. Depois, comecei a trabalhar no hospital, dando assistência para aqueles que chegavam, me envolvi no trabalho e não tive muito tempo para me preocupar com mais nada, sabia que quando chegasse a hora, seria avisado.

— Chegou a hora, Donata?

— Sim, Marina. Se quiser, Jaime, podemos ir até sua casa e ver como tudo está por lá. Você quer?

— Verdade, Donata?

— Sim, quando convidamos você para que viesse conosco, foi para que pudesse ir até a sua casa.

— Poderei ver todos eles?

— Sim, foi para isso que veio.

— Também poderei ver a Sandra?

— Também, Jaime.

— Por que não me contaram? Pensei que estaria somente acompanhando vocês para conhecer o trabalho e poder trabalhar nesta equipe ou em outra como esta.

— Isso também é verdade. Quando terminarmos o que viemos fazer, conversaremos a esse respeito.

— Donata, Ademir, vocês não podem imaginar como estou feliz! Podemos ir agora?

Ademir sorriu e disse:

— Entendo sua felicidade, Jaime, mas preciso lhe dizer que nem tudo pode estar da maneira como pensa e que precisará de muita força para entender o que está acontecendo.

— Falando assim, está me deixando com medo, Ademir...

— Não precisa ficar com medo, só precisa ter muita força para entender o que está acontecendo. Bem, mas já que quer ver sua família, não podemos perder tempo. Agora é quase uma hora da tarde e não podemos nos esquecer do compromisso que temos às seis horas.

— Está bem, então, vamos?

Voltando para casa

Chegaram ao portão de uma casa. Jaime, assim que a viu, falou, quase gritando e muito nervoso:

— Esta é a minha casa! Foi aqui que nasci e fui criado. Tive uma infância maravilhosa e feliz.

— Que bom que está feliz, Jaime, mas não está notando alguma coisa diferente?

— Não, Ademir. O que é?

— Preste atenção, olhe as cores das paredes.

Jaime olhou com mais atenção, depois, perguntou:

— Que aconteceu com esta casa? Suas paredes estão mofadas, com a pintura velha! É triste vê-la dessa maneira. Nunca foi assim, meus pais sempre a conservaram muito bem. Todos os anos, a pintura era trocada. Ela sempre teve a aparência de nova. Eles tinham muito orgulho dela, pois a conseguiram após muito tempo de trabalho. Que aconteceu, Ademir, para que ela ficasse assim tão feia?

— A dor, o sofrimento e a mágoa, o ódio e a revolta atraíram espíritos que têm os mesmos sentimentos.

— Como aconteceu isso?

— Sua família, Jaime, desde sua morte tornou-se infeliz, triste e revoltada. Ninguém aceita sua morte e atrai companhias iguais.

— Eu até entendo o que sentiram, pois eu mesmo demorei a aceitar, mas precisamos fazer alguma coisa, Ademir. Eles não podem continuar assim...

— Para tentarmos isso é que estamos aqui. Vamos entrar e entender o que está acontecendo.

— Não entendo como isso pôde acontecer, Ademir...

— Esta casa, agora, para as pessoas que passam pela rua, está parecendo uma casa velha e feia, quando na realidade ela não é. As paredes com pintura velha, mofadas, indicam que nela existe muito sofrimento e dor. Espíritos que também sentem dor e sofrimento, perceberam a energia que dela se propala por quilômetros, vieram e se instalaram aqui.

— Essa dor e sofrimento foram causados pela morte de Jaime?

— Em parte sim, mas não só por isso, Marina.

— Não? Por que mais poderia ser?

— Como está minha família? E minha mãe? Está bem?

— Você mesmo pode olhar. Vamos entrar?

Jaime estava aflito, sabia que alguma coisa poderia ter mudado depois de sua morte inesperada, mas nunca imaginou que poderia ter mudado tanto. Respondeu:

— Vamos, Ademir. Sinto que algo não está bem, preciso ver como todos estão e tentar ajudá-los.

Ademir consentiu com a cabeça, entraram na casa e, depois, em uma sala. Em um sofá e em frente a um aparelho de televisão, uma senhora estava sentada. O aparelho estava ligado, mas podia-se perceber que a senhora, embora estivesse olhando para o programa que era transmitido, não ouvia nem prestava atenção. Ela não chorava, mas seu pensamento estava distante, no dia em que Jaime morreu. Por toda a sala e embora não visse, por toda a casa, havia entidades envoltas por energias pesadas. Ao lado da senhora, algumas entidades estavam sentadas e outras rodopiavam à sua volta. Quanto mais ela pensava, mais as entidades, abraçadas a ela, choravam.

Jaime correu para ela e a abraçou, chorando e tentando fazer com que ela o visse. Disse:

— Mamãe, não fique assim, estou bem.

A senhora sentiu uma tontura e quase desmaiou.

Ademir, rapidamente, o afastou dela, dizendo.

— Não faça isso, Jaime. Sua energia é diferente da dela e poderá lhe fazer mal.

— Quero abraçá-la e dizer que estou bem, Ademir. Ela está muito mal, seu cabelo todo branco e despenteado! Nunca a vi assim! Ela sempre foi muito vaidosa. Logo pela manhã, a primeira coisa que fazia era colocar uma roupa bonita, salto alto e se maquiar. Eu até brigava com ela, dizia que o salto alto poderia fazer mal à sua coluna, mas ela ria e dizia que sentiria dor se não o usasse. Essa não é nem de longe a mãe que conheci... ela não pode continuar assim...

Olhou à sua volta e disse:

— Esta sala está descuidada, os móveis cheios de poeira... isso nunca aconteceu. Ela sempre foi muito zelosa com a casa e, principalmente, com esta sala. Ela não pode continuar assim, Ademir! Está se matando!

— Tem razão, Jaime, por isso estamos aqui e trouxemos você. Precisamos tentar mudar essa situação.

— Por que tentar, Ademir? Não podemos, simplesmente, mudar?

— Se não houver mudança de pensamentos das pessoas que aqui vivem, infelizmente, não, Marina. São esses pensamentos que as atraem.

As entidades não conseguiam vê-los. Jaime estava muito nervoso ao ver sua casa e, principalmente, sua mãe naquela situação. Não percebeu a presença de quatro entidades que estavam ali e que olhavam para todos eles. Uma delas disse:

— Olá, Ademir, Donata e você, Jaime! Ainda bem que chegaram. Estávamos ansiosos pela chegada de vocês.

— Olá, Romeu, parece que as coisas não estão muito bem nesta casa.

— Já notaram? Não estão bem mesmo, embora tenhamos tentado, não conseguimos que a faixa de pensamento mudasse e as entidades sofredoras estão encontrando aqui um reduto para ficar.

— Já notamos isso, mas parece que há algo mais.

Jaime olhava para aquele homem. Parecia conhecê-lo, mas não conhecia. Olhou para as outras entidades que olhavam para ele e sorriam, mas também não as reconhecia. Confuso, perguntou:

— Desculpem, parece que me conhecem, mas eu não os reconheço...

— Sabemos disso, Jaime. Somos velhos amigos de sua família. Estamos há muito tempo trabalhando nesta equipe de auxílio para ajudar as famílias quando seus entes queridos voltam para a casa do Pai e agora estamos aqui. Não só por fazer parte de nosso trabalho, mas por sermos amigos de todos vocês. Não está nos reconhecendo porque, nesta sua encarnação, não viemos, permanecemos na espiritualidade fazendo o nosso trabalho. Estes são Isaura, Felício e Pedro.

Jaime olhou para os outros e tentou sorrir. Depois, perguntou, aflito:

— Que está acontecendo aqui na minha casa e principalmente com minha mãe? Ela não é nem a sombra do que sempre foi!

— Ela está com remorso por ter brigado com Jaime no dia da sua morte e sente-se culpada?

Todos olharam para Marina que havia feito essa pergunta. Donata se adiantou:

— Romeu, esta é Marina. É a primeira vez que faz parte de uma equipe, por isso está muito curiosa em saber como tudo funciona.

— Acontece com todos, não é Donata?

Donata não respondeu, apenas sorriu.

— Sim, Marina, todo esse sofrimento é resultado do sentimento de culpa, de ódio, mágoa e foi também o que trouxe até aqui essas entidades que estão espalhadas por toda a casa. Principalmente aquelas que estão naquele canto da sala.

Olharam para onde ele apontava e viram três entidades de aparência sinistra, que pareciam adormecidas. Marina, como sempre, não se conteve e perguntou:

— Quem são elas? Parece que também não estão bem, que estão muito doentes...

— São entidades que cometeram suicídio e que até agora não entenderam sua situação. Estão aqui para levarem Gina ao suicídio e da maneira como ela está reagindo, esse dia não está longe. Desde o dia da sua morte, Jaime, estamos tentando fazer com que sua mãe reaja, mas está difícil. Há pouco ministramos passes magnéticos nas entidades para que adormecessem, e Gina pudesse ficar por um tempo livre delas, mas não será por muito tempo. Ela está presa a um sentimento de ódio muito forte e se não se livrar dele, dificilmente resistirá ao apelo do suicídio.

— Ódio, por quem e por quê?

Romeu ia responder, quando ouviram som da campainha da porta que tocou por várias vezes, até que,finalmente, Gina a ouviu e, lentamente, se levantou, foi até a porta e a abriu. Para espanto de Jaime, quem estava tocando a campainha era seu pai. Confuso, perguntou:

— Meu pai tocando a campainha para entrar em casa? O que está acontecendo aqui? Ele sempre teve sua chave!

Novamente, Romeu ia responder, mas não teve tempo. Armando, o pai de Jaime, assim que Gina abriu a porta, disse:

— Senti uma enorme vontade de vir até aqui para ver como você está, Gina.

— Estou bem. Pode ir embora.

— Não, Gina, você não está bem! Não pode continuar assim. Vou entrar, precisamos conversar...

Ele, afastando-a, entrou e se sentou no mesmo sofá em que ela estava sentada. As entidades, que estavam adormecidas, com o barulho da campainha, despertaram, se assustaram com a presença dele e se afastaram, ficando a uma certa distância. Gina olhou bem nos olhos do marido e disse, nervosa:

— Não temos o que conversar, Armando. Você tomou seu partido e seus filhos também, não quero vê-los nunca mais. Só quero morrer e encontrar o meu filho.

— Você sabe que o que está dizendo não é a verdade, Gina. Não tomamos partido, apenas entendemos que havíamos praticado um erro e assumimos a nossa parcela de culpa. Só isso, mas ainda é tempo de repararmos e tudo voltar a ser como era.

— Nada, nunca mais, será como era... meu filho foi morto antes da hora e a culpa foi daquela mulher! Eu a odeio e continuarei odiando-a até o fim da minha vida! Ela destruiu a nossa família, foi culpada de tudo! Por causa dela, você e nossos filhos se afastaram desta casa e de mim. O pior foi que Jaime foi morto antes da hora! Se ela não tivesse aparecido em nossa vida, nada disso teria acontecido. Jaime estaria, hoje, clinicando, como sempre foi o sonho dele e o nosso. Poderia fazer a especialidade em pediatria e seria um médico famoso! Por causa dela, que pertence ao mundo, nada disso aconteceu e ele foi morto! Eu a odeio! O que aconteceu conosco, Armando? Sempre acreditamos, seguimos e pregamos a palavra de Deus. Sempre pagamos nossos dízimos, fizemos nossas ofertas para que Deus nos abençoasse. Sempre julgamos que servíamos a um Deus poderoso, como Ele pôde permitir que isso acontecesse? Só pode ser por causa daquela mulher que não seguia sua palavra!

Marina olhou para Donata que, sabendo o que ela estava pensando, disse:

— Estão vendo como não importa a religião? Sempre que algo de ruim nos acontece, a reação é sempre a mesma, não aceitamos e nos revoltamos, mas vamos continuar ouvindo a conversa.

Armando se aproximou de Gina, a abraçou e, chorando, ficaram assim, calados, pois não sabiam o que poderia ser dito naquele momento.

Jaime acompanhava o que a mãe dizia e não pôde evitar as lágrimas que surgiram em seus olhos. Donata percebeu, abraçou-o, dizendo:

— Não fique assim, Jaime. Foi por isso que o trouxemos até aqui, para tentarmos reverter esse quadro. Sei que não será fácil, mas faremos tudo o que estiver ao nosso alcance.

— Entendo o que ela está dizendo, Donata. Realmente, sempre foi muito crente e fez tudo o que a igreja pregava. Achava que, por cumprir sua obrigação, estaria livre de qualquer sofrimento, mas hoje vejo que não é bem assim, que todos, independente de religião, estamos sujeitos às mesmas leis.

— Hoje você sabe, mas ela não e por isso está sofrendo tanto. Se acreditasse na vida pós morte, não sofreria dessa maneira.

— Sei disso, Donata, mas o que mais me preocupa é que ela está culpando a Sandra, quando, na realidade, isso não é verdade. Nem ela nem Sandra tiveram culpa do que aconteceu... como vocês disseram, meu tempo havia terminado e eu atravessaria aquela rua, naquele segundo em que o outro carro vinha se aproximando. Nem um segundo antes nem um segundo depois... como isso pode estar acontecendo com minha família? Sempre fomos felizes, eles estão casados há quase quarenta anos e nunca imaginei que um dia os veria assim...

— Isso tem um nome, Jaime. Preconceito e, para ele, sempre existe uma desculpa.

— Preconceito, Donata? Como, por quê?

— Sim, Jaime, novamente, voltamos a ele. Essa palavra está presente em quase todos os espíritos que vivem na Terra. O preconceito pode destruir muito mais do que se possa imaginar.

— Não pode ser verdade, minha família nunca teve preconceito, a não ser quando comecei a namorar Sandra...

— É sempre assim que acontece. Todos dizem que não têm preconceito, mas só falam isso, quando na sua família está longe de acontecer. O preconceito, costuma-se dizer, que é só racial, mas, na verdade, ele está presente em todas as atividades humanas e existem em todos.

— Desculpe, Donata, mas acho que você está exagerando... eu nunca tive preconceito...

— Não estou exagerando, Marina. Quantas vezes já ouviu alguém dizer: não gosto daquele porque é negro ou, não gosto daquele porque é branco. Não gosto daquele porque é católico ou não gosto daquele porque é protestante. Não gosto daquele porque é pobre ou não gosto daquele porque é rico. Não gosto daquele porque é estudado e doutor ou não gosto daquele porque é ignorante e não tem estudo. Não gosto daquele porque é judeu ou não gosto daquele porque é muçulmano. Não gosto daquele porque é espírita ou não gosto daquele porque é umbandista ou do candomblé. Não gosto daquele porque é bandido ou não gosto daquele porque é policial. Não gosto daquela porque é gorda ou não gosto daquela porque é magra e assim vai. Sempre existirá uma desculpa, mas ele se fará presente na primeira oportunidade.

Marina olhou para Donata, sem saber o que responder. Ficou pensando e analisando sua vida passada. Donata continuou:

— O preconceito, embora o espírito encarnado não queira admitir, existe em todas as camadas sociais e é uma mistura de ódio e de inveja. A humanidade, desde sua criação, evoluiu na ciência e tecnologia, mas deixou muito a desejar no sentimento e na igualdade. O sentimento de amor, compreensão e aceitação do outro como ele é e não tentando modificá-lo ou afastá-lo de sua presença. Isso há muito deixou de existir ou nunca existiu realmente e o espírito só encontrará sua realização plena e a Luz Divina quando isso acontecer.

Gina se afastou de Armando e disse, raivosa:

— Isso não poderia ter acontecido, Armando! Nosso filho não podia ter morrido daquela maneira! Ele era um jovem talentoso e estudioso! Como médico, poderia ajudar a muitas pessoas e tinha muito para oferecer! Ele morreu, enquanto outros, pobres e sem instrução, que nada têm para oferecer, continuam vivos e saudáveis! Isso não é justo, Armando! Não é justo!

Armando ficou calado, mas com a cabeça concordou.

Donata , sorrindo tristemente, disse:

— Olhem um exemplo vivo de preconceito. Gina disse: meu filho jovem, saudável e com instrução morreu, enquanto aquele outro, filho de não sei quem, pobre e sem instrução, está vivo. Viram como o preconceito, às vezes, passa despercebido e que as pessoas, embora neguem, o sentem realmente?

Marina, nervosa por ter se lembrado das muitas vezes em que teve preconceito, disse:

— Precisamos levar em conta que ela está nervosa e que realmente perdeu um filho...

— Tudo é levado em consideração, Marina. Desde que nascemos, no mundo ocidental, a morte nos foi ensinada como sendo uma coisa ruim e, por isso, na Terra, nos recusamos e não gostamos de falar a seu respeito. Temos a impressão, assim, de que se não falarmos, ela ficará longe. Todos sabem que ela existe, mas preferem pensar que só morrerá alguém, nosso conhecido ou vizinho, mas que, na nossa família ou conosco próprios, ela não acontecerá, quando a verdade não é essa. Ela chegará para todos, no dia certo, na hora certa e no lugar certo. Portanto, por que temê-la? Por que chorar e se desesperar quando um ente querido passa por essa experiência? Todos, ou quase a maioria, acreditam em espírito, alma ou vida pós-morte. Para os católicos a alma continuará no céu, no inferno ou no purgatório. Para os protestantes, continuará adormecida até a ressurreição. Para os espíritas, continuará trabalhando e esperando por uma reencarnação. Portanto, todos acreditam que espírito ou alma existem e que, quando morrem, estão em algum lugar. Todos sabem que, embora não seja o desejado, um dia, ela chegará para todos, e, se acreditássemos que aqueles que foram na nossa frente, estão em algum lugar, deveríamos saber que, um dia, os reencontraremos.

— Tem razão, Donata. É muito difícil se falar em morte. Todos pensam e fazem planos para o futuro sem nunca se preocuparem com ela...como estão errados...

— Não, Marina, não estão errados. Devemos sempre pensar no futuro, ter sonhos que precisam ser realizados. O espírito precisa desses sonhos para progredir. A morte existe e virá a qualquer momento, mas isso não pode impedir de o espírito, quando encarnado, continuar sua caminhada, aprendendo sempre. A morte só não deve ser encarada como a perda de alguém, isso não é verdade. Como sabemos, a vida continua e é muito intensa. Existe muito trabalho para ser feito. Sabemos que, depois da morte, temos muito trabalho, às vezes muito mais de quando éramos encarnados.

— Tem razão, Donata.

Gina e Armando continuavam abraçados. A campainha tocou. Gina perguntou:

— Quem poderá ser, Armando? Não estou esperando ninguém.

Armando, em silêncio, se levantou e foi até a porta. Abriu e por ela entraram dois senhores. Jaime, assim que os viu, quase gritou:

— São meus irmãos!

— Sim, Jaime, eles vieram visitar sua mãe e também para nos encontrar.

— Nos encontrar, Ademir? Sabiam que viríamos?

— Eles não, mas Romeu, sim. Por isso, com a ajuda de Isaura, Felício e Pedro foram ao encontro deles e os intuíram para que se reunissem nesta hora.

— Por que, Ademir? O que vai acontecer aqui?

— Romeu nos contou que Gina, assim como estamos vendo, estava se deixando levar pela dor e sofrimento, por isso, estava atraindo, para junto de si, espíritos também sofredores e tristes, além de outros suicidas que farão tudo para que ela cometa esse ato terrível.

— Isso não pode acontecer, Ademir!

— Também achamos, Jaime, e, por isso, nós, do plano espiritual, seu pai e irmãos estamos aqui, para tentar evitar que aconteça.

— Que poderemos fazer?

— Não podemos interferir em seu livre-arbítrio, só ela poderá decidir, mas faremos o possível para que esse ato terrível seja evitado. Precisamos esperar que conversem para podermos ver o que será feito.

Os irmãos de Jaime se aproximaram da mãe e a beijaram. O que parecia ser o mais velho perguntou:

— Como a senhora está, mamãe?

Ela, tentando mostrar a altivez de sempre, levantou os olhos e, com ironia, respondeu:

— Estou muito bem. Só não estou entendendo por que estão aqui, já que mudaram de lado e nunca mais vieram me visitar.

— Não mudamos de lado, mamãe. Só percebemos que não importasse o que fizéssemos, não traríamos Jaime de volta. Ele está com Jesus e nada poderemos fazer contra isso...

— Sim, ele está com Jesus e nunca mais voltará... mas aquela mulher continua vivendo, como se nada tivesse acontecido. Ela que foi a culpada de tudo o que aconteceu com a nossa família. Eu a odeio!

— É sobre isso mesmo que queremos conversar com a senhora.

— Querem conversar sobre o quê?

— A senhora não está bem, mamãe, e estamos preocupados.

Gina se levantou e andou pela sala. Depois, disse:

— Não precisam se preocupar, estou muito bem, só um pouco triste e revoltada, nada além disso.

— Não, mamãe, não está bem e é fácil de se notar. Basta olhar sua aparência, está desleixada e, pela primeira vez, estou vendo seus cabelos brancos, coisa que nenhum de nós nunca viu. Sempre os pintava e mandava fazer um penteado bonito. Está vestida com uma camisola, outra coisa que nunca vimos. A primeira coisa que sempre fazia, assim que se levantava, era colocar uma roupa bonita e nunca se esquecia do salto alto. Foi sempre muito elegante e hoje não é nem a sombra do que sempre foi, mamãe, isso não pode continuar...

Gina respirou fundo e voltou a sentar.

— Aquele tempo nunca mais voltará, aquela Gina que conheceram morreu junto com Jaime.

— Isso não é verdade, mamãe... eu não fui morri... estou aqui mais vivo do que nunca e muito triste por ver a senhora assim...

Jaime disse essas palavras chorando e desesperado ao ver no que sua mãe havia se transformado.

Donata, colocando a mão sobre o braço dele, disse:

— Tentaremos, agora, algo que quase sempre dá certo.

Ao mesmo tempo em que falava, colocou a mão sobre a garganta de Armando, que disse:

— Isso não está certo, Gina. Nosso filho não morreu, ele está vivo em algum lugar.

— Como pode estar vivo em algum lugar, Armando? Nós vimos seu corpo sendo enterrado... e ele só acordará no dia da ressurreição e nem sabemos se, nesse dia, estaremos ao lado dele.

— Enterramos só o corpo, Gina. Seu espírito continua vivo...

— Isso que está dizendo não existe, Armando, ele está dormindo, esperando o dia da ressurreição, mas mesmo que fosse verdade, não me interessa se ele está vivo em algum lugar! Quero meu filho de volta! Esperei muito o dia em que se tornasse médico e só nos desse orgulho! Todos nós esperamos e lutamos muito para que isso acontecesse! Será que só eu sinto a falta dele? Será que só eu o amava realmente? Parece que vocês não se importam com tudo o que aconteceu! Parece que não gostavam dele!

— Não diga isso, Gina. Ele também era e continua sendo meu filho. Esse seu modo de agir já nos separou.

— Não foi o meu modo de agir que nos separou, foi a sua recusa em querer acusar aquela mulher! Foi ela quem matou nosso filho! Foi ela quem destruiu nossa família!

— Não, Gina! Não foi ela, fomos nós!

— Que está falando? Nós o amávamos e só queríamos o seu bem! Foi ela que apareceu e o destruiu e à nossa família!

— Sim, queríamos que fosse um médico famoso, mas a vida não quis, Gina. Ele morreu não por culpa dela ou nossa, ele morreu porque chegou sua hora. Tudo o que precisava fazer aqui na Terra, tinha feito.

— Você está completamente louco! Como ele fez tudo o que tinha de fazer? Ele estava apenas começando a viver! Do que adiantou estudar tanto se ia morrer assim que se formasse? Isso não faz sentido, Armando! Nós o ajudamos tanto...

Gina falava e chorava, Armando, também com lágrimas nos olhos, perguntou:

— Se nós tivéssemos ajudado para que se tornasse médico, não para exercer sua profissão aqui na Terra, mas na espiritualidade?

Gina enxugou as lágrimas com um lenço que tinha nas mãos, arregalou os olhos e disse, com muita raiva:

— Você deve estar louco, Armando! Como pode dizer uma coisa como essa? Que espiritualidade? Que conversa é essa?

— Estou apenas repetindo o que meu amigo, Diogo, me disse quando saí de casa e não tinha para onde ir. Não sei de onde surgiu a idéia de ir procurá-lo, sabia que ele havia perdido a esposa há pouco tempo e, por isso, talvez me entendesse e me desse abrigo por uns poucos dias, até que eu conseguisse reorganizar minha vida.

Ademir e os outros olharam para Romeu, que disse:

— Como sabem, sempre fomos amigos dessa família e acompanhamos, mesmo de longe, sua trajetória. Quando você morreu, Jaime, nos aproximamos e ficamos o tempo todo ao lado deles. Presenciamos todas as brigas que fizeram com que seus irmãos, que são casados, deixassem de visitar seus pais e eles continuaram brigando. Um dia, Armando, não suportando mais continuar vendo aquilo em que Gina estava se transformando, deixando-se levar pelos espíritos que se aproximaram e que faziam com que ela sofresse e chorasse cada vez mais, e os outros que a incentivavam no seu ódio e desejo de vingança, resolveu sair de casa. Isaura e Pedro ficaram aqui. Eu e Felício acompanhamos Armando. Ele estava desnorteado e não sabia para onde ir, nós lhe falamos de Diogo. Demorou um pouco para que ele nos ouvisse, mas continuamos insistindo, até que resolveu procurar o amigo.

— Você se lembra do Diogo, não se lembra, Gina?

— Claro que me lembro, embora faça muito tempo que não o vejo. O que tem ele a ver com a morte do Jaime?

— Com a morte, nada, mas com sua vida depois que morreu, tem muito.

— O que ele sabe, Armando?

Armando olhou para os filhos, depois para ela e, disse:

— Tudo o que vou lhe contar, Gina, já contei para nossos filhos. Eles resistiram, mas, finalmente, aceitaram, o que fez com que mudassem de idéia sobre tudo o que aprendemos e seguimos durante toda nossa vida e no que havia acontecido. É por isso que estamos os três aqui, para ver se conseguimos fazer com que mude de idéia e aceite o que aconteceu com Jaime e também para que possamos recomeçar a nossa vida.

— Nada que possa falar vai fazer com que eu mude de idéia, Armando! Muito menos com que aceite aquela coisa horrível que aconteceu com Jaime! Não podemos recomeçar nossa vida, pois, com a morte dele, ela foi totalmente destruída! Você não percebeu isso? Não temos mais vida! Ela terminou! Nem sequer a fé tenho mais! Nossa vida foi toda uma mentira!

— Já pensei isso, Gina, mas hoje não penso mais. Não acredito que a morte seja um fim, mas só um recomeço. Sei que meu filho está vivo, muito vivo e, por isso, minha fé em Deus aumentou...

— É verdade, mamãe! Eu estou vivo, feliz e trabalhando muito!— Jaime disse, chorando.

Ademir colocou a mão em seu ombro e disse:

— Sei que está emocionado, Jaime, não só por rever a sua família, como também por saber a maneira em que se encontram, mas não se preocupe, tudo o que puder ser feito por sua mãe, será feito. Ela está triste, nervosa, sentindo-se perdida e sem um caminho para seguir, mas com a ajuda que tem tido por parte de Romeu e da sua equipe, tenho a certeza de que conseguirá se reencontrar.

Jaime, ainda chorando, colocou a mão sobre a de Ademir e tentou sorrir. Ademir, com a mão, fez um sinal para que continuassem ouvindo a conversa. Diante do que Armando disse, Gina, nervosa e chorando, disse:

— Não sei o que levou você a pensar dessa maneira, Armando, mas, por mais que eu pense ou tente aceitar, não consigo... não consigo...

— Sei perfeitamente o que está sentindo e por sempre ter amado você, pelos muitos anos de casamento, por termos enfrentado e vencido tantas batalhas, durante todo esse tempo, é que estou aqui para que possamos recomeçar. Posso continuar dizendo o que aconteceu comigo quando saí de casa e fui me encontrar com Diogo?

— Está bem. Continue falando, embora eu tenha a certeza de que nada fará com que eu mude de idéia.

Armando olhou para os filhos, sorriu e continuou falando:

— Como eu estava dizendo, quando saí daqui sem ter para onde ir, me lembrei do Diogo e fui até sua casa. Ele, a princípio, estranhou minha presença ali, mas, mesmo assim, me recebeu muito bem e pediu que eu entrasse. Entramos e ele, percebendo que estava muito nervoso, perguntou:

— *Estou vendo que está muito nervoso. Vamos até a cozinha e vou preparar um café e, enquanto ele fica pronto, podemos conversar. Como sabe, minha mulher, depois de um longo tempo doente, faleceu e me deixou sozinho. Tive de me acostumar a viver sozinho e a cuidar da casa e preparar minha alimentação.*

— Fomos para a cozinha, ele me mostrou uma cadeira, junta à mesa, e eu me sentei. Ele colocou a água para ferver e sentou-se ao meu lado. Não entendendo como ele poderia estar tão tranqüilo, pois sua mulher havia morrido há pouco tempo, perguntei, curioso:

— *Parece que você está muito bem, apesar de sua mulher ter falecido.*

— Ele sorriu e respondeu:

— *Sinto muita falta dela, estivemos casados quase cinqüenta anos, mas sei que nossa separação não será por muito tempo. Logo estarei ao seu lado.*

— Não prestei muita atenção no que ele disse e perguntei:

— *Sei que tem filhos, Diogo. Por que continuou morando sozinho, aqui, nesta casa?*

— *Quando minha mulher ficou doente, já estava na hora de me aposentar e, para cuidar dela, me aposentei e fiquei ao seu lado. Meus filhos são casados e estão cuidando de suas vidas. Não seria justo eu ir para a casa deles. Tenho esta casa, onde fui feliz por muito tempo. Estou bem de saúde e sei que, se ficar doente e precisar, eles me atenderão, mas, por enquanto, continuarei aqui.*

— Eu concordei com ele, quanto a ir morar com filhos já casados, mas não entendia a maneira como estava tão tranqüilo apesar de sua mulher ter morrido. Ele olhou bem para mim e perguntou:

— *Bem, agora, Armando, enquanto a água ferve, pode me contar o que aconteceu que deixou você tão nervoso?*

— Comecei a chorar e lhe contei tudo o que havia acontecido. Terminei, dizendo:

— Como pode ver, minha vida está virada de ponta cabeça. Há pouco tempo, estava tudo bem. Meu filho havia se formado e estava pronto para iniciar sua carreira. De repente, tudo mudou. Ele morreu, minha mulher está nervosa, distante, chora o tempo todo e briga por qualquer coisa. Ela não se conforma com a morte de Jaime e diz que ele era tão brilhante e que seria um ótimo médico.

— Tenho certeza de que ele será um bom médico, mas não aqui na Terra, e sim, no plano espiritual.

— O que está falando, Diogo? Perdi meu filho e está me dizendo que ele será médico no plano espiritual? Não estou entendendo.

— Sei que, quando alguém que amamos morre, o desespero toma conta e, muitas vezes, questionamos a justiça de Deus e a coerência da vida. Todos pensam assim como você: que perdeu um filho brilhante, que não houve coerência nem justiça, contudo, não sabemos por que aconteceu e quais foram os motivos do plano espiritual para que isso acontecesse. De uma coisa eu sei, tudo o que acontece foi planejado antes de nascermos e tanto seu filho como sua família, tomaram conhecimento e aceitaram que deveria ser assim. Deus não se engana jamais.

— Você não entende, Diogo? Meu filho, um rapaz bom, estudioso e brilhante, morreu! Não existe uma explicação para isso! Tem razão, não é justo nem coerente! Como posso aceitar uma coisa como essa? Não sei se existe um plano, mas se existiu, com certeza não tomei parte!

— Você acredita em Deus, Armando?

— Acreditava, agora não sei se ainda continuo acreditando.

— Se está com dúvidas a esse respeito é porque na realidade nunca acreditou. Só lhe foi ensinado, desde pequeno, que deveria acreditar.

— Não sei, talvez você tenha razão, mas sempre fui muito religioso e pensei que acreditava, mas, agora, não sei se voltarei a acreditar. Se é verdade que Deus existe e que comanda tudo, que tem um plano para cada um de nós, nunca deveria ter permitido que isso acontecesse com meu filho, comigo e com a minha família!

— Sei que agora não está em condições de acreditar em Deus, mas supondo-se que Ele realmente exista, que foi o criador de tudo e de todos, portanto, deve ser um sábio. Se Ele for um Deus sábio, acha que Ele cometeria algum erro? Acha que Ele não sabia e não sabe o que aconteceria com a Sua criação?

— Supondo-se que Ele realmente exista, Diogo, e que foi o nosso criador, portanto, aquele que comanda as nossas vidas, deveria nos conhecer, por isso mesmo, não deveria ser injusto nem cometeria algum erro, mas se é que realmente Ele existe, conosco, com a minha família, cometeu um erro muito grave. Tirou deste mundo um rapaz jovem, bonito, brilhante e que seria de muita utilidade para a sociedade.

— Supondo-se que Deus é sábio, acredita que Ele, quando criou seus filhos, não sabia que teriam seus defeitos e qualidades?

— Se fosse um Deus, realmente, deveria saber.

— Você acredita em vida após a morte?

— Não! Sempre acreditei que, quando morrermos, ficamos dormindo, esperando o dia da ressurreição, mas hoje não sei mais.

— No tempo em que acreditava, para você, o que nos aconteceria quando morrêssemos?

— Naquele tempo, achava que, ao morrermos iríamos para o céu e ficaríamos dormindo até a ressurreição, ou para o inferno, dependendo de nossas atitudes quando vivos.

— O que imagina que aconteceria no inferno?

— No inferno, queimaríamos eternamente.

— Se Deus sabia que seus filhos não eram perfeitos, acredita que os condenaria ao fogo eterno do inferno ou

deixaria que ficassem esperando a ressurreição sem nada fazer para seu progresso e aperfeiçoamento?

— Com todas aquelas perguntas, fui ficando muito nervoso, Gina, e respondi, irado:

— *Não sei, Diogo. Você está mudando de assunto e me confundindo. Estamos falando do meu filho que morreu tão jovem! É dele que estamos falando, não de um suposto Deus! Todo o resto são apenas conjecturas.*

— *Estou falando de seu filho, Armando, mas também do Seu criador e, como não temos nada a fazer antes que o café fique pronto, podemos continuar fazendo conjecturas.*

— Diogo se levantou e percebeu que a água estava começando a ferver, colocou algumas colheres de pó na leiteira onde á água estava e, assim que ferveu, jogou em um coador que estava sobre o bule. Enquanto o café foi sendo coado, seu cheiro invadiu toda a cozinha. Fiquei pensando em tudo o que ele havia dito. Para mim, era confuso entender. Tudo aquilo era completamente diferente do que havia aprendido desde criança. Estava muito infeliz, tinha perdido meu filho, saí da minha casa e, o mais importante, estava longe de você, Gina. Agora, Diogo vinha com aquela conversa que, para mim, não tinha sentido algum. Fiquei olhando para ele que, de costas para mim, não percebeu. Continuei pensando:

Como posso aceitar que meu filho tenha morrido daquela maneira estúpida? Não, Deus não deve existir. Toda essa história de céu e inferno não passa de crendice. Por outro lado, se Deus realmente existir, nunca poderia ter feito isso comigo. Sempre fui um homem, bom, fiel e cumpridor dos meus deveres na igreja. Sempre paguei os meus dízimos. Por que fui o escolhido?

— Diogo, embora ainda de costas para mim, pareceu ter ouvido o que eu estava pensando e disse:

— *Sabe, Armando, quando tudo vai bem em nossa vida, não questionamos Deus e não perguntamos por que fomos os escolhidos, mas, ao contrário, quando surge algum problema, é a primeira coisa que fazemos.*

— Fiquei estarrecido com o que ele disse, pois era justamente o que eu estava pensando. Confuso, perguntei:

— *Diogo, você lê pensamento?*

— Ele se voltou para mim e, rindo, perguntou:

— *Por que está perguntando isso, Armando?*

— *Porque, nesse momento, eu estava pensando justamente isso...*

— Ele, primeiro, levantou os olhos para o alto, como se estivesse vendo algo que eu não via, depois, sorrindo, disse:

— *Não, Armando, não leio pensamentos, mas se eu lhe disser que, agora, aqui, ao nosso lado, estão vários amigos nossos que já morreram e, por estarem preocupados com você, estão tentando lhe dizer algo e estão me usando para isso, o que você faria?*

Imediatamente, Ademir e os outros olharam para Romeu que sorriu e acenou com a cabeça, dizendo que era ele quem estava ali, naquele dia, intuindo Diogo para que dissesse tudo aquilo que estava dizendo. Todos sorriram e voltaram-se novamente para Armando e Gina, que, impressionada, prestava atenção no que o marido dizia. Armando continuou falando:

— Eu disse, um tanto assustado com tudo aquilo, Gina:

— *Não estou entendendo, Diogo. Você está me deixando assustado e cada vez mais confuso...*

— *Não precisa ficar assustado nem confuso. Vou tentar lhe explicar o que acredito que está acontecendo. Durante toda a nossa vida, temos, sempre nos visitando, amigos que já morreram ou que não renasceram que nos acompanham e tentam ajudar a nossa caminhada. Quando estamos bem, eles se aproximam, matam a saudade, jogam sobre nós luzes brancas e continuam sua jornada. Quando estamos mal, por qualquer motivo, como está acontecendo agora com você e sua família, eles demoram o tempo que for necessário para que tudo volte ao normal. Você disse que eu li os seus pensamentos. Como não posso fazer isso e você veio me procurar, só posso deduzir que algum amigo nosso ou toda uma equipe esteja aqui me intuindo nas palavras que devo lhe dizer. Meus pais sempre seguiram a Doutrina espírita e sempre nos ensinaram a mim, e aos meus irmãos, suas principais leis.*

— Aquela religião que as pessoas falam com os mortos?

— Ele, rindo, respondeu:

— Aquela mesma, Armando. O falar com os mortos é uma pequena parte do que ela realmente ensina e não é o mais importante.

— Está dizendo que, se eu seguir essa religião, poderei falar com meu filho?

— Mesmo sem seguir essa religião, talvez poderá.

— Sem seguir essa religião, ou qualquer uma?

— Sim, Armando, na espiritualidade não existem religiões. Existe somente o grande amor de Deus para com seus filhos. Os mortos, quando podem e têm tempo, aparecem em sonhos e conversam com aqueles a quem amam.

— Têm tempo? Está dizendo que eles trabalham e por isso não têm tempo?

— Ele sorriu, e com sua tranqüilidade de sempre, respondeu:

— Sim, Armando. Ao contrário do que muitos pensam, a morte não é o fim, o descanso. Ela é uma continuidade da vida. O espírito não está no céu ou no inferno. Ele está em algum lugar bom ou ruim, mas sempre aprendendo.

— Não dá para acreditar no que está dizendo, Diogo.

— Não dá para acreditar porque sempre nos ensinaram o contrário. Sempre nos disseram que Deus, se não fizéssemos a coisa certa, nos castigaria e nunca nos daria o perdão, e que, depois de mortos, ficaríamos parados, esperando um castigo ou uma recompensa. Isso não pode ser verdade. Deus, com toda Sua sabedoria, amor e justiça, não nos criaria para que vivêssemos algum tempo na Terra ou em outro lugar qualquer para depois, se tivéssemos feito alguma coisa de ruim, não termos uma segunda chance. Todo o criminoso, aqui na Terra, vai

preso, mas sempre com a intenção de que ele possa se recuperar e voltar ao convívio da sociedade. Se isso não acontece é por vários motivos, mas a chance ele teve. Imagine se Deus, com toda Sua sabedoria, não nos daria outras chances, quantas fossem necessárias, para que pudéssemos nos redimir.

— Fiquei olhando para ele sem saber o que dizer. Ele continuou:

— *Você me perguntou se poderia falar com seu filho, só posso lhe dizer que não sei, mas sabendo que seu filho foi um moço muito bom e um excelente estudante de medicina e, depois, um ótimo médico, acredito que esteja trabalhando, no plano espiritual, em uma equipe médica, dando assistência para aqueles doentes que procuram muitos lugares para se curarem ou em outra equipe que está sempre presente na hora em que a pessoa morra em qualquer lugar.*

— *Então, não adianta me tornar um espírita, se não vou conseguir falar com meu filho...*

— *A doutrina espírita, como qualquer outra religião, nos mostra o caminho para chegarmos até Deus e, para isso, nos ensina algumas leis.*

— *Que leis?*

— *Algumas muito conhecidas e as quais as pessoas, mesmo sem ser espíritas, já cumprem. Uma delas chama-se ação e reação. Com ela, aprendemos a não fazer com os outros aquilo que não faríamos conosco. Uma tradução de um dos mandamentos que Jesus nos deixou, "Amai ao vosso próximo como a ti mesmo." Acrescentando, "pois tudo o que fizeres com ele, será devolvido na mesma medida".*

— *Jesus?! Você está falando em Jesus? Mas essa religião não é aquela que mata bichos, usa velas pretas e cachaça?*

— *Sim, estou falando em Jesus. A doutrina espírita se baseia no Novo Testamento. Essa outra religião adora os deuses da Natureza, mas tem como seu Orixá maior, Oxalá que é representado pela imagem de Cristo. Existem muitas outras que não acreditam em Jesus, na bíblia, muito menos no que está escrito nela. Isso acontece porque nos lugares onde elas nasceram, não sabiam da existência de Jesus. Muito antes do novo testamento, outras religiões já existiam, pois o homem sempre foi um ser espiritual e, por isso, sempre teve de acreditar em algo superior. As religiões que surgiram antes do cristianismo, seguiam seus deuses e seus rituais e, muitas delas, continuam assim até hoje, mas se a conhecermos profundamente, saberemos que todas têm, como base, as mesmas leis. Todas, através de seus deuses e rituais, aprendem a respeitar o próximo e a só fazer o bem. Todas sabem que espírito, alma ou qualquer outro nome que se quiser dar, é eterno. Todos sabem que são responsáveis por seus atos, maus ou ruins. Todos conhecem o livre-arbítrio e sabem também que por ele terão de responder.*

— Livre-arbítrio?

— Sim, pelo livre-arbítrio, Deus nos deu o direito de escolhermos o caminho que queremos seguir, bom ou ruim, mas pela mesma lei, nos dá a responsabilidade e as conseqüências dessa escolha.

— Fiquei só ouvindo e tentando entender. Tudo me parecia muito claro e minhas dúvidas estavam tendo respostas. Aquela religião me parecia ser a melhor que eu havia conhecido, embora, como você sabe, Gina, só conhecemos bem uma, mas ainda não estava satisfeito. Perguntei:

— Então, depois, de tudo o que me disse, posso deduzir que a sua religião é a verdadeira, aquela que nos conduz à salvação.

— Não, a minha religião, como todas as outras, ensina o caminho. Agora, cada um de nós deve escolher aquele caminho que deseja seguir. Como em todas as religiões, profissões ou qualquer lugar, sempre existe o bom religioso, o bom profissional ou aquele que é bom sem religião alguma. Como existe, também, o mau em qualquer área de atuação. Cada um de nós está em estágios diferentes de evolução, por isso, não devemos julgar ou condenar, devemos, sim, aceitar a todos da maneira como

são. Isso nos leva à outra lei a do amor e do perdão. Como já lhe disse, para a espiritualidade, não existe religião, só o espírito em sua caminhada de aprendizado, de erros e de acertos. A única coisa que sei e que todos sabemos é que, após terminarmos a nossa jornada aqui na Terra, teremos de prestar contas de nossos atos.

— Eu estava lá, Gina, ouvindo aquele homem, que eu conhecia há tanto tempo, mas que nunca imaginei que pensasse daquela maneira. Tudo o que ele dizia parecia fazer sentido. Mas, acho que, para querer saber mais, eu disse:

— Da maneira como você está falando, Diogo, não importa se sejamos bons ou ruins sempre teremos a oportunidade de sermos perdoados. Podemos cometer maldades de qualquer espécie, matar, roubar, fazer qualquer tipo de barbaridades e, no final, ficar tudo bem? Você acha justo?

— Se acreditarmos que existe um Deus justo, não podemos duvidar, mas não se esqueça de que teremos de sofrer algum tipo de castigo, como acontece com um pai aqui na Terra, quando um filho faz algo errado. Ele castiga, mas não deixa de amar seu filho. Imagine Deus...

— Sinto muito, meu amigo, mas não dá para aceitar. Existem crimes horrendos, de uma crueldade inimaginável, como perdoar, como dizer que, no final, serão perdoados e poderão ir para o céu? Por outro lado, depois de tudo que aprendi, isso só pode acontecer se aceitarem Jesus e se arrependerem, mas aqueles que não fizerem isso, esses, sim, estão condenados por toda a eternidade.

— Diogo sorriu e me perguntou, calmamente:

— Quando seus filhos eram crianças e cometiam algo que, para você, era considerado errado, o que você fazia?

— Eu ficava nervoso, conversava e dava um castigo.

— Por que fazia isso?

— Para que aprendessem e não cometessem aquele erro novamente.

— Depois do castigo aplicado e seu filho ter cumprido, o que acontecia.

— Tudo voltava ao normal.

— Você, voltava a ser o pai dedicado e seu filho havia aprendido uma lição, não é isso mesmo? Porém se seu filho, após algum tempo, cometesse o mesmo erro ou outro qualquer, o que você fazia?

— Sempre igual, brigava e colocava de castigo.

— Depois que o castigo terminasse, voltava tudo ao normal, não é?

— Espere aí, Diogo, estamos falando de crianças, não de adultos! As crianças precisam aprender o que é certo e errado!

— Exatamente, estamos falando de crianças. Para Deus acontece o mesmo que com os pais: estes, mesmo que seus filhos tenham crescido, continuam achando que são crianças. Somos Seus filhos, erramos muitas vezes e muitas vezes sofremos algum tipo de castigo e, depois, somos perdoados. Isso acontecerá até o dia em que tenhamos aprendido e, só aí, Deus ficará feliz. Mas, para que isso aconteça, é necessário muito tempo e muitas reencarnações.

— Reencarnação? Essa conversa está tomando um caminho muito estranho, Diogo. Você acredita mesmo em reencarnação?

— Sim, Armando, não só acredito, como penso que, sem ela, não haveria como Deus aplicar sua justiça, seu castigo e seu perdão, como qualquer pai que só deseja o melhor para seus filhos.

— Para isso existe o céu e o inferno!

— Para um erro grave existe o inferno, sim, mas será por toda a eternidade?

— Acho que quem cometeu um erro grave ou não aceitar Jesus como seu Salvador, deve sim ficar no inferno por toda a eternidade e aquele que foi bom e aceitou Jesus, deve ser feliz também por toda a eternidade...

— Supondo-se que você seja um homem bom, sem defeito e que, ao morrer, vá para o céu e que seu filho ou alguém que ame, por ter cometido alguns erros, vá para o inferno, acredita mesmo que conseguiria ser feliz no céu,

sabendo que eles estão sofrendo no inferno? Se tivesse oportunidade não faria o que fosse possível para tentar resgatá-los?

— Fiquei sem saber o que responder, Gina. Tentei me ver naquela situação. Realmente eu, embora estivesse no céu, não ficaria feliz em saber que um de vocês estava no inferno. Respondi:

— Não, com certeza eu não ficaria e tentaria, sim, tudo o que fosse possível para tirá-los de lá.

— Na doutrina em que acredito, Deus é um Pai tão bom e maravilhoso que sempre nos dará a oportunidade de resgatar nossos erros, ajudar aqueles que amamos e receber ajuda daqueles que nos amam.

— Quero acreditar no que está dizendo, Diogo, mas precisa entender que é completamente diferente do que aprendi durante toda minha vida. Sempre acreditei em um Deus que recebia seus filhos de braços abertos quando obedeciam a Suas palavras que estão na Bíblia, *mas que castigava com o fogo do inferno aqueles que não o obedeciam.*

— Entendo e sei que está sendo difícil, mas acredito em um Deus bom e misericordioso, que nos perdoa sempre. Agora, voltando aos seus filhos: sempre que aplicava um castigo, a qualquer um deles, você não ficava preocupado, achando que o castigo havia sido muito forte, ficava com pena e desejava que ele terminasse logo?

— Fiquei olhando para ele, Gina, e me lembrando das muitas vezes em que colocamos as crianças de castigo e, tanto eu como você, ficávamos fingindo que nada estava acontecendo, mas acompanhando a reação deles e torcendo para que o tempo do castigo terminasse. Não era assim mesmo que acontecia?

Gina, que havia parado de chorar e acompanhava, atenta, ao que Armando falava, olhou para os filhos, depois para o marido, e respondeu:

— É verdade, Armando, sempre que um deles, ou todos, ficava de castigo, eu, embora soubesse que era necessário, ficava triste e ansiosa para que ele terminasse. Após o castigo, tinha preparado um bolo, um lanche ou a comida de que ele ou eles mais gostavam.

— Está vendo, Gina, como tudo o que Diogo me disse naquela noite era verdade, fazia sentido?

— Até aqui, acho que havia uma certa coerência, Armando, mas isso de reencarnação é muito para minha cabeça. Não dá para acreditar... sabe que sempre aprendemos e aceitamos algo completamente diferente...

— Também achei isso, tanto que quase dei a conversa por encerrada, mas ele insistiu:

— Sei que para quem nunca ouviu falar, parece que reencarnação é um bicho de sete cabeças, mas não é, Armando. Você admitiu que castigava seus filhos quando faziam algo que, para você, parecia errado. Já admitiu que sempre que colocava um de seus filhos de castigo, sofria muito e não via a hora em que o castigo terminasse, não foi?

— Sim, não tenho como não admitir.

— Se você, quando fazia isso sofria, por que não aconteceria o mesmo com Deus, que é nosso Pai e criador?

— Justamente por ele ser Deus e saber de tudo.

— Sim, Ele é Deus e sabe de tudo, mas para que Seus filhos atingissem a perfeição, Ele nos deu algumas Leis. Entre elas, a livre-arbítrio, como já lhe disse. Também a Lei de ação e reação e essa é usada para que o seu castigo seja dado.

— Como assim?

— Ação e reação significam que, usando de nosso livre-arbítrio, podemos praticar o bem ou o mal, mas que também tudo o que fizermos de certo ou de errado retornará para nós mesmos. Quando usamos mal nosso livre-arbítrio, quase sempre cometemos algo que nos prejudica ou ao nosso próximo. Deus, embora triste, sabe que precisamos sofrer um castigo para que possamos aprender. Assim como você fazia com seus filhos. Para o

espírito, o pior castigo é ter de renascer na Terra ou em outro lugar qualquer.

— Renascer, viver não é castigo é até muito bom!

— Para nós que vivemos com o peso do corpo, até pode parecer verdade, mas, para o espírito, não. Na espiritualidade, sem o peso do corpo, ele se sente protegido porque tem uma dificuldade imensa para errar ou contrair mais dívidas. Pode trabalhar no que gostar, sem estar preso às convenções sociais ou ao dinheiro, pois lá não precisa ter dinheiro nem mostrar aos outros o quanto tem e não precisa querer mais. Por isso, ele evita, ao máximo, renascer.

— Não acredito que esteja dizendo a verdade, Diogo. Ainda continuo insistindo que viver é muito bom.

— Você conhece alguém que por todo o tempo em que vive aqui na Terra é totalmente feliz?

— Sim, muitos! Aquele que tem muito dinheiro não deve ter qualquer tipo de preocupação, por isso deve ser feliz.

— Sim, nisso você tem razão. O quem tem muito dinheiro pode ter alguns momentos de felicidade, pode não ter nenhum tipo de preocupação. Pode comprar o que quiser e pagar todos seus compromissos, mas, na maioria das vezes, aquele que tem muito dinheiro, vive infeliz por estar sempre com medo de perder o dinheiro. Por isso, sempre quer mais e, na maioria das vezes, não se preocupa em como conseguir isso. Além disso, quase sempre, sofre por achar que todos aqueles que se aproximam dele o fazem somente por causa do dinheiro ou da posição social em que vive e, quase sempre, é sozinho mesmo tendo milhões de pessoas ao seu lado.

— Sim, pensando assim, pode até ser verdade, mas não conheço ninguém que seja feliz totalmente, muito menos para sempre. Tudo me parece muito estranho e difícil de entender.

— Pode parecer estranho e difícil, mas não é. O espírito, ao renascer, traz consigo deveres e obrigações. Quase sempre, ele vai precisar resgatar erros cometidos

em encarnações anteriores, onde, perante Deus, errou. Encontrará os mesmos amigos e inimigos de outrora. Os amigos lhes darão forças para continuar na caminhada e os inimigos serão empecilhos que ele terá de superar. Terá, também, a oportunidade maravilhosa de perdoar e ser perdoado. Aí é usada outra Lei, a do amor e do perdão. Por ela, muito poderá caminhar.

— Se pensarmos assim, se tudo o que está dizendo é verdade, de hoje em diante, vou fazer o melhor que posso, pois assim, ao morrer, irei direto para o céu e não precisarei voltar nunca mais.

— Diogo começou a rir, Gina. Eu fiquei olhando para ele, sem entender. Depois de algum tempo, ele disse:

— Esse céu de felicidade eterna também é difícil de se alcançar.

— Agora, você está me deixando preocupado, ou melhor, aterrorizado, Diogo. Está dizendo que não importa o que façamos de bom, nunca encontraremos a paz de um céu maravilhoso?

— Não, Armando, só estou dizendo que esse céu idealizado é difícil de se alcançar.

— Continuo não entendendo. Você disse que existe a lei de ação e reação e que, por ela, receberemos de volta tudo o que fizemos, portanto, se eu só fizer o bem, terei, por força da lei, de ter a minha recompensa.

— Claro que terá, mas não da maneira como está pensando.

— Como, então?

— Para que entenda, precisamos voltar aos seus filhos e às nossas suposições. Supondo-se que você tenha sido um homem justo, correto, honesto e que nunca tenha feito mal a ninguém, mas, ao contrário, tenha só feito o bem, o que acha que acontecerá quando morrer?

— Serei recebido com trombetas e cantos de anjos.

— Sim, isso pode até acontecer, mas, como já disse, se tiver alguém a quem ame, sofrendo, e sabendo que ele só poderá resgatar seus erros se renascer, não vai querer voltar para ajudá-lo?

— Fiquei, outra vez, pensando em todos vocês, Gina. E me perguntando, será que seria feliz? Depois de pensar, respondi:

— *Acho que não ficaria feliz, Diogo. Ficaria, sim, muito triste e querendo ajudá-los de qualquer maneira.*

— *Por isso foi que eu disse que esse céu idealizado é difícil de se conseguir. Eu disse difícil, não disse impossível. Porque, assim como você pode renascer para ajudar alguém, existem, também, várias equipes de trabalho e, entre elas, algumas que se propõem, quando chega a hora, a resgatar aqueles que estão perdidos ou sofrendo. Nesse momento, você poderá trazer para o céu aqueles a quem ama.*

— *Se isso acontecer, será maravilhoso...*

— *Acontece muito mais do que você possa imaginar, Armando.*

— *Estou impressionado com tudo o que está dizendo, Diogo. Tem muita lógica. Só algo ainda está me incomodando.*

— *O que é?*

— *Se entendi bem o que você disse, por essa lei de ação e reação, tudo o que eu fizer me será devolvido na mesma proporção. Então, aquele a quem eu fizer mal, me devolverá com um mal maior e eu, em uma próxima encarnação, devolverei com outro mal, isso não terá fim, Diogo! Será formada uma corrente muito grande!*

— *Tem razão, Armando. Forma-se uma corrente muito grande. Já que a corrente é feita de elos, esses elos, por força de outra lei, a do perdão, poderão e são cortados. Existem grupos de espíritos que estão há séculos, lutando uns contra os outros, mas sempre um ou outro vai, através do perdão, quebrando os elos e se libertando, mas continua ajudando aqueles que estão renascendo ou, pelo caminho, presos a essas correntes. Essa ajuda pode ser vinda da espiritualidade ou renascimento como pais, irmãos ou amigos.*

— *O perdão liberta, Diogo?*

— Só ele, meu amigo. Todas as pessoas que encontramos em nosso caminho, até mesmo aquelas que não conhecemos, e nos dão um alô ou um bom-dia, já fazem parte de nossa corrente. Por isso, encontramos pessoas de quem, sem saber por que, gostamos à primeira vista e outras de quem, sem motivo, não gostamos.

— Isso acontece, mesmo...

— Sim, acontece, Armando, e muito. Agora, precisamos voltar para seu filho, Jaime.

— Jaime, por quê?

— Depois de tudo o que me contou a respeito de sua família, Armando, só posso deduzir que todos vocês fazem parte de uma mesma corrente e que estão juntos há muito tempo. Por você e seus filhos se darem muito bem e parecendo que não existe problema algum, posso também deduzir que a única que ainda faz parte de seu grupo e que precisa perdoar e ser perdoada é Sandra e, para que isso acontecesse, seu filho, Jaime, que deve ser um espírito muito iluminado, renasceu para servir de elo nesse perdão.

Jaime, ao ouvir aquilo, olhou para os outros e disse, confuso, mas feliz:

— Eu, um espírito iluminado, Ademir?

Ademir e os outros riram. Donata colocou o dedo indicador sobre sua boca, pedindo silêncio e, com a mão apontou para Armando que continuava falando, pediu que prestassem atenção.

Todos se voltaram para Armando, que disse:

— Diogo falou isso, Gina. Ele disse que nosso filho é um espírito iluminado e que não precisava mais renascer, mas que fez isso só para nos ajudar a encontrar Sandra e, assim, nos perdoássemos mutuamente.

— Você acredita nisso, Armando e vocês também, meus filhos, acreditam em uma loucura como essa?

— Mamãe, quando o papai nos chamou e nos contou o que Diogo havia dito, ficamos surpresos, assim como a senhora, mas, depois de ler, pesquisar, entendemos que até pode ser verdade e se for é realmente uma felicidade imensa.

Quer dizer que Jaime não está morto. Ele está vivo em algum lugar, trabalhando e nos esperando. Sei que as pessoas não gostam de pensar e muito menos de falar sobre a morte, mas ela virá para todos sem que se possa escapar. Se aprendermos a pensar nela, não como um mal, como algo que nos separa das pessoas que amamos, mas sim como sendo apenas mais uma etapa da vida, que ela não separa para sempre, mas, apenas por um tempo, e que todos estamos e estaremos sempre juntos, não sentiremos mais medo ou desespero quando ela nos atingir. Acredito em tudo o que Diogo disse.

— Acredita mesmo, Jorge? Isso tudo me parece uma loucura... como fica aquilo em que acreditamos até hoje?

— Quando papai nos contou, também achamos que era loucura, mas resolvemos que precisávamos conhecer mais. Poderia ser loucura, mas, se fosse verdade, seria maravilhoso. Nosso irmão não estava morto para sempre e, quando chegar a nossa hora, pode existir coisa mais maravilhosa do que essa? Não acho que o que aprendemos deve ser esquecido, mamãe. Tudo o que aprendemos são palavras deixadas por Jesus, só precisamos acreditar em Deus e em Jesus quando disse: perdoai nossas dívidas assim como perdoamos nossos devedores. Ele não estaria se referindo a essa corrente dita por Diogo?

— Não sei...não sei, mas gostaria muito de poder acreditar que, um dia, reencontrarei o meu filho...

— Foi isso que pensamos, mamãe, depois eu e Laerte, junto com papai, fomos procurar Diogo e conversamos por muito tempo. Se havia restado alguma dúvida, ele nos esclareceu e, hoje, mamãe, temos a certeza de que Jaime está muito bem e que devemos procurar Sandra, nos aproximarmos dela e tentar fazer com que tudo fique esclarecido para que ela e nós possamos seguir com as nossas vidas, sabendo que a morte não é o fim, mas só um recomeço. Precisamos fazer isso, mamãe...

— Procurar aquela mulher? Vocês estão loucos! Ela foi a causadora de todo nosso sofrimento! Por culpa dela, meu filho morreu!

— Será que foi por culpa dela, mesmo, Gina? Não terá sido por nossa culpa, por nossa intolerância, por acharmos que poderíamos controlar a vida de Jaime, que, por ser nosso filho, éramos donos dele e Deus nos mostrou que, na realidade, Jaime não nos pertencia, mas, sim, a Ele?

Gina ficou olhando para Armando sem saber o que responder. No íntimo, toda a revolta que sentia, na realidade, não era contra Sandra, mas contra ela mesmo. Sentia-se culpada pela morte de Jaime. Ficou calada, mas recomeçou a chorar.

Armando a abraçou e disse:

— Sei que tudo é muito triste, Gina. Sei que esperamos muito de nosso filho, mas, agora, já está feito. Ele morreu e não o teremos de volta, não aqui na Terra, mas podemos aceitar que ele está em algum lugar, quem sabe, aqui, neste momento.

— Estou aqui, papai, e estou muito bem. Não chore, mamãe...

Jaime disse essas palavras com lágrimas nos olhos. Estava feliz por ter podido reencontrar sua família, mas triste por encontrá-los daquela maneira. Gina, abraçada ao marido, disse:

— Você tem razão, Armando. Fomos os responsáveis pela morte de Jaime e, muito mais eu, por ser sua mãe. Por um preconceito idiota, eu o expulsei de casa. O preconceito foi tanto que não dei uma chance de conhecer, realmente, aquela moça. Sabia que Jaime a amava, mas não podia aceitar. Ela era tão diferente de nós, não tinha dinheiro, não tinha fortuna e não era a mulher que eu havia idealizado para ele...

— Sim, é verdade, mas, de acordo com o que Diogo disse, e eu acredito, ela é da nossa família, faz parte da nossa corrente e cabe a nós, agora que descobrimos isso, para o bem de Jaime, esteja ele onde estiver, mas principalmente para o nosso próprio bem, procurarmos essa moça e sabermos o que aconteceu com sua vida e nos darmos a oportunidade de lamentarmos o que aconteceu com Jaime.

— Pensa em fazer isso, Armando?

— Sim, Gina. Sinto que isso é a coisa certa para se fazer. Só não sei como encontrá-la.

— Por isso, estamos aqui, mamãe. Talvez a senhora tenha guardado uma agenda de telefones que pertenceu a Jaime e, nela, poderemos encontrar o telefone de Sandra.

— Vocês também querem encontrá-la?

— Sim, para, como disse Diogo, podermos quebrar o último elo da corrente de ódio. A senhora tem a agenda dele?

— Sim, tenho. Tudo o que é dele continua igual, não mexi em nada. Seu quarto, suas roupas estão da maneira como ele deixou.

— Depois que encontrarmos a Sandra, vamos voltar e pegar tudo o que foi de Jaime, doarmos para alguém ou para uma instituição de caridade, Gina. Trocaremos, também, os móveis do quarto dele. Não podemos continuar pensando que se tudo ficar como era, a qualquer momento ele poderá voltar.

— Não, isso não vou fazer! Vocês não têm o direito de exigir que eu faça uma coisa como essa! Todos os dias entro naquele quarto e me lembro de como ele era. Não posso perder essa referência!

— Gina, depois de tudo o que lhe contamos, desejamos do fundo do coração que Jaime não esteja nesta casa nem em seu quarto. Tomara que ele esteja em outro lugar, com outras pessoas, trabalhando e crescendo, todos os dias, espiritualmente, e que possa, de vez em quando, vir nos visitar. Por isso, Gina, para que nossa vida possa continuar, vamos fazer isso, dar tudo o que era dele e mudar os móveis do quarto. Só assim, aos poucos, se interessando por outras coisas, poderá se lembrar de Jaime, mas com carinho, saudade, não mais com dor.

Gina, agora chorava. Jaime a acompanhava com lágrimas nos olhos. Sentia o grande amor dela para com ele, no que era retribuído. Jogando luzes sobre ela, disse:

— *Papai tem razão, mamãe. Não estou mais em casa nem perto da senhora. Meu tempo terminou. Estou agora trabalhando e aprendendo muito. Só preciso saber o que aconteceu com a Sandra. Ela foi o amor da minha vida...*

Gina, parecendo sentir a presença dele e com a energia das luzes que todos lhe enviavam, ficou mais calma e parou de chorar. Com um lenço, secou os olhos e disse:

— Está bem, não sei se acredito em tudo isso que me contaram, mas pode ser verdade. Por isso, vamos fazer o que tem de ser feito. Tenho a agenda de telefones, mas tenho também o endereço. Sandra, após algum tempo depois da morte de Jaime, me enviou uma carta que eu, tomada de ódio e culpa, nunca quis ler. Tanto a carta como a agenda, estão em meu quarto, vou pegar e depois vamos procurá-la.

Saiu e voltou logo depois com uma agenda e um envelope na mão. Procuraram na agenda, mas não encontraram o número do telefone de Sandra.

Jaime, sabendo que ela não tinha telefone em casa e, desesperado para que eles a encontrassem, começou a falar alto:

— *Ela trabalha na cantina da faculdade! Ela trabalha na cantina da faculdade.*

Jorge, o irmão de Jaime, parecendo se lembrar, de repente, disse:

— Não sei onde ela mora, papai, mas se me lembro bem, ela trabalha na cantina da faculdade.

— É isso mesmo, Jorge. Jaime comentou sobre isso, o que nos deixou mais brabos ainda. Vou telefonar para a faculdade, talvez ela esteja lá.

Na agenda estava o número do telefone da faculdade. Armando discou e, do outro lado da linha, uma voz de mulher atendeu:

— Alô!

— Por favor, estou precisando falar, com urgência, com Sandra, a moça que trabalha na cantina.

— Desculpe, senhor, mas faz algum tempo que ela não trabalha mais aqui.

Ele olhou para Gina e os filhos que, ansiosos, acompanhavam a conversa. Com a mão fez um sinal de negativo e perguntou:

— Não trabalha mais aí? Sabe onde ela mora?

— Sinto muito, senhor, mas não sei.

— Está bem, obrigado.

Ele desligou o telefone, dizendo:

— Ela não trabalha mais lá e a moça que atendeu disse que já faz algum tempo. Também não sabe onde ela mora.

— Que vamos fazer, papai? Será que isso está acontecendo para que não a encontremos?

— Não, não deve ser, Jorge. Encontraremos uma maneira de encontrá-la. Vamos telefonar para os amigos de Jaime, algum deles deve saber onde ela mora.

— O Anselmo, papai! Ele era o melhor amigo de Jaime. Deve saber.

Telefonaram para a casa de Anselmo e uma mulher atendeu:

— Alô, pois não...

— Dona Iolanda, sou Armando, o pai de Jaime.

— Senhor Armando, como está? Sinto muito com o que aconteceu com o seu filho...

— Obrigado, mas preciso falar urgente com Anselmo, ele está em casa?

— Sinto muito, mas ele saiu logo pela manhã e não voltou até agora.

— A senhora não sabe de algum outro telefone onde eu poderia achá-lo?

— Infelizmente, não sei. Posso ajudar de alguma maneira?

— Acho que não. Estamos procurando por uma moça que era namorada do Jaime e, pensamos que, talvez, Anselmo soubesse onde ela mora.

— Sinto muito, mas não sei nem conheci a namorada de Jaime.

— Está bem, mesmo assim, obrigado. Se Anselmo aparecer, por favor, diga a ele que se souber o endereço, para nos telefonar.

— Claro que farei isso. Assim que ele chegar, direi que telefonaram.

Armando desligou o telefone e olhou para Gina e os filhos, dizendo:

— Ele não está em casa e sua mãe não sabe o endereço.

— O que vamos fazer, papai?

— Não sei, mas, se tiver de ser, nós a encontraremos.

— Recebi esta carta dela, logo depois que Jaime morreu.

Eles olharam para a mão de Gina que segurava um envelope.

— O que ela disse na carta, Gina?

— Não sei, nunca li nem a abri.

— Isso, agora não interessa, papai. Atrás do envelope, deve ter o endereço de remetente.

Armando pegou o envelope da mão de Gina, olhou atrás e disse:

— Tem um endereço aqui! Vamos até lá e tomara que ela ainda more lá.

Gina olhou para ele e perguntou:

— Vocês querem ir agora?

— Sim e queríamos que fosse também. Assim terminaremos de vez com essa corrente de ódio e a trocaremos por uma só de amor e perdão.

— Se ela não quiser nos receber? Se ela estiver, também, com raiva por tudo o que fizemos?

— Isso não acontecerá, Gina, mas se acontecer, nós teremos feito a nossa parte.

— Está bem, não sei se o que disseram é a verdade, mas, na dúvida, não quero que meu filho sofra, outra vez, pela minha teimosia.

Saíram apressados. Jaime sorriu feliz e disse:

— Vamos com eles, Ademir?

— Não, Jaime, não podemos.

— Por que não? Quero muito rever a Sandra...

— Sei que quer, mas agora não podemos. Não disse que temos um compromisso muito importante para as seis horas da tarde?

— Sim, mas acho que dará tempo. Quero vê-la nem que seja só por um instante.

— Poderá vê-la outra hora e prometo que, antes de voltarmos para casa, você a verá, mas, agora, precisamos fazer o trabalho que é nosso. Romeu e sua equipe, que sempre estiveram ao lado de sua família e de Sandra, irão com eles.

Mais tarde, todos nos encontraremos e veremos o que pode ser feito para que você a veja.

— Queria tanto ir com eles. A minha presença não é importante. Acho que não farei falta. Estou só acompanhando a equipe, não faço parte dela.

— Em uma equipe, todos são importantes. Desde o momento em que iniciamos esta viagem, você começou a fazer parte dela e, para que tudo dê certo, precisamos continuar juntos. A sua presença foi importante no momento em que seu pai e seus irmãos se encontram com sua mãe. Ela, mesmo sem estar vendo você, sentiu a sua presença, o que a ajudou muito na decisão de aceitar o que eles diziam.

— Queria tanto presenciar esse encontro...

— Sei que queria, mas não pode ser. O nosso compromisso já está marcado há muito tempo e não pode ser adiado. Mas, não se preocupe, todos estarão muito bem. Romeu e sua equipe continuarão ao lado deles enquanto for necessário.

Jaime sabia que Ademir estava certo e disse:

— Tem razão, Ademir, me perdoe. Apesar de não poder ir, estou feliz, por eles terem encontrado o caminho. Vamos para o nosso trabalho das seis horas.

Ademir olhou para Donata, sorriu e disse:

— Ainda bem que entendeu, Jaime. Vamos, não podemos chegar atrasados.

Saíram dali e foram para o encontro das seis horas.

O encontro das seis horas

Eram cinco e meia da tarde. Após alguns segundos, estavam novamente no saguão de um hospital. Não era o mesmo em que Marconi trabalhava, este parecia bem menor. Marina, curiosa como sempre, disse:

— Este hospital parece ser bem menor. O que viemos fazer aqui, Donata?

— Sim, Marina, este é menor. Nele só vêm as pessoas que não têm recursos, mas nem por isso deixa de ser importante. Embora seja simples, as pessoas que aqui trabalham, como médicos, enfermeiros e assistentes, são dedicadas e gostam do trabalho que fazem. São pessoas especiais. Vieram, porque quiseram, com a missão de ajudar aqueles que estão sofrendo de dor, tristeza e que são muito pobres. Escolheram essa missão e são muito importantes.

— Sei como são importantes. Quando estive doente, por muitas vezes tive de ser internada em um hospital. Sentia muita dor e, no final, quase não conseguia me mexer, mas tive médicos e enfermeiras que me ajudaram muito. Benditas sejam eles. Essa é uma profissão das mais difíceis.

— Tem razão, Marina, benditas sejam eles. É, sim, uma profissão difícil, mas na qual o espírito pode resgatar muito.

— Está na hora de ajudarmos alguém que está morrendo, Donata?

— Não, Marina, ao contrário, viemos ajudar um espírito que está renascendo.

— Vamos ver uma criança nascer?

— Sim e, para isso, vamos nos encontrar com Ângela. Ela está nos esperando.

— Quem é Ângela?

— É outra amiga de muito tempo. Ela faz parte de uma outra equipe de trabalho, a que está sempre ao lado da mulher, e de um espírito, quando ele está para renascer.

— Ela está ao lado de todas as mulheres? Como pode ser, existem muitas crianças nascendo ao mesmo tempo...

— Marina, ainda não aprendeu que existem muitas equipes fazendo o mesmo trabalho? Sempre que alguma mulher está em trabalho de parto, esteja ela onde estiver, tem uma equipe ao seu lado, para ajudar o espírito que vai renascer e para que tudo saia bem. Normalmente, nessa equipe, tem sempre um espírito que foi da família ou que já pertenceu à mesma corrente, durante muito tempo. Assim como as enfermeiras e os médicos, sempre é um espírito que faz parte, também, da mesma corrente. Na hora de um espírito renascer, ele é cercado por pessoas que já o conheceram e que estarão ao lado não só dele, mas também da mãe para ajudá-los.

— Então, por que acontece de, em alguns casos, a criança nascer morta ou a mãe morrer logo depois? Se eles estão tendo tanta ajuda, isso não poderia acontecer.

— Sempre que a criança morre logo depois de nascer ou está morta antes mesmo de nascer, é porque ela quis que fosse assim. Foi ela quem escolheu.

— Ela quis?

— Sim, o espírito, antes de nascer, junto com uma outra equipe que cuida das reencarnações, escolhe a vida que vai ter. Nesse momento, sabendo tudo o que fez de errado, quer renascer para poder resgatar seus erros. Porém, por estar na espiritualidade e por se sentir seguro, escolhe uma encarnação com muitos problemas. Normalmente, é avisado de será muito difícil conseguir levar até o fim aquilo que está pedindo, mas ele não se importa e insiste. Como é da vontade dele, e não se podendo interferir no livre-arbítrio de cada um, a equipe responsável aceita e a concepção é feita, mas, com o passar do tempo, o espírito vai entendendo que pediu demais e que, por isso, fracassará. Então, pede para que tudo seja desfeito. É aí que acontecem os abortos espontâneos e as mortes prematuras.

— Está dizendo que é a própria criança que não quer nascer? Que ela fica com medo?

— Isso mesmo. Ela não nasce, retorna para a espiritualidade e vai rever o que tinha pedido. Troca para uma encarnação mais branda e volta a renascer.

— Como uma criança tão pequena pode decidir uma coisa tão importante?

Donata começou a rir e disse:

— Marina, você já devia saber que, embora a criança nasça pequena, ela é um espírito velho que quer renascer para resgatar algum erro, cumprir uma missão ou ajudar aqueles que ficaram para trás na caminhada.

Marina, um pouco sem graça, disse:

— Sei disso, Donata, mas ao ver uma criança recém-nascida, é difícil entender isso.

— Tem razão, mas é o que acontece.

Estavam conversando animados, só Jaime continuava calado e pensando:

Sei que não posso reclamar, apesar da morte violenta que sofri, estou bem, e muito bem acompanhado, mas gostaria tanto de estar ao lado de minha família quando se encontrassem com Sandra... como será que ela está? Não tive tempo de me despedir... espero que esteja bem...

Marina, percebendo que ele estava calado e pensando, perguntou:

— Que está acontecendo com você, Jaime? Parece que está triste...

Todos se voltaram para ele que, não escondendo o que estava sentindo, respondeu:

— Desculpem, mas não consigo me esquecer de Sandra e deixar de pensar que, em breve, estará se encontrando com a minha família. Gostaria muito de estar lá, mas sei que não posso, tenho obrigações para com vocês, Ademir e Donata, que me deram a oportunidade de participar de uma equipe como esta e na qual estou aprendendo muito. Também sei que estou aprendendo muito, mas não consigo deixar de pensar neles.

— Não fique assim, Jaime, como Donata e Ademir falaram, Romeu está cuidando deles. Eu é que deveria estar assim. Você, pelo menos, já viu a sua família. Eu, que esperei tanto por essa oportunidade, ainda não consegui vê-los.

— Entendemos o que os dois estão sentindo e prometemos que, assim que terminarmos o nosso trabalho aqui, você poderá rever a todos, Jaime, e você também, Marina. Não voltaremos para casa antes que isso aconteça. Não se preocupe, Jaime, Romeu está ao lado deles e tudo ficará bem.

— Está bem, desculpe por esse momento, daqui para frente, prometo que estarei pensando somente no nosso trabalho.

— Olá, vocês chegaram?

Voltaram-se e viram uma moça muito bonita que se aproximava. Ela não devia ter ainda trinta anos, estava feliz e demonstrava dentes bonitos e brilhante. Ela se aproximou e abraçou Donata e Ademir, dizendo:

— Estava esperando por vocês. Está quase na hora.

Enquanto era abraçado, Ademir disse:

— Desculpe, Ângela, mas tivemos de ajudar Romeu. Ele está ao lado da família de Jaime.

Ela se desvencilhou do abraço, olhou para Jaime e disse, sorrindo:

— Olá, Jaime, que bom que está aqui! Não precisa se preocupar, se Romeu está ao lado de sua família, tudo ficará bem.

Jaime ficou olhando para aquela moça que parecia estar muito feliz e disse:

— Sei disso, mas já não a conheço?

Ela sorriu, respondendo:

— Não está se lembrando, mas nos conhecemos há muito tempo. Na última encarnação, fomos irmãos. Eu não quis renascer, mas você insistiu que precisava ajudar aos outros. Renasceu e eu continuei aqui com o meu trabalho, que é ajudar o espírito a renascer.

— Deve ser muito gratificante. Lembro-me de como fiquei feliz quando tive minhas duas crianças.

Ângela se voltou para Marina, que dizia essas palavras, sorriu e disse:

— Também veio, Marina? Que bom, fazia muito tempo que não nos víamos.

Marina ficou olhando para ela sem entender e perguntou:

— Já me conhece?

— Claro que sim. Estive ao seu lado quando suas crianças nasceram e isso já faz um bom tempo, não é?

— Eu não me lembro de você...

— Nem poderia se lembrar, estive presente com minha equipe espiritual, você não me viu, embora sentisse que estava sendo protegida.

Marina, sorriu. Lembrou-se do dia em que teve seus filhos e disse:

— Tem razão, não sei por que, mas, apesar de toda dor que sentia, sabia que, no final, tudo terminaria bem e eu, em breve, teria minha criança nos braços.

— E tudo terminou bem. Hoje, sua filha e seu filho estão moços e saudáveis.

Uma sombra de tristeza passou pelos olhos de Marina, que disse, emocionada:

— Devem estar e eu estou louca para revê-los, pois, embora tenha dado à luz a eles, não consegui vê-los crescer...

— Sim, você fez a sua parte, que foi colocá-los no mundo. O resto deveria correr por conta dos que ficaram.

Donata, percebendo que Marina estava ficando triste novamente, disse:

— Agora não é hora de relembrarmos o passado. Está na hora de ajudarmos o Mariano a nascer. Como ele está, Ângela?

— Agora, está dormindo, pois a mãe está em trabalho de parto, e precisamos deixar a Natureza seguir o seu curso, mas, antes, estava muito feliz em saber que estava voltando para cumprir uma missão muito importante e que sua encarnação seria tranqüila e feliz. Sabe que será amado pela família.

— Parece que ele não está começando muito bem, Donata.

— Por que está dizendo isso, Marina.

— Se ele está nascendo em um hospital como este, pode-se ver que a família não tem muito dinheiro, por isso, com certeza, ele será uma criança pobre. Como pode haver paz e tranqüilidade se não houver dinheiro?

— A felicidade não se traduz pelo dinheiro, mas, sim, pelo companheirismo, amizade e amor e isso, para ele, com certeza não faltará. Com a ajuda da família e do plano espiritual, ele terá toda a oportunidade para crescer e vencer.

Marina, ao ouvir o que Donata disse, ficou calada. Ângela foi quem falou:

— Está na hora, precisamos ir para o quarto. Em breve, Mariano estará de volta à Terra, vamos?

Todos sorriram e ela seguiu na frente. Eles a acompanharam. Passaram por um corredor onde viram uma janela muito grande, de vidro. Ângela parou em frente a ela e disse:

— Aqui é o berçário, onde ficam as crianças que acabaram de nascer.

Todos olharam por de trás da janela e viram vários bercinhos com crianças neles. A maioria estava dormindo, outros choravam, mas, ao lado de cada um, uma entidade estava presente e sorria ao vê-los. Os outros também olharam e não conseguiram deixar de se emocionar por saberem que, ali, muitos espíritos estavam tendo a oportunidade de reencarnar e começar uma nova jornada. Só podiam desejar felicidade a todos eles e que, quando a jornada terminasse, eles voltassem felizes e triunfantes. Ângela sorriu, abanou a mão e continuaram andando.

Chegaram a um quarto, onde uma mulher estava deitada em uma cama e se retorcia de dor. Nos pés da cama, um médico estava sentado na posição de espera. Ao seu lado, uma enfermeira segurava uma toalha, pois, assim que a criança nascesse, o médico lhe daria para que fosse cuidada. Uma outra enfermeira estava ao lado da mãe ajudando-a a fazer força e lhe dizendo em que momento ela deveria agir desse modo. Ao lado do médico e das enfermeiras, sem que eles tivessem a menor idéia do que estava acontecendo, duas entidades, vestidas de branco, jogavam sobre eles luzes coloridas. A mulher estava com uma máscara de oxigênio sobre o rosto. As entidades, assim que eles entraram no quarto, sorriram, no que foram retribuídas. Olharam, assustados, para Ângela, que disse:

— Não precisam se preocupar. A dor está muito intensa, pois está na hora de Mariano nascer e, por isso, a mãe perdeu o ar. Essa máscara é somente para ajudá-la a respirar, mas tudo está correndo muito bem e, em poucos minutos, estará terminado.

Ademir e os outros permaneceram na cabeceira da cama e também começaram a jogar luzes. Logo, todo o quarto ficou iluminado e, a um sinal do médico, a enfermeira que estava ao lado da mulher tirou a máscara de oxigênio. Ao ver o rosto da mulher, Jaime deu um grito:

— É Sandra! Donata, é a Sandra!

Donata sorriu e disse:

— Sim, Jaime, é Sandra e ela está tendo o filho de vocês.

— Meu filho? Não pode ser, ela não me falou a respeito de filho algum!

— Ela só ficou sabendo que estava grávida, dias depois que você morreu.

— Meu Deus, como essa criança vai ser criada? O salário de Sandra é muito pequeno, mal dá para pagar o aluguel e a alimentação, — Jaime disse, chorando.

— Não deve se preocupar com isso, Jaime. Mariano vem com uma missão e terá toda a ajuda de que precisar. Agora, fique ao lado de Sandra e desfrute deste momento.

Jaime, sem conseguir evitar as lágrimas, se aproximou mais de Sandra e estendeu as mãos, de onde saíam luzes brancas, sobre sua cabeça, dizendo:

— Estou aqui, meu amor. Nunca poderá imaginar a emoção a felicidade que estou sentindo neste momento. Que Deus a abençoe.

Sandra, embora estivesse sentindo muita dor, naquele momento, lembrou-se dele. Começou a chorar. A enfermeira que estava ao seu lado, pensando que ela estivesse chorando de dor, disse com voz branda:

— Não precisa chorar, faça força. Logo, estará tudo terminado e terá em seus braços uma linda criança.

— Sei disso, mas estou chorando por outro motivo.

A enfermeira ia dizer mais alguma coisa, mas não teve tempo. Sandra sentiu uma dor intensa, fez força, deu um grito e a criança nasceu. O médico a segurou, virou de cabeça para baixo, mas ela não chorava. Jaime ficou desesperado. O médico deu uma batida de leve no bumbum da criança, que começou a chorar muito forte. Todos que estavam no quarto sorriram. O médico, com o menino ainda na mão, disse:

— É um menino e pela força do choro parece que está muito bem.

Depois o entregou para a enfermeira que saiu, apressada. Sandra chorava, não mais de dor, mas de felicidade. Jaime, que não havia parado de chorar desde que viu Sandra, de longe, por saber que não podia se aproximar muito, com a ponta do dedo mandou um beijo. Sandra, naquele momento, sentiu uma brisa que passava por seu rosto e pensou:

Jaime, eu queria tanto que você estivesse aqui ao meu lado. Sei que ficaria muito feliz em receber o nosso filho.

— Eu estou aqui, meu amor, e muito feliz também, ainda mais por saber que ele terá uma vida de paz e felicidade. Deus a abençoe...

Voltando-se para os outros, disse:

— E a vocês também, por terem me proporcionado este momento. Muito obrigado.

Todos sorriram. O quarto estava todo iluminado com luzes coloridas. Pouco depois, a enfermeira trouxe o menino de volta e o colocou sobre o colo de Sandra, que, chorando, o olhou e disse:

— Ele se parece muito com o pai.

A enfermeira sorriu, pensou, mas não disse:

Todas as mães procuram algo parecido em alguém da família, mas todas as crianças, na hora em que nascem, não se parecem com ninguém.

Ao ouvir aquilo, Jaime disse, nervoso.

— Não é verdade! Ele se aprece comigo!

A enfermeira pegou o menino de volta, dizendo:

— Agora, preciso levá-lo para o berçário. Ficará em observação, mas não se preocupe, parece que está tudo bem. Assim que seu marido chegar, na hora da visita, poderá vê-lo, só que pelo vidro.

— O pai não virá... — Sandra disse com lágrimas nos olhos.

— Por que não?

— Ele morreu sem saber que eu estava esperando um filho.

A enfermeira passou a mão sobre os cabelos de Sandra e disse:

— Não pode dizer isso com certeza. Sigo a uma Doutrina onde aprendi que o espírito não morre, ele só muda de dimensão, portanto, acredito que o pai não só sabe, como deve estar aqui, neste momento.

— Acredita mesmo nisso?

— Sim, com toda a força da minha alma e posso dizer mais, além dele, deve ter estado ou ainda está uma equipe de espíritos que ajudam as crianças a nascer e suas mães também.

— Será verdade? Não conheço essa Doutrina nem sei se o que está me dizendo é verdade, mas, se for, seria maravilhoso.

— Bem, já que não conhece é melhor que acredite e mande um pensamento de amor. Sei que, de onde ele estiver, receberá com muito carinho.

Sandra não conhecia aquela Doutrina, mas, mesmo assim, pensou em Jaime com muito amor. Naquele momento, um raio de luz saiu de seu peito e atingiu Jaime com muita força. A força foi tanta que ele se assustou e perguntou:

— Que foi isso, Ademir?

Ademir, sorrindo, respondeu.

— Essa é a luz do amor. Quando alguém pensa em outro que já morreu, com todo o amor que Sandra está sentindo neste momento, uma luz como essa atingirá aquele para quem foi enviada em qualquer lugar que ele estiver. Mesmo no mais terrível vale de sofrimento.

— Mesmo no vale? — perguntou Marina.

— Sim, Marina, mesmo no vale. O amor é o sentimento mais forte que existe no ser humano. Ele vence qualquer barreira.

— Nunca pensei sobre isso.

— Quase ninguém, quando encarnado, pensa, mas é a pura verdade. Vocês viram a força da luz.

— Foi muito forte, mesmo, Marina, eu senti!

Marina sorriu. Ângela, que estava nos pés da cama ao lado do médico, disse:

— A minha parte na ajuda para que Mariano nascesse está terminada. Agora, Sandra será levada para o quarto e ficará lá até se recuperar, depois irá para casa e, assim como a minha parte terminou, a de Sandra está só começando. Terá sob sua responsabilidade criar e educar Mariano. Não se preocupe, Jaime, ela terá toda ajuda para que isso aconteça e ele trará muita felicidade a ela e a todos que conviverem com ele.

A fé remove montanhas

Enquanto tudo isso acontecia no hospital, em um carro, Armando, Gina e os filhos seguiam, procurando pelo endereço que estava escrito nas costas do envelope da carta que Sandra havia enviado para Gina e que ela nunca abrira. O bairro ficava do outro lado da cidade e eles não conheciam, somente haviam ouvido falar, por isso estava sendo muito difícil encontrá-lo. Armando parou várias vezes para perguntar, até que por fim, conseguiram chegar à rua e, em seguida, ao número. Era um prédio pequeno, de três andares. Não havia porteiro, viram somente um menino que descia a escada, correndo. Ao vê-lo, Armando perguntou:

— Você conhece uma moça, chamada Sandra?

— Conheço, ela é muito legal, mora lá no trinta e dois. Fica no terceiro andar.

— Não tem elevador?

— Não, senhor, o prédio é pequeno, mas pode subir, ela deve estar em casa.

Armando e os outros olharam para a escada e, não havendo alternativa, começaram a subir. Quando chegaram ao terceiro andar, estavam cansados, mas, mesmo assim, ansiosos para se encontrarem com Sandra e, assim, poderem quebrar o último elo da corrente. Caminharam por um corredor e encontraram uma porta com o número trinta e dois. Tocaram a campainha e a porta abriu. Uma moça atendeu:

— Pois não?

— Boa-tarde, precisamos conversar com a Sandra. Ela está?

— Não, não está, senhor. Acabei de chegar do trabalho e a minha vizinha do trinta e um disse que levou ela hoje bem cedo para o hospital.

— Hospital? Ela está doente?

— Não, foi ter neném.

— Ter um neném?

— Sim, a gente sabia que era por esses dias, por isso a vizinha ficou prestando atenção e disse que a gente não precisava se preocupar e que assim que Sandra começasse a sentir dores, ela a levaria para o hospital.

— O marido não a levou?

— Ela não tem marido. Estava namorando com um médico. Eles se gostavam muito e iam se casar, mas o moço morreu e ela ficou sozinha.

Todos se entreolharam e sentiram um aperto no peito. Gina ficou pálida e pensou que ia desmaiar. Desesperada e quase chorando, disse:

— Por favor, moça, será que não poderia me dar um copo com água? Não estou me sentindo bem. Parece que vou desmaiar. Por favor, deixe eu entrar e me sentar um pouco.

— Claro que posso dar um copo com água e pode entrar e se sentar. Deve estar mal por ter subido a escada. Não deve estar acostumada. Por que estão procurando a Sandra?

Armando, com a voz embargada, respondeu:

— Somos os pais de Jaime, o rapaz que ia se casar com ela, e esses são seus irmãos.

Agora quem ficou pálida foi a moça que, preocupada, perguntou:

— Daquele que ia se casar com ela? Daquele que morreu?

Gina olhou para Armando que, percebendo que ela não estava bem, respondeu:

— Por favor, moça, minha esposa não está bem. Podemos entrar?

A moça se afastou da porta para que eles pudessem entrar. Entraram em uma sala pequena, puderam perceber que só cabiam um sofá, uma poltrona e uma estante pequena, sobre o qual estava um aparelho de televisão. A moça apontou o sofá e a poltrona. Eles se sentaram, ela saiu por uma porta e voltou logo em seguida, trazendo uma jarra com água e um copo. Encheu o copo com água e ofereceu para Gina, que bebeu de uma só vez. Depois, ofereceu aos outros, que agradeceram, mas não quiseram. Em seguida, ela voltou pela mesma porta por onde havia saído e, ainda em pé, perguntou:

— Por que, depois de tanto tempo, estão procurando pela Sandra? O que querem com ela?

— Como sabe, nosso filho morreu e, como não poderia deixar de ser, ficamos muito abalados.

— Entendo, também ficamos. A Sandra muito mais, porque eles se gostavam muito, mas parece que vocês não queriam que eles se casassem.

— É verdade e é por isso que estamos procurando-a, para dizer que sentimos muito por tudo o que aconteceu e por termos nos oposto ao casamento. Entendemos, depois desse tempo todo, que pensamos que nosso filho era propriedade nossa e, por isso, podíamos decidir sua vida, mas percebemos que nunca foi nossa propriedade, que ele pertencia a Deus.

— Puxa, o senhor está me deixando arrepiada! Estão arrependidos, mesmo?

— Sim. Demorou um pouco para entendermos o que aconteceu, mas você disse que ela foi dar a luz a uma criança do nosso filho? Tem certeza disso?

— Claro que tenho! A criança é filha do médico que ela namorava e com quem ia se casar. Sei disso porque ela mora com a gente faz muito tempo, desde que chegou do interior. Ela não tem família, foi criada em um orfanato, mas quando fez dezoito anos, teve de sair de lá e veio *pra* Capital. Ela trabalhava na Faculdade, mas quando ficou esperando neném, foi mandada embora e, com o dinheiro que ela recebeu e fazendo alguns bicos, está conseguindo pagar o aluguel, mas agora vai ser difícil ela continuar morando aqui.

— Por quê?

— Aqui, neste apartamento, moram eu, ela e mais uma amiga. Eu trabalho em uma fábrica, a Odila é balconista em uma loja, o nosso salário é pouco, mal dá para pagar o aluguel e a comida. Nós três conversamos e chegamos à conclusão de que, depois que o neném nascer, a Sandra não vai poder continuar trabalhando, porque, com o salário que for ganhar, não vai dar para pagar alguém para cuidar do neném. Eu e a

Odila não temos como pagar, sozinhas, pelo apartamento. Vamos precisar encontrar outra pessoa para ficar no lugar dela. Mesmo que ela pudesse continuar pagando, não dá para ela ficar.

— Por quê?

— Como estão vendo, o apartamento é pequeno, tem só um quarto e uma treliche, onde a gente dorme, e um guarda-roupa, não tem lugar para se colocar um berço.

— O que vai acontecer com ela? Para onde ela vai?

— Não sei... até este mês, ela ainda tem dinheiro, mas daqui *pra* frente a gente não sabe como vai ficar.

— Por que ela não nos procurou?

— Quando o Jaime morreu, ela ficou desesperada, mas ainda não fazia um mês que ele tinha morrido. Ela descobriu que estava grávida e ficou muito feliz. Dizia que tinha sobrado um pouquinho dele. Ela quis que vocês soubessem, para que sentissem a mesma felicidade que ela estava sentindo. Escreveu uma carta contando, mas essa carta nunca foi respondida. Eu e a Odila conversamos com ela. Eu disse:

— Sandra, você não pode ter essa criança, não vai poder criar ela. Precisa fazer um aborto. Conheço uma mulher que faz isso e que não cobra muito.

Ela ficou muito braba e quase me bateu. Nervosa, disse:

— Nunca vou fazer isso! Essa criança é tudo o que me restou do Jaime! Ela vai nascer!

— Como vai sustentar essa criança, criar, alimentar e dar escola? O seu salário é muito pouco e, se perder o emprego, sabe que ninguém dá trabalho pra uma mulher grávida. Pense bem...

— Você acha que já não pensei nisso? Claro que pensei, mas sei que Nossa Senhora da Aparecida não vai me abandonar. Se eu perder o emprego, enquanto agüentar, vou fazer faxina e, depois que o neném nascer, Nossa Senhora vai me encontrar uma casa de família onde eu possa trabalhar e morar com a minha criança.

— Ela tem muita fé em nossa Senhora Aparecida?

— E como tem, senhor... vive rezando, pedindo ajuda e acredita que vai ser atendida.

Romeu, Isaura, Pedro e Felício que estavam, ali, sorriram. Armando, sem saber se estava nervoso ou emocionado, disse:

— Você sabe para que hospital ela foi?

— Sei, foi no hospital público que fica no outro bairro. Aqui neste bairro não tem nenhum.

— Tem o endereço dele?

— Tenho sim, a Sandra deixou com a gente. Vou pegar.

Abriu uma gaveta que havia na estante, tirou um papel e entregou para Armando, que pegou, olhou para Gina e os filhos e, aflito, disse:

— Vamos até lá?

Eles, também emocionados e, com a ajuda de Romeu, lembrando-se de Jaime, concordaram com a cabeça e levantaram-se. Armando, sorrindo para a moça, disse:

— Nossa Senhora atendeu ao pedido dela, moça. Estamos indo até o hospital e assim que a criança nascer e ela tiver alta, vai morar na nossa casa. Ela, se quiser, e a criança, terão toda a assistência de que precisarem.

A moça, com lágrimas nos olhos, disse:

— Parece que Nossa Senhora atendeu mesmo o pedido dela... também, ela tem tanta fé...

Eles sorriram, apertaram a mão dela e iam embora, quando Gina perguntou:

— Qual é o nome inteiro dela para que possamos perguntar lá no hospital

— Sandra Maria do Santos.

— Obrigada, agora, podemos ir.

Assim que eles saíram, Denise, que era o nome da moça, foi até o quarto, onde havia pendurado em uma parede um quadro de Nossa Senhora Aparecida, olhou para o quadro e pensou:

Obrigada, minha Nossa Senhora, por ter atendido o pedido da Sandra, ela merece e, agora, sei que será muito feliz. Muito obrigada, mesmo...

Romeu e sua equipe estavam ali, sorriram, jogaram luzes sobre ela e desapareceram. Precisavam ir ao encontro de Ademir e dos outros.

Encontro no sonho

Sandra, ajudada por duas atendentes de enfermagem, e acompanhada por Jaime, Ademir, Donata e Marina, foi colocada em uma maca e levada para um quarto. Assim que entraram no quarto, ela pôde ver que havia quatro camas, três delas, ocupadas por outras mulheres que também haviam dado à luz. As mulheres, assim que a viram entrar, sorriram. Ela também sorriu, mas estava se sentindo muito fraca. As atendentes a tiraram da maca e a colocaram sobre uma cama. Assim que se sentiu na cama, com a voz muito fraca, disse:

— Não estou me sentindo bem, estou com frio e meu corpo todo está tremendo.

— Não se preocupe, com algumas mulheres acontece isso. Vamos lhe cobrir muito bem, dar um comprimido e aplicar uma injeção, vai dormir e, amanhã, quando seu marido vier para a visita, vai estar melhor.

No mesmo instante, ela se lembrou de Jaime e do que a enfermeira havia dito.

A morte não existe, garanto que o pai não só sabe, como deve estar aqui.

Ao se lembrar disso, fechou os olhos, pensando:

Tomara que o que ela disse seja verdade e que você esteja aqui para ver o nosso filho, Jaime...

A atendente deu um comprimido e um copo com água para que ela tomasse. Em seguida, lhe aplicou uma injeção. Alguns minutos depois, ela estava dormindo.

Assim que o corpo adormeceu, o espírito de Sandra abriu os olhos e encontrou o rosto de Jaime que a olhava com muito amor e carinho. Eles começaram a sorrir. Jaime quis se aproximar, mas foi impedido por Ademir. Ele se lembrou que, embora sentisse vontade, não poderia abraçá-la. Sandra não sabia disso, mas estava muito fraca e perguntou:

— Você está mesmo aqui, Jaime? Aquilo que a enfermeira disse é verdade?

— Sim, meu amor, estou aqui desde que você estava na sala de parto. Assisti ao nascimento do nosso filho e fiquei muito emocionado. Você foi muito valente...

— Você viu como ele é lindo? Parece com você...

Jaime olhou para Ademir e os outros e, com um sorriso triunfante, disse:

— Falei para meus amigos que ele se parecia comigo e eles não acreditaram.

Ela olhou para todos eles e sorriu. Marina que, desde o momento em que chegara à sala de parto, não conseguiu evitar que as lágrimas caíssem por seu rosto, também sorriu.

Jaime, muito emocionado, perguntou:

— Você está bem?

— Sim, muito bem, mas preocupada.

— Preocupada com o quê, Sandra?

— Estou sem emprego e preciso me mudar do apartamento. As minhas amigas estão tristes por isso ter de acontecer, mas elas não conseguem pagar sozinhas todas as despesas. Não sei como vou cuidar do menino.

Jaime olhou no exato momento em que Romeu e sua equipe entravam no quarto e com um sinal de positivo, feito com um dedo polegar, sorriu. Jaime entendeu e disse:

— Não se preocupe, meu amor. Tudo vai dar certo e o nosso menino crescerá lindo e forte e nada lhe faltará. Deus não nos abandona nunca...

— Sei disso, nem sei por que estou preocupada. Nossa Senhora Aparecida vai encontrar uma casa onde eu possa trabalhar e levar o menino comigo.

— Nossa Senhora Aparecida, Sandra?

— Sim, ela sempre esteve ao meu lado e me ajudou durante todo esse tempo, por isso sei que, talvez, ele não vai ter uma vida muito rica, mas sei que vai ter tudo o que precisar. Muito amor e carinho e farei o possível e impossível para que seja feliz. Quando eu falar de você, vou dizer que você foi o homem mais maravilhoso que já existiu no mundo...

— Tudo está bem, Sandra, não precisa se preocupar.

— Queria muito ver o menino. Você sabe onde ele está?

— Deve estar no berçário.

— Sabe onde fica?

— Sim, quando chegamos, passamos por lá.

— Vamos até lá?

Jaime olhou para Ademir que, com a cabeça, disse que sim.

— Podemos ir. Venha.

Chegaram ao berçário. Embora a luz elétrica estivesse acesa para que as enfermeiras pudessem observar as crianças que estavam deitadas nos berços, o ambiente todo estava iluminado com luzes azuis que as entidades que, também cuidavam das crianças, jogavam sobre elas. Marina percebeu que outras mulheres com o cordão prateado também estavam lá e perguntou:

— As mães estão aqui com os filhos, Donata?

— Sim, Marina, assim como Sandra, também seus corpos estão dormindo, mas elas querem ficar perto dos filhos. Não poderão ficar por muito tempo, mas aproveitam todo o tempo que lhes for permitido.

Assim que chegaram, viram Ângela que, ao vê-los, acenou. Eles se aproximaram e ela, sorrindo, disse:

— O menino está muito bem, vai ser saudável. Esta é Paola e vai ficar ao lado dele até completar sete anos.

Todos sorriram para Paola. Marina, além de sorrir, perguntou:

— Você é um anjo da guarda?

Paola olhou para os outros e respondeu:

— Pode-se dizer que sim. O espírito quando renasce, traz consigo lembranças muito presentes do tempo em que esteve na espiritualidade. Ele é frágil e, por isso, sempre tem uma entidade que fica ao seu lado até que complete sete anos, depois disso, já não é tão necessário, mas ele sempre terá um amigo ou parente por perto para qualquer emergência, nunca ficará sozinho.

Sandra e Jaime olharam para Paola, sorriram e se aproximaram ainda mais para poderem ver seu filho de perto. O menino dormia tranqüilo.

— Ele não é lindo, Jaime?

— Sim e vai ser muito feliz.

— Disso tenho certeza, Nossa Senhora Aparecida vai cuidar dele, assim como sempre cuidou de mim...

— Já pensou no nome que vai dar para ele, Sandra?

— Sim, já tinha pensado, não sabia se ia ser menino ou menina, por isso escolhi Mariana ou Mariano, pois, tendo o nome de Nossa Senhora, sei que será sempre protegido. Como nasceu um menino, o nome dele vai ser Mariano. Gostou?

Jaime olhou para os outros e respondeu:

— É sim, um lindo nome, Sandra.

Donata os interrompeu, dizendo:

— Agora, você precisa voltar para o quarto, Sandra. Não pode ficar muito tempo afastada de seu corpo.

Sandra não queria ir, mas sabia que precisava obedecer, pois, embora não conhecesse aquela mulher que lhe falava, sabia que era amiga não só de Jaime, mas dela também. Sorriu e saíram dali. Jaime não cabia em si de tanta felicidade, ainda mais por saber que sua família estaria ali a qualquer momento e que tanto Sandra como seu filho teriam a assistência que ele não poderia lhes dar.

Era exatamente isso que estava acontecendo naquele momento. Armando, depois de muito se perder, conseguiu chegar ao hospital. Estacionou o carro na rua, entraram apressados e foram até a recepcionista. Assim que eles chegaram, ela perguntou:

— Posso ajudar?

— Sim, precisamos saber como está uma moça que foi internada hoje pela manhã, para dar à luz.

— Como é o nome dela?

— Sandra Maria dos Santos.

A moça olhou na planilha que estava sobre o balcão e, com o dedo, foi seguindo todos os nomes, parou em um e disse:

— Ela teve um menino e agora está no quarto para se recuperar, parece que está tudo bem.

Ao ouvir aquilo, Armando olhou primeiro para Gina, depois, para os filhos e percebeu que, assim como ele, todos estavam com os olhos lacrimejando. Voltou-se para a recepcionista e perguntou, ansioso:

— Podemos vê-la?

— Infelizmente, não, senhor. Este é um hospital público e tem hora certa para visitas. Poderá ver a moça, amanhã, das três horas até as quatro da tarde.

— Por favor, moça. Esse menino que nasceu é filho do meu filho que morreu sem saber que ia ser pai, por isso, precisamos falar com a mãe do menino.

— Gostaria de ajudar, mas não é possível, já são mais de oito horas da noite. No quarto onde ela está, há mais três senhoras que deram à luz. Não seria justo deixarmos que entrassem e as incomodassem.

— Não existe uma maneira? Precisamos muito falar com ela e conhecer o nosso neto...

— Não, não existe, mas, se pensar bem, o senhor vai ver que amanhã vai ser melhor. Ela, hoje, deve estar muito cansada e, provavelmente, deve estar dormindo.

— Ao menos, podemos ver o menino? Não sabíamos que ia nascer, muito menos que fosse hoje. Por favor, moça, ele deve estar no berçário, prometemos que faremos o menor barulho possível, só queremos vê-lo...

A moça olhou para Gina e percebeu que ela estava muito emocionada. Olhou para os lados e, como não havia ninguém lá a não ser Romeu, que ela não podia ver e que jogava luzes sobre ela, disse, com um olhar de cumplicidade:

— Está bem, podem ir, mas precisam ser rápidos e, por favor, não façam barulho. Assim que chegarem ao berçário, que fica no terceiro andar, entreguem este papel para a enfermeira. Ela lhes mostrará o menino.

Todos sorriram e Romeu, também. Agradecendo a moça, foram rápidos para o elevador e apertaram o terceiro andar. Assim que chegaram ao berçário, pelo vidro, mostraram, a uma enfermeira que se aproximou, o papel que a recepcionista havia lhes dado. Ela olhou o papel, sorriu e foi até onde um neném dormia. Por sorte deles, o berço em que o menino estava ficava bem perto do vidro e eles puderam ver o rostinho dele. Viam tudo perfeitamente, só não viram Jaime,

Sandra e os outros que já estavam ali quando eles chegaram. Gina não se conteve e disse:

— Olhem como é lindo! Parece-se com Jaime quando nasceu, não é, Armando?

Jaime, novamente, olhou para os amigos com um olhar triunfante e disse, baixinho:

— Não disse que ele se parece comigo?

Todos riram, até Marina, apesar de ainda estar tentando conter as lágrimas. Armando também havia notado, lembrou-se do filho e do dia em que ele nasceu e que o viu pela primeira vez, também de um vidro no berçário do hospital. Lágrimas começaram a correr por seu rosto.

Ao ver a família, Jaime disse:

— Pode ficar tranqüila, Sandra, nosso filho será muito bem criado e terá muito amor e carinho. Ele pertence à melhor família do mundo.

Depois, olhou Ademir e Donata e disse:

— Nunca poderei agradecer a vocês por terem me trazido nesta missão e por permitirem que eu presenciasse o nascimento do meu filho. Graças a você, Romeu e a vocês também —, olhou para Isaura, Pedro e Felício, — meus pais entenderam o grande amor que eu sinto por Sandra e fizeram com que eles a procurassem. Sei que meu filho está em boas mãos. Muito obrigado, mesmo...

— Ora, Jaime, não precisa agradecer. Tudo o que está acontecendo é exclusivamente por seu merecimento.

Depois de algum tempo, Armando segurou no braço de Gina e disse, baixinho:

— Precisamos ir, não podemos complicar a vida da recepcionista. Ela foi muito gentil. Agora já vimos o nosso menino e amanhã, na hora da visita, voltaremos para conversar com a Sandra e ver se ela quer ir morar conosco.

Gina e os filhos entenderam que o pai estava certo e saíram bem devagar, mas antes olharam o menino pela última vez. Ele abriu os olhos e todos podiam jurar que sorriu.

Ademir também segurou o braço de Jaime e o puxou para longe de Sandra, que continuava olhando para o filho, com muito amor. Quando estavam a uma distância que ela não poderia mais ouvi-los, disse:

— Precisamos voltar para o quarto. Sandra não pode ficar muito tempo fora do corpo. Não podemos nos esquecer de que, embora não pareça, ela ainda está encarnada.

— Tem razão, Ademir. Sei que, depois que seu espírito voltar ao corpo, ela não poderá mais me ver, mas, mesmo assim, estou muito feliz... sinto muito não poder abraçá-la...

— Sabe que isso é verdade, Jaime. A sua energia é diferente da dela, mas isso não o impede de ficar ao lado dela pelo tempo que quiser...

— Não sei o que fazer... sinto que, enquanto não souber que ela está bem, realmente, não poderei abandoná-la, mas sei também que tenho minhas obrigações no hospital no plano espiritual.

— Por tudo o que vimos, sua família vai cuidar muito bem dela e do menino também, por isso, pode voltar conosco e, sempre que sentir vontade, poderá retornar para vê-los.

— Preciso ir mesmo com vocês?

— Não, Jaime, não precisa fazer nada que não quiser. Como sempre, tem seu livre-arbítrio e sempre, encarnado ou não, poderá fazer suas escolhas.

— Sinceramente, Ademir, não sei o que fazer...

— Não precisa decidir agora, temos ainda um bom tempo para ficar aqui. Seu pai disse que voltará amanhã para conversar com Sandra. Depois disso, poderá decidir.

— Está bem, pensarei no que fazer.

— Agora, vamos voltar para o quarto. Está na hora de Sandra despertar.

Jaime se aproximou de Sandra e, carinhoso, disse:

— Precisamos voltar para o quarto, Sandra. Está na hora de você despertar.

— Não quero mais ficar longe de você, Jaime... não quero mais acordar...

— Nem pense nisso! Você precisa cuidar do nosso filho. Ele tem uma encarnação para viver e uma missão para cumprir!

Ela voltou a olhar para o menino e disse:

— Promete que ficará ao nosso lado e que nos protegerá?

— Não sei, Sandra. Tenho muito trabalho para fazer. Muitas pessoas, quando morrem, demoram para entender e aceitar que morreram e continuam sentindo as mesmas dores e aflições de quando estavam doentes e para que possam entender, ficam por algum tempo em um hospital, sendo atendidas por médicos e enfermeiras. Eu sou um dos médicos.

— Está dizendo que não pode ficar ao nosso lado, que é proibido?

— Não, Sandra, nada é proibido, posso fazer minhas escolhas.

— Então, fique com a gente, Jaime, nós precisamos de você.... sabe que estou sozinha e sem saber o que fazer...

— Agora não é hora de pensarmos nisso. Precisa acordar, está passando da hora.

Ela, sabendo que ele tinha razão, o acompanhou até o quarto e se deitou.

Assim que se deitou, deu um suspiro fundo e acordou. Olhou em volta e se lembrou de que estava no hospital e que havia tido o menino. Seu coração batia descompassado. Abriu e fechou os olhos várias vezes e pensou:

Sonhei com Jaime, não lembro o que foi, mas que sonhei, sonhei. Será que, como disse aquela enfermeira, ele está aqui ao meu lado?

Jaime sorriu e disse:

— Estou e ficarei sempre ao seu lado.

A decisão de Gina

Depois de deixar os filhos em casa e ter combinado o encontro para o dia seguinte no hospital, onde conversariam com Sandra, Armando e Gina chegaram em casa. Ele estacionou o carro na garagem e, quando estava abrindo a porta para poderem entrar, ouviram o telefone chamando. Ele abriu apressado, correu, pegou o telefone e atendeu.

— Alô!

— Alô, Armando! Ainda bem que atendeu. Eu estava preocupado, faz horas que estou tentando falar com você, mas o telefone chama, chama e ninguém atende.

— Diogo! Acabamos de chegar neste momento, mas o que quer falar comigo?

— Nada em especial, como não voltou, fiquei preocupado. Está tudo bem por aí?

— Sim, muito melhor do que eu pudesse imaginar. Não havia lhe dito que eu e meus filhos íamos conversar com a Gina para ver se ela mudava de idéia a respeito da morte do Jaime e da Sandra, a namorada dele?

— Sim, por isso mesmo fiquei preocupado quando não voltou nem telefonou. Depois de quase um mês morando comigo, me acostumei com a sua presença.

— Desculpe, meu amigo, mas aconteceram tantas coisas que eu me esqueci completamente de telefonar para você...

— O que aconteceu?

— Eu tenho um neto! O menino mais lindo do mundo!

— Um neto? Como isso aconteceu? Como descobriu? Preciso que me conte!

— Vou contar e sei que ficará muito feliz, pois toda a

felicidade que estamos sentindo, devemos a você, às nossas conversas e aos seus conselhos.

— Nada disso, só estava disponível. Nada fiz e se alguma coisa tão boa como essa aconteceu, deve agradecer aos amigos espirituais que, com certeza, estão ao seu lado e ao da sua família, mas conte tudo, Armando. Estou muito curioso!

Armando sentou-se em um sofá e, muito feliz, contou como havia sido aquele dia e quantas surpresas teve. Contou da dificuldade em fazer com que Gina entendesse e acreditasse, nem que fosse só um pouco, na vida após a morte e, depois, da dificuldade que tiveram em encontrar Sandra e na felicidade que sentiram quando viram o menino no berçário. Terminou dizendo que, no dia seguinte, iriam conversar com Sandra.

Diogo ouviu atentamente. Quando Armando terminou de falar, ele, emocionado e feliz, disse:

— Que bom que tudo terminou bem, meu amigo. Seu filho deve estar muito feliz e orgulhoso da família que tem...

— Nós é que estamos orgulhosos por ele. Foi sempre um filho carinhoso e atencioso...

— Agora, acho que devemos desligar o telefone, Armando. Tiveram um dia muito agitado e devem estar cansados e ansiosos para que a noite passe.

— Para ser sincero, estamos, sim. Antes de desligar, estive pensando em algo o dia inteiro.

— Pensando em quê?

— Você não quer nos encontrar amanhã, lá no hospital, para estar junto quando formos conversar com a Sandra? Sinto que sua presença será muito boa.

— Não...acho que não é uma boa idéia, Armando. Essa conversa vai ser um assunto de família...

— Por isso mesmo, acho que deve estar presente. Você foi o responsável por toda essa felicidade, além do mais, não disse que todas as pessoas que encontramos durante a vida fazem parte da corrente de uma mesma família que está junta há muito tempo?

— Eu disse e é verdade, mas ainda acho que deveriam conversar, sozinhos, com a moça. Ela pode estranhar a minha presença e não entender por que estou lá em um momento tão importante. Acho que não devo ir, Armando...

— Nada disso, se for, ficaremos muito felizes e contaremos a ela como foi importante sua presença na nossa vida e que foi você quem nos fez entender a vida após a morte, o que nos convenceu a procurá-la.

— Não sei...vou pensar a respeito.

— Está bem, mas anote o endereço, caso resolva ir.

Armando deu o endereço que Diogo anotou em um papel, depois desligaram o telefone.

Gina, que acompanhava toda a conversa, sorriu e disse:

— Será que tudo o que ele disse é verdade? Será que existe mesmo vida após a morte?

— Não sei, Gina, mas se existir, nosso filho não está morto, só foi fazer uma viagem e algum tempo na nossa frente. Quando chegar a nossa hora, estará nos esperando.

Romeu, Isaura, Pedro, Felício e Marina estavam lá, sorriram. Marina olhou por toda a sala e perguntou, curiosa:

— Romeu, aquelas entidades que estavam aqui quando chegamos, não estão mais. Para onde foram?

— Elas não são entidades ruins, Marina. Só espíritos que sentem muita tristeza por algum motivo e outras, culpa por terem feito algo de ruim ou por terem se suicidado. Esta casa estava com muita energia negativa de tristeza e de culpa e essa energia atraiu aquelas entidades. No momento em que a faixa de pensamento mudou, as entidades começaram a não se sentir bem aqui e foram embora, procurar um outro lugar para ficar.

— Elas encontraram?

— Não sei, mas, infelizmente, devem ter encontrado. Existem muitas casas onde o sofrimento e o sentimento de culpa são muito fortes e as atraem.

— Isso é uma pena, Romeu...

— É sim, Marina, mas, infelizmente nada podemos fazer para que seja diferente. As pessoas atraem a companhia que querem. Essa companhia pode ser boa ou má. Depende só da faixa de pensamento.

— Quando as coisas não estão dando certo, é difícil não se ter maus pensamentos.

— Tem razão, mas é exatamente nesse momento que precisamos acreditar na vontade de Deus, Sua Justiça e sabedoria, além de tudo isso, no imenso amor Dele por todos nós.

— Essas casas ficam abandonadas e sem proteção?

— Não, sempre terá uma equipe como a nossa, tentando mudar a faixa de pensamentos dos moradores.

— Ainda bem...

Marina se calou e olhou para Armando, que disse:

— Vou tomar um banho, Gina, e depois dormir. Nosso dia foi muito cansativo e cheio de emoções.

— Tem razão, Armando. Muita coisa aconteceu hoje. Enquanto toma o seu banho, vou até o quarto de Jaime.

— Fazer o que, Gina? Sabe que ele não está mais aqui e que nunca mais voltará.

— Estou tentando aceitar isso, Armando, mas está sendo difícil. No quarto dele, com as suas coisas e seu cheiro, me sinto mais perto dele e fico esperando vê-lo a qualquer momento.

— Isso só lhe traz mais sofrimento. Por que não tenta pensar que, graças a Deus, ele não está preso naquele quarto, mas, ao contrário está livre e trabalhando na sua profissão...

— Vou tentar, Armando. Juro que vou tentar...

Armando entrou no banheiro e Gina foi para o quarto de Jaime. Ficou olhando tudo com muita saudade e uma vontade enorme de voltar no tempo. Pensou:

Se eu pudesse voltar no tempo, faria tudo diferente. Saberia que podemos controlar tudo, menos a morte e que nossos filhos são presentes que Deus nos dá e que, por isso, não somos donos deles e que cada um deles tem sua própria vida e suas escolhas, mas, infelizmente, o tempo não volta, mas se tudo o que ensina essa doutrina que Diogo segue, for verdade, pelo menos teremos a oportunidade de corrigir erros passados. Será que essa religião é a verdadeira? Não sei... preciso estudar e aprender mais sobre ela...

Armando, no banheiro, deixou que a água quente do chuveiro caísse pelo seu corpo. Estava parado, também, e lembrando-se de tudo o que havia acontecido, desde que reencontrou Diogo também. Pensava:

Desde que Diogo se aposentou, nunca mais o havia visto, mas, agora, foi muito bom tê-lo reencontrado. Ele me fez entender como havia errado quando pensei que meu filho era minha propriedade. Se soubesse naquele tempo o que sei hoje, faria tudo diferente. Aceitaria qualquer coisa que meu filho escolhesse, pois saberia que ele tinha o direito de fazer suas escolhas, de viver a sua vida como quisesse, não como eu queria ou como tinha idealizado. Hoje, depois de tudo o que Diogo disse e o que eu li, sei que Deus está me dando uma nova oportunidade de resgatar o meu erro. Darei ao meu neto tudo o que dei para meus filhos, com a diferença de que ele mesmo escolherá a vida que deseja ter, a profissão e a mulher que escolher...

Terminou de tomar banho e saiu do banheiro, foi para o quarto e vestiu um pijama. Percebeu que Gina ainda não tinha entrado no quarto e que continuava no quarto de Jaime. Foi para lá, triste por saber que, para ela, era muito difícil e prematuro aceitar tudo o que ouvira naquele dia.

Entrou no quarto e, para sua surpresa, Gina estava tirando as roupas de Jaime, que estavam no guarda-roupa, dobrando e fazendo uma pilha com elas. Surpreso, perguntou:

— O que está fazendo, Gina?

— Pegando tudo o que foi de Jaime. Acho melhor doar, pois alguém deve estar precisando e não é justo que tudo isso seja desperdiçado. Nosso filho, como você disse, graças a Deus, não está mais aqui, neste quarto, deve estar em um bom lugar, trabalhando e evoluindo espiritualmente.

— Você está acreditando em tudo o que falei que ouvi de Diogo e no que li em vários livros? Acredita que nosso filho continua vivo em algum lugar e que está muito bem, feliz, e sempre pensando em nós com carinho?

— Não sei se acredito, mas quero acreditar, pois se tudo o que você me disse for verdade, e deve ser, porque tem coerência, ele não morreu e pode nos visitar sempre que quiser e, se isso acontecer, quero que nos encontre felizes e esperando o dia em que nos reencontraremos. Sempre acreditei em Deus e que, para que Ele exista realmente, deve ser justo e amoroso, não ia querer o mal para Seus filhos. Sei que errei com meu filho, nunca deveria ter interferido em sua vida e em suas escolhas, por isso, talvez por remorso, preciso acreditar em algo mais. Preciso acreditar que terei uma nova chance. De acordo com aquilo que você disse, Deus sempre nos dá novas oportunidades e sinto que está me dando agora. Pretendo aprender mais sobre essa Doutrina e ajudar Sandra a criar o nosso neto. Para que isso tenha um início, precisamos gastar um pouco de dinheiro.

— Dinheiro, Gina? Não entendo o que isso tem a ver com Jaime ou o nosso neto.

— Dinheiro, sim, Armando. Amanhã, pela manhã, antes de irmos ao hospital, vou telefonar para uma instituição e pedir que venham buscar tudo o que foi de Jaime, inclusive os móveis, depois, vamos pintar este quarto e transformá-lo em um quarto de bebê, lindo e com tudo o que o nosso neto tem direito!

— Quer mesmo fazer isso, Gina?

— Sim, Armando. Sinto que precisamos continuar nossa vida, pois, só assim, nós e Jaime seremos felizes. Se tudo o que essa Doutrina ensina for verdade, acho que nosso neto será o recomeço. Acho que ele veio para quebrar o último elo da corrente de ódio que estamos formando há muito tempo. Vamos conversar com Sandra, ela está precisando de ajuda e nós, também, precisamos ser ajudados. Será uma troca de ajuda.

— Não pode imaginar como estou feliz em ver você dessa maneira, Gina. Era tudo o que eu queria. Não sabe o quanto sofri quando tive de sair de casa, mas não dava mais para continuarmos juntos. Era muita briga. Agora, tudo será diferente. Amanhã preciso trabalhar, chame Carlão, que é quem sempre pintou a nossa casa e peça para ele ajudá-la com os móveis e a pintura não só deste quarto, mas de toda a casa. Na hora do almoço, volto, almoçamos e iremos para o hospital.

Tomara que Sandra esqueça o mal que fizemos a ela e nos receba.

Gina sorriu, deixou sobre a cama uma camisa de Jaime que estava dobrando, se aproximou de Armando e o abraçou. Não chorava mais, estava feliz. Finalmente, depois de muito tempo, estava tranqüila. Depois do abraço, ela disse:

— Estamos cansados, agora, vamos dormir. Amanhã bem cedo continuarei com o meu trabalho.

Saíram do quarto e, pela primeira vez, depois da morte de Jaime, sentiram que dormiriam muito bem.

Marina, que ouviu toda a conversa, disse:

— Parece que eles estão muito bem, Romeu.

— Estão, sim, Marina. Mesmo que ainda não se tenham dado conta, entenderam que o erro é só mais um passo rumo ao aperfeiçoamento e, que por isso, não deve existir a culpa. Ela, sim, só faz com que o aperfeiçoamento do espírito fique cada vez mais distante. Os erros existem em todos nós, mas o resgate deles sempre será possível. Basta acreditarmos com muita fé. Deus não seria sábio se criasse Seus filhos, lhes desse o livre-arbítrio e não soubesse que eles errariam muitas vezes.

Novamente, Marina se calou.

No dia seguinte, na hora de sempre, Armando acordou. Levantou-se rápido, precisava tomar o café e ir para o trabalho. Há vinte e cinco anos, trabalhava no mesmo local, uma empresa de alimentos. Gostava muito de trabalhar na empresa. Começou como aprendiz, foi estudando e conseguindo seu espaço. Hoje é chefe do departamento comercial. Seu salário sempre foi o suficiente para dar uma boa vida aos filhos. Conseguiu fazer com que os três estudassem e se formassem. Por isso, até a morte de Jaime, considerava-se um homem realizado. A morte de Jaime fez com que ele ficasse muito abatido. Começou a reavaliar sua vida, pois, assim como Gina, também se sentia culpado por ter permitido, naquele dia, que Jaime fosse embora de casa e daquela maneira, que saísse nervoso e quase sendo expulso. Sabia que tinham errado muito.

Tomou o café, saiu apressado. No carro, enquanto dirigia para o trabalho, foi pensando:

Fiquei arrasado com a morte do Jaime. Não podíamos ter agido daquela maneira. Nunca responsabilizamos um ou outro pelo acontecido, pois sabíamos que não houve um só culpado, mas que todos nós erramos, nos deixando levar pelo preconceito. Só fizemos aquilo, porque Sandra era uma moça pobre. A morte de Jaime nos mostrou que nada sabemos da vida e que não somos ninguém para julgar ou decidir sobre a vida de outro. Muitas vezes, tentei rezar, mas nunca consegui. Sabia que o meu erro havia sido muito grande e não me sentia digno de falar com Deus, mas, depois que conversei com Diogo e ele me disse todas aquelas coisas sobre Deus, Seu amor, perdão e as novas chances que Ele nos dá e continuará dando, só posso agradecer por tudo o que aconteceu em minha vida. Como Gina disse, esse menino que acabou de nascer veio para quebrar o último elo da corrente de ódio que sempre existiu entre todos nós. Vou agradecer e aproveitar essa nova chance que Deus está me dando e dar a esse menino todo o amor e carinho que só um avô pode dar.

Quando percebeu, já estava dentro da empresa, estacionou o carro, entrou e começou a trabalhar.

Quando estava quase na hora do almoço, depois de contar aos seus companheiros que era avô, saiu e voltou para casa.

Assim que entrou, viu uma porção de caixas na sala. Teve de desviar para poder passar. Chamou por Gina, que respondeu do quarto de Jaime. Ele foi até lá. Um rapaz estava terminando de desmontar um guarda-roupa. Armando, sorrindo, disse:

— Parece que você foi bem rápida, Gina!

— Não podemos demorar muito para aprontarmos o quarto, Armando. Sabe que nosso neto virá logo para cá. Telefonei para a instituição e pedi que viessem buscar tudo amanhã, pois hoje não estaria em casa. Amanhã bem cedo, vou à loja de móveis para escolher os móveis, e o Carlão disse que, amanhã à tarde, estará tudo limpo e pintado. Ele sabe que precisa ser rápido. Não foi o que você me disse, Carlão?

— Foi, sim, dona Gina. Já que o menino vai chegar, tudo tem que estar muito bonito.

— Espero que tudo esteja pronto mesmo. Gina, o almoço está pronto? Estou morrendo de fome.

— Não fiz almoço, não tive tempo, mas tem alguma coisa que sobrou de ontem. Carlão, quer almoçar conosco? Não tem muito, mas acho que dá para nós três.

— Obrigado, dona Gina, mas vou almoçar em casa. Minha mulher está me esperando.

— Está bem, depois do almoço, eu e o Armando vamos para o hospital, por isso leve a chave da porta de entrada para continuar trabalhando.

— Vou levar. A senhora sabe que pode ficar sossegada, não vou mexer em nada...

— Sei disso, Carlão, conhecemos você há muito tempo e, por isso, temos total confiança.

O rapaz sorriu e pegou a chave que Gina lhe ofereceu.

Em seguida, ela e Armando foram para a cozinha. Ela começou a aquecer o resto de comida que havia sobrado.

Enquanto comiam, Armando disse:

— Gina, estive pensando, será que não estamos nos precipitando? Será que a Sandra vai querer vir morar conosco?

— Já pensei nisso, mas também sabemos que ela, no momento, não tem muita escolha. Precisa se mudar do apartamento e não tem um emprego. Acho que ela vai concordar.

— Também acho, mas não podemos nos esquecer de que ela é ainda muito moça e que poderá encontrar um outro homem e queira se casar.

— Se casar?

— Sim, Armando. Nosso filho morreu, e ela tem o direito de continuar sua vida...

Armando ficou calado, não havia pensado nessa possibilidade. Só pensou em seu neto e no seu bem-estar. Gina acompanhou com os olhos sua reação.

— Casar? Ela não pode se casar, Romeu! — Marina disse muito nervosa.

— Não pode, por quê, Marina?

— Ela e Jaime se amam! Ele, mesmo depois de morto, continua amando-a como sempre e além do mais, ela precisa pensar no seu filho! Tem que dar todo amor de que ele precisa!

— Jaime cumpriu sua missão, que era a de unir Sandra e sua família. Sandra cumpriu uma parte de sua missão, que era permitir que Mariano nascesse, mas a vida dela não terminou. Precisa continuar para se aprimorar, enfrentar desafios e superá-los. Se ela viver só para o filho, talvez cometa os mesmos enganos que Armando e Gina cometeram, pensará ser sua dona e que, por isso, poderá decidir o destino dele. O espírito é livre e nada ou ninguém pode ser dono dele.

— Mas ela ama Jaime, como pode esquecê-lo?

— O tempo se encarregará disso. A imagem de Jaime, aos poucos, ficará mais distante e ela só se lembrará de vez em quando. Os apelos da vida falarão mais alto. Outra pessoa surgirá que fará com que ela continue e tente ser feliz.

Marina não gostou daquela resposta. Pensou em Norberto e no quanto se amavam.

Armando e Gina terminaram de almoçar e foram para o hospital. Romeu e todos eles os acompanharam.

O elo quebrado

Sandra, no hospital, acordou pela manhã e percebeu que estava muito bem. Após tomar o café, recebeu a visita de Mariano, que veio nos braços de uma enfermeira. Assim que pegou o menino nos braços, sentiu uma emoção que não poderia descrever. Era muito pequeno e ela ficou com medo de o deixar cair. Olhou para aquele rostinho e pensou:

Você é tão pequeno, meu filho, mas como é lindo! Sei que a nossa vida não vai ser fácil, mas prometo que vou fazer o possível para que não lhe falte nada e que seja feliz.

Jaime estava ao seu lado e também feliz por ver aquela criança. Triste, pensou:

— Você é lindo, meu filho. Infelizmente, não vou estar ao seu lado para vê-lo crescer, mas, assim como sua mãe, o que puder, farei para que seja feliz.

— Estará sempre que quiser ao lado dele, Jaime.

— Sei que espiritualmente, mas gostaria de estar presente, Ademir. Sei também que, com meus compromissos com a espiritualidade, não terei muito tempo. Por isso, estou pensando em não voltar com vocês e ficar ao lado de Sandra e do meu filho, assim, poderei acompanhar seu crescimento.

— Sabe que pode fazer o que quiser, Jaime. Tem seu livre-arbítrio, portanto pode fazer suas escolhas. O que decidir, será respeitado por todos nós.

Jaime ficou calado. Naquele momento só queria olhar para o menino e dizer:

— Ele se parece comigo mesmo, não é, Ademir?

Os amigos sorriram, só Marina que, olhando bem para o menino e também sorrindo, disse:

— Ora, Jaime, toda criança recém-nascida tem a mesma cara e não se parece com ninguém!

— Você pode achar isso, mas eu não. Olhe o nariz, os cabelos e os olhos, são iguaizinhos aos meus.

— Está bem, se prefere pensar assim...

Voltaram-se para Sandra que, com o menino no colo, começou a chorar e a pensar:

Meu filho, infelizmente, você não vai conhecer seu pai... ele morreu antes de saber que você ia chegar, mas sei que, de onde ele estiver, deve estar muito feliz e pensando em nós dois. Que bobagem estou pensando? Se o que a enfermeira disse for verdade, você está aqui, não está, Jaime?

Jaime, com emoção e com lágrimas nos olhos, respondeu:

— Estou, meu amor, e ficarei para sempre ao lado de vocês... nunca mais vamos nos separar...

Todos jogaram luzes sobre eles e Sandra, sentindo como se uma suave brisa caísse sobre ela, sorriu.

— Seu filho é muito lindo, moça!

Ela olhou para o lado de sua cama, onde havia outra com uma senhora sobre ela, sorriu e respondeu:

— Sim, ele é lindo...

— É seu primeiro filho?

— Sim.

— O meu já é o quarto, mas a emoção e felicidade são as mesmas. Estou ansiosa, esperando a hora da visita para ver a cara do meu marido e dos meus filhos quando virem esta coisa linda que nasceu. Ela não é linda? Depois de três meninos, finalmente nasceu uma menina e estou muito feliz.

— Sandra olhou para a criança que a senhora lhe mostrava e, sorrindo respondeu:

— Muito linda! Seu marido e seus filhos ficarão felizes, tenho certeza. Uma criança é a maior felicidade que Deus pode nos dar.

— Seu marido também vai ficar muito feliz, seu filho é lindo e parece saudável!

— Infelizmente, ele não vai vir para a visita...

— Por quê?

— Ele morreu antes de saber que eu estava grávida...

Ao ouvir aquilo, tanto a mulher que estava conversando com Sandra, como as outras duas que estavam nas outras camas, olharam para ela e não conseguiram disfarçar a pena que estavam sentindo dela. A primeira mulher, percebendo o ambiente, perguntou:

— Como é o seu nome?

— Sandra.

— O meu é Albertina. Não fique triste, Sandra. Seu marido, antes de morrer, lhe deixou essa coisa linda que, tenho certeza, vai fazer você muito feliz...

Sandra olhou para o menino que estava em seu colo, sorriu e o apertando junto ao peito, disse:

— Sei disso...

A enfermeira voltou, pegou as crianças e as levou de volta para o berçário. Sandra se deitou e fechou os olhos. As outras mulheres ficaram conversando, mas ela não tinha vontade de conversar, estava muito triste por não saber o que aconteceria com a sua vida e queria somente dormir.

A hora da visita estava chegando. As mulheres que estavam no quarto começaram a se arrumar. Tomaram banho, pentearam os cabelos e até pintaram os lábios. Estavam felizes e ansiosas esperando por suas visitas. Somente Sandra continuou deitada, sem vontade de se levantar e pensando:

Não vou receber nenhuma visita. A Odila e a Denise estão trabalhando nesta hora e não poderão vir me visitar. Preciso pensar no que vou fazer quando sair daqui. Lá no apartamento não tem lugar para colocar um berço...minha Nossa Senhora Aparecida, me ajude, encontre um lugar para onde eu possa ir com o meu menino...

As pessoas começaram a chegar. A alegria de todos era muito grande. Embora triste, Sandra não deixou de ficar feliz pela felicidade delas, mas continuou deitada, fingindo que dormia. Estava preocupada e imaginando para onde poderia ir depois que saísse dali. Estava deitada de lado e continuou assim, quando sentiu que alguém batia, devagar, em seu ombro. Abriu os olhos e ficou espantada. Disse, sem entender nem querendo acreditar. Perguntou:

— Dona Gina, seu Armando, Jorge e Laerte? Como souberam que eu estava aqui? O que querem de mim?

— Fique calma, Sandra. Viemos para ver você e também para conhecermos o nosso neto...

— Como souberam, dona Gina?

— Essa é uma longa história que não interessa agora. O que interessa é o nosso neto e você.

— Eu, dona Gina? Por quê? Nunca me aceitaram. O que querem com o meu filho? Vieram para tirar ele de mim?

— Não, Sandra! Viemos para pedir perdão...

— Perdão?

— Sim, pela nossa intransigência em não aceitar aquilo que Jaime havia escolhido...

Sandra ficou olhando para eles sem saber o que dizer.

— Também para que possamos ajudar a você e ao nosso neto. Sabemos da sua situação, por isso estamos aqui.

— Estou realmente em uma situação difícil, seu Armando, mas vou dar um jeito. Pretendo criar meu filho sozinha, mas com amor e carinho. Nossa Senhora vai me ajudar.

— Queremos ajudar você e ao menino, mas também precisamos que nos ajude.

— Ajudar, como?

— A sentir menos a morte de Jaime. Com o nosso neto, ele nos deixou um pedacinho de seu...

— Não sei... estou com medo...

— Medo do quê, Sandra?

— Medo que queiram me tirar o meu filho...

— Nunca faríamos isso, Sandra. Com a dor da morte de Jaime, aprendemos muito. Conhecemos uma Doutrina que nos ensina que só o perdão constrói e pode nos libertar. Pedimos perdão a Deus, a Jaime e agora estamos pedindo a você. Se aceitar o nosso perdão, poderá viver em nossa casa, onde você e o menino terão tudo o que precisarem para serem felizes.

Sandra ficou pensando, não sabia se podia acreditar no que eles diziam, mas, por outro lado, não tinha muita opção.

Sabia que, ao menos por algum tempo, não poderia trabalhar, sabia que não poderia voltar para o apartamento, não havia lugar, e que tanto Odila, como Denise, ganhavam pouco e não poderiam arcar, sozinhas, com as despesas. Jaime, que acompanhava a conversa, dizia, entusiasmado:

— Aceite, Sandra. Eles estão falando a verdade...

Armando continuou falando:

— Sei que está com medo de que vamos querer tomar conta da sua vida, mas isso não é verdade, Sandra. Queremos só que, neste momento em que precisa, tenha um lugar para ir e ficar tranqüila. Depois que o tempo passar e você quiser sair de casa e ter sua própria vida, prometo que a apoiaremos, desde que nos deixe continuar vendo o nosso neto para que possamos amá-lo.

Sandra ouvia e pensava. Tinha realmente muito medo, mas, ouvindo, sem saber o que Jaime falava, disse:

— Está bem, realmente não tenho opção. Estava preocupada por não saber o que ia fazer quando saísse daqui do hospital. Pedi muito a Nossa Senhora Aparecida e parece que ela me ajudou. Vou para casa de vocês, mas vou só até ficar mais forte e arrumar um emprego. Depois disso quero ter a minha própria vida, cuidar do meu filho e, se possível, ser feliz.

Jaime sorriu e respirou aliviado.

Gina começou a chorar e disse:

— Você não vai se arrepender, Sandra. Terá tudo o que precisar para você e para nosso menino. Aprendemos muito e sabemos que não somos donos de nada nem de ninguém.

Sandra sorriu, querendo acreditar no que ela dizia. Para quebrar aquele clima de nervosismo, perguntou:

— Já viram o menino, dona Gina?

— Sim, pelo vidro, ele é muito bonito, parece saudável e tem a cara do Jaime...

Jaime outra vez olhou para os amigos e disse:

— Não falei que ele se parecia comigo?

Os amigos riram. Sabiam que não adiantaria contrariá-lo, ele nunca aceitaria.

— Sandra! Já pensou no nome que vai dar para ele?

— Como Nossa Senhora sempre me ajudou, se fosse menina eu ia dar o nome de Mariana, mas já que é um menino, vai se chamar Mariano.

— É um lindo nome, Sandra. Quando ele crescer, vai ficar muito feliz com esse nome.

— Espero que sim...

— Já que aceitou ir morar lá em casa, vamos preparar o quarto de Jaime para o Mariano e o que era do Jorge para você, está bem, Jorge?

— Claro que sim, mamãe.

— Se quiser, pode dar o meu também. Ficarei muito honrado.

— Obrigada, Laerte, qualquer um dos dois estará bem para mim. O que importa é que eu tenha um lugar para meu filho.

Estava terminando a hora da visita quando Diogo entrou no quarto. Ao vê-lo se aproximando da cama, Armando disse, feliz:

— Que bom que veio, Diogo, quero lhe apresentar Sandra. Ela é a mãe do nosso neto e concordou em ir morar lá em casa!

Muito prazer, minha filha. Parece que está muito bem.

— Obrigada, estou sim e, também, muito feliz. Tenho um lugar para levar o meu filho e sei que será muito amado.

— Será, sim. Ele é um espírito iluminado e dará muita alegria a todos vocês.

— Espírito iluminado? Que está querendo dizer, que vai ele vai morrer cedo?

Diogo começou a rir e respondeu:

— Não, nada disso, disse que ele vai trazer muita alegria a todos vocês. Ele foi enviado não só para quebrar a corrente de ódio que existia há séculos entre vocês, mas para ser o elo da corrente de amor que está se formando neste momento.

— Corrente de ódio, corrente de amor? Ódio de séculos? Não estou entendendo...

— Sei que não está, Sandra, mas Armando e sua família está e poderá lhe explicar mais tarde. O importante é que essa corrente que está se formando hoje se unirá a outras que já existem e, com ela, o mundo será bem melhor.

— Continuo não entendendo, mas parece que o que está me dizendo é algo muito bom e isso é que importa.

A enfermeira entrou no quarto para avisar que a hora da visita havia terminado. Eles obedeceram, se despediram de Sandra, foram embora, mas, antes, passaram pelo berçário para verem Mariano mais uma vez.

Depois que saíram, Sandra, ainda não acreditando em tudo o que tinha acontecido, pensou:

Quando eu poderia imaginar que uma coisa como essa pudesse acontecer. Como será que ficaram sabendo que eu estava aqui no hospital e que meu filho havia nascido, logo no dia do nascimento dele? Só pode ser coisa de Nossa Senhora Aparecida...

Ao ouvir aquilo, Marina perguntou, indignada:

— Nossa Senhora Aparecida, Donata?

— Por que não, Marina?

— Porque não foi ela, Donata! Quem ajudou foi Romeu e sua equipe, que sempre estiveram ao lado deles! Foi Romeu quem levou Armando até a casa de Diogo para que ele ouvisse tudo o que ele tinha para dizer e pensasse sobre o preconceito e a vida depois da morte! Fomos nós que acompanhamos Jaime até aqui e ajudamos, enviando muita luz nos momentos difíceis! Não foi Nossa Senhora Aparecida!

Donata sorriu, olhou para Ademir e Romeu, que também sorriram, depois olhou bem para Marina e disse:

— Jesus pertence ao mais alto grau da espiritualidade e, por isso, nunca precisaria ter nascido aqui na Terra ou em outro lugar qualquer. Ele aceitou nascer aqui, para trazer luz e entendimento para a humanidade e isso ele fez muito bem. Ensinou o amor, a fazer o bem sem olhar a quem, amar ao próximo e o valor da religião. Na parábola do bom samaritano, quando aquele samaritano que pertencia a uma religião e casta diferentes, consideradas inferiores, ajudou aquele homem que estava ferido, sem lhe perguntar a que religião ou casta pertencia. Ensinou que o perdão é o único caminho para se chegar a Deus, quando disse: *Dai a outra face e perdoe setenta vezes sete.* Ensinou a não julgar, quando na presença da prostituta, disse: *Quem não tiver pecado que atire a primeira pedra.* Ensinou o valor de cada um e em sua caminhada na parábola dos talentos, quando todos receberam a mesma quantidade de moedas para que cada um fizesse com elas o que quisesse. Ensinou o amor que deve existir entre as famílias, na parábola do filho pródigo, quando aquele pai e aquela família receberam, com festa, o filho que havia ido embora, sem perguntar qual o motivo e por que havia feito aquilo, demonstrando que cada um de nós deve aceitar o outro como é, sem tentar modificá-lo. Ensinou ação e reação quando, ensinando o Pai Nosso, disse: *Perdoai as nossas dívidas, assim como perdoamos aos nossos devedores,* mostrou que, durante a vida, quando nos encontramos com algum pretenso inimigo, nunca sabemos se somos vítimas ou algozes. Ensinou o valor do dinheiro, quando disse: *Olhai os lírios do campo.* Ensinou que a religião não deve servir para explorar aqueles que a seguem, quando chicoteou os vendilhões do templo. Ensinou que todos sentimos medo, quando chorou lágrimas de sangue no Monte das Oliveiras. Ensinou que todos, no auge do desespero, podem pedir ajuda, quando disse: *Pai, afaste esse cálice.* Ensinou que Deus é uma verdade suprema, quando, também no Pai-Nosso, disse: *Seja feita a vossa vontade.* Com sua própria morte, ensinou contra a intransigência, o preconceito e o que pode acontecer quando nos deixamos levar por esses dois sentimentos. Quando, depois de morto, apareceu para os discípulos, ensinou que a vida é eterna e que a morte não é um fim, mas apenas um recomeço. Ensinou tudo isso e muito mais, mas para que ele pudesse ensinar tudo isso, era necessário que nascesse em um lar onde tivesse todo o amor e carinho e onde pudesse aprender as noções básicas de educação e religião. Aprendeu as duas coisas muito bem, pois, com apenas doze anos, foi para o templo discutir com os anciãos e contestá-los. Maria e José, espíritos da mesma grandeza que Ele e que, por isso, não precisariam também nascer na Terra ou em qualquer outro lugar, resolveram que o acompanhariam e lhe dariam toda a assistência enquanto crescesse e assim o fizeram. Maria o acompanhou até o sepulcro. Sofreu por ver seu filho sofrer, sem nada poder fazer. Ela é conhecida por muitos nomes, mas, todos aqueles que rezam para ela, sabem que ela é Maria, a mãe de Jesus. Quando alguém entra em oração sincera e com o coração puro, uma luz muito forte sai de sua cabeça e vai ao encontro da divindade para quem se está orando, esteja ela no grau de espiritualidade em que estiver. Não importa a que religião a pessoa pertença, nem a qual divindade a oração está sendo dirigida. Ela alcançará seu objetivo e, quando há, realmente, sentimento de fé e merecimento, esse pedido será atendido. Sabemos que Sandra tem muita fé e sempre pediu e acreditou que receberia proteção de Nossa Senhora Aparecida. Portanto, se Romeu, Isaura, Pedro e Felício foram orientados para que viessem não só em auxílio de Sandra, mas de toda a família e, depois, viemos acompanhando Jaime para que ele presenciasse não só o nascimento de Mariano, mas também a união de seus amigos de muito tempo e a quebra do elo de ódio que os separava e, assim, a formação de uma nova corrente, mas, agora, de amor. Com essa nova corrente, todos continuarão seguindo sua jornada e encontrarão, pelo caminho, amigos e inimigos. Com os inimigos, tentarão quebrar os elos de ódio, podendo, assim, aumentar a corrente de amor e, com os amigos será um novo elo acrescentado à corrente. Todos eles, hoje, sabendo tudo o que sabem a respeito de Ação e Reação e do livre-arbítrio, assim que encontrarem um inimigo, tudo farão para que isso aconteça. Esse pedido, essa orientação para que viéssemos até aqui, deve ter partido de Maria, mãe de Jesus. Pela grande fé de Sandra e a vontade de Maria, estamos aqui e fizemos tudo o que estava ao nosso alcance para que todos se entendessem, a corrente de ódio fosse quebrada e a de amor fosse formada.

— Nossa, Donata, quanta coisa bonita você falou, mas ainda tenho uma dúvida...

— Que dúvida, Marina?

— Se estamos atendendo a um pedido de Nossa Senhora, por que ela mesma não veio? Por que pediu que viéssemos?

— Maria, por pertencer ao mais alto grau da espiritualidade, tem uma luz e energia muito fortes. Se ela se aproximasse, o ser humano não suportaria. Nós, que estamos caminhando e temos, ainda, um longo percurso para percorrer, temos a energia um pouco diferente da do ser humano, mas bem parecida, o que faz com que possamos nos aproximar, sem causar danos a eles ou a nós mesmos. Está satisfeita com a resposta?

— Sim... agora estou...

— Bem, Romeu, nosso trabalho terminou. Precisamos ir embora, Humberto deve estar ansioso pela nossa volta.

— Está bem, Ademir. Obrigado por ter estado aqui e volte sempre que precisarmos.

— Voltarei, sabe que esse é o meu trabalho. Jaime, você vai conosco?

— Não, Ademir. Desculpe, mas não posso abandonar a Sandra e o meu filho. Quero continuar ao lado deles.

— Está bem, mas se quiser nos encontrar, basta pensar firme que, de onde estivermos, o ouviremos.

Obrigado, Ademir, pela compreensão.

Ademir sorriu e acenou a mão para todos.

Ao ouvir e ver aquilo, Marina perguntou, nervosa:

— Já vamos embora, Ademir? Não vamos até a minha casa?

Ademir olhou para ela e, sorrindo, respondeu:

— Não se preocupe, Marina, antes de irmos, passaremos por sua casa, mas antes temos um último trabalho para fazer.

Ela suspirou, aliviada.

Despediram-se de todos e foram embora.

Ajuda providencial

Voltaram novamente à praça da cidade onde Marina havia nascido e crescido e sentaram-se em um dos bancos. Marina respirou fundo e pensou:

— *Como me sinto bem nesta praça...quanto eu brinquei e quanto namorei... que saudade eu sinto...*

— Em que está pensando, Marina?

— No tempo em que morei aqui e em como fui feliz e também no Jaime.

— No Jaime, por quê?

— Na decisão que ele tomou de não voltar, de continuar ao lado da Sandra, do Mariano e de sua família. Ele podia, mesmo, fazer isso, Donata?

— Sim, Marina. O espírito, desde sua criação, recebe o livre-arbítrio e o terá por toda a eternidade, estando encarnado ou desencarnado, e poderá usar essa Lei como quiser. Por isso, Jaime pode escolher se quer ficar aqui ou continuar no seu aprendizado. Se Deus lhe deu o direito de escolha, quem somos nós para contestá-lo? Não podemos nem devemos fazer isso.

Marina ficou olhando para Donata por alguns segundos e perguntou:

— Até os ruins, com ódio e vingativos, se desejarem, podem ficar aqui ao lado das pessoas?

— Sim, Marina. Todos os espíritos, quando criados, bons ou maus, recebem o livre-arbítrio, portanto, nada ou ninguém pode impedir que o use.

— Então, os encarnados ficam sujeitos a esses espíritos?

— Já lhe disse várias vezes que, em volta de todos nós, espíritos, encarnados ou desencarnados, existe energia.

Dependendo das energias que conservamos ao nosso lado, será a energia que atrairemos. Se estivermos tristes, desesperados, com ódio ou com desejo de vingança, atrairemos para o nosso lado espíritos que trazem consigo essas mesmas energias, mas se, por outro lado, estivermos bem, sabendo que qualquer problema sempre tem solução e que, se acreditarmos que Deus é nosso criador e Pai, as energias que nos acompanharão serão boas e só nos ajudarão. Vimos isso acontecer com Sandra que, apesar de todos os problemas por que estava passando, sem saber até para onde ia, com seu filho, depois de deixar o hospital, não deixou de ter fé, de confiar, o que permitiu que pudéssemos nos aproximar e ajudá-la no que fosse possível. Para com os espíritos desencarnados, a lei é a mesma. Eles atraíram para junto de si outros iguais a eles, que, com a desculpa de ajudá-los, os tornarão escravos e os torturarão também. Além do mais, quando o espírito, por vingança, não quer se afastar, existem várias equipes que, se conseguirem se aproximar, conseguem fazer com que esses espíritos entendam que o ódio não constrói e que eles estão no caminho errado e bem longe do que se pode chamar de felicidade.

— Essas equipes conseguem afastar esses espíritos?

— Na maioria das vezes, sim. Isso acontece quando as pessoas que estão sendo atacadas por eles sabem que são livres e que nada nem ninguém pode interferir em seu livre-arbítrio, têm fé, só assim conseguem receber ajuda e, esse momento é de muita felicidade para aquela equipe que trabalhou para aquilo. Elas recolhem esses espíritos e os encaminham para o lugar aonde devem ir, onde terão toda a assistência, carinho e oportunidade de repensarem tudo o que fizeram.

— Tudo isso é muito complicado...

— Não, Marina, não tem nada de complicado, só precisamos saber que Deus é amor, perdão, ternura e que só quer o nosso bem e que, para isso, nos dá e dará sempre todas as oportunidades.

— Se Jaime ficar aqui, vai parar de aprender?

— Não, sempre aprenderemos alguma coisa, mas se continuasse com o seu trabalho na espiritualidade, poderia aprender muito mais. Se continuar aqui, ele perderá um tempo enorme e verá que sua presença não fará bem nem à sua família nem a ele mesmo. Com o tempo, entenderá que todos nós precisamos continuar na caminhada, inclusive ele. Tudo é só uma questão de tempo. Vamos esperar para ver o que acontece.

— Por isso vocês concordaram que ele ficasse até que ele próprio descubra que, ficando aqui, está atrasando sua evolução e que não poder interferir na vida dos que aqui ficaram, pois cada um tem sua própria caminhada?

— Não só por isso, Marina, mas, também, porque o espírito é livre e não pode ser aprisionado por nada ou por ninguém. Jaime pode e deve decidir o que deseja fazer.

Marina se calou e ficou pensando.

Ademir, que acompanhava a conversa, perguntou:

— Está satisfeita com a resposta, Marina?

— Sim, tudo o que tenho ouvido e visto desde que iniciamos esta viagem está me fazendo pensar muito.

— Que bom, Marina, pensar faz bem. A tarde está bonita e quente. Antes de irmos para sua casa, precisamos fazer algo.Tem poucas pessoas na praça. Vamos entrar na igreja, Donata?

— Na igreja, Ademir?

— Sim, Marina, por que o espanto? Existe um lugar melhor para que se possa pensar? Lá, também você poderá se relembrar do tempo em que viveu aqui.

— É verdade, foi nessa igreja que fui batizada, crismada, fiz a minha primeira comunhão, me casei e batizei meus filhos.

— Está vendo como tem muito o que recordar, Marina?

Caminharam em direção à igreja e entraram pela porta da frente. Assim que entraram, sentiram uma paz enorme. Para os olhos humanos, a igreja estava vazia. Tudo era silêncio. O altar principal estava enfeitado com flores e velas. Do lado direito, uma senhora estava ajoelhada diante do confessionário, provavelmente, o padre estava lá, ouvindo-a. De onde estavam, podiam ver que havia apenas uma pessoa sentada em um dos bancos da primeira fila, porém, por toda a igreja, havia várias entidades que estavam ajoelhadas ou sentadas. De todas elas, podia-se ver luzes que saíam de suas cabeças e iam para o alto, num espetáculo deslumbrante.

Ao ver aquilo, Marina ficou extasiada com tanta luz, tanta beleza e perguntou baixinho:

— Quem são essas entidades e o que estão fazendo aqui, Donata? Elas continuam rezando como se estivessem vivas...

— Estão vivas, Marina. Você se esqueceu que a morte não existe? Que é só uma mudança de dimensão?

Marina sorriu e Donata continuou falando:

— Algumas sabem que estão mortas e estão aqui somente para descansar. Outras não sabem ou não aceitaram saber que estão mortas e, confusas, vieram para cá para pensar, se esconder ou tentar entender o que está acontecendo, e outras fazem parte de equipes de socorro que estão aqui para orientá-las e encaminhá-las para casa.

— Existem outras equipes que cuidam disso?

— Sim, Marina. Existem muitas equipes trabalhando para ajudar o espírito quando está encarnado ou, como agora, que apesar de desencarnado não sabe ou não aceita. Há muito trabalho, no plano espiritual, para ser feito.

Começaram a andar pelo corredor principal que conduzia ao altar. Quando se aproximaram da mulher que estava sentada na primeira fila, Marina falou, feliz:

— É a dona Cora, Donata!

— Sim, e é por causa dela que estamos aqui.

— Viemos buscá-la? Ela vai morrer?

— Não, Marina. Um dia, voltaremos para buscá-la, mas não pode ser hoje. Ela, antes de partir, precisa ser atendida em um desejo que tem há muito tempo.

— Que desejo?

— Ver seu neto se formar médico.

— Um simples desejo como esse faz com que o dia de partir seja adiado?

— Algumas vezes, sim. Cora foi sempre uma mulher que tentou cumprir o seu dever. Como todas as pessoas, cometeu erros, mas seus acertos foram maiores. Por isso, foi lhe dado mais um pouco de tempo para que seu desejo fosse realizado. Ela quer muito assistir à formatura do neto que ama muito.

— Sempre ouvi dizer que casamento e mortalha no céu se talham! Sempre achei que, para a morte, existia um dia certo!

— Tem razão, Marina, mas para toda regra sempre existe uma exceção. Neste caso, a exceção está sento usada.

Quando se aproximaram mais, perceberam que Cora estava muito branca, passava a mão pela testa que suava muito. Parecia que ia desmaiar. Marina disse, desesperada:

— Ela está passando mal, Donata!

— Não se preocupe, Marina, é para isso que estamos aqui. Vá até a praça e faça com que alguém entre aqui.

— Não sei como vou fazer isso, Donata!

— Vá até a praça, sei que vai encontrar alguém para nos ajudar. Quando encontrar esse alguém, comece a dizer em seu ouvido; entre na igreja, entre na igreja. Essa pessoa vai ouvir e vai entrar e, assim, vai poder ajudar a Cora e a nós também.

Desesperada, Marina saiu da igreja, foi para a praça e começou a olhar para ver se encontrava alguém. Não havia ninguém nem mesmo o táxi que costumava ficar em frente à igreja. Ficou olhando para todos os lados, mas parecia que todas as pessoas haviam sumido. Sem saber o que fazer começou a andar. Estava indo para o meio da praça, quando viu um menino que passou, correndo, por ela. Logo atrás vinha outro menino que corria também. Ela percebeu que estavam brincando. O primeiro menino, cansado, parou e se sentou em um dos bancos da praça. O outro se aproximou e, também cansado, se sentou ao lado do primeiro. Marina foi até eles e começou a dizer:

— Entrem na igreja, entrem na igreja.

Um dos meninos, depois de algum tempo, disse:

— Vamos entrar na igreja, Paulinho?

— Na igreja, Rafael? Vamos fazer o que na igreja? Hoje não é domingo, não tem missa a essa hora!

— Não sei, estou com vontade de entrar na igreja.

Antes que Paulinho dissesse alguma coisa, Rafael se levantou e começou a correr em direção à igreja. Paulinho o acompanhou e Marina sorriu, feliz e vitoriosa por ter conseguido se comunicar com pessoas que ainda estavam vivas. Foi atrás deles. Os meninos correram para o altar, quando estavam chegando, viram Cora deitada no banco, se aproximaram. Rafael olhou para Paulinho e gritou:

— Acho que ela está morta, Paulinho!

— Será, Rafael, nunca vi ninguém morto de perto...

— Não sei, mas a gente precisa fazer alguma coisa.

Eles, desesperados falavam alto. Padre Luiz que estava ouvindo aquela senhora no confessionário, ouviu os gritos e abriu, muito brabo, a porta e saiu do confessionário para poder chamar a atenção dos meninos que falavam alto na igreja. Assim que saiu, percebeu que algo estava acontecendo, perguntou, ainda de longe, mas caminhando para junto deles:

— Que está acontecendo, Rafael, por que estão gritando desse jeito? Não sabem que aqui é um lugar de oração?

— Dona Cora, padre, ela está deitada aqui, acho que morreu, vem aqui para ver se ela está morta!

Ao ouvir aquilo, o padre correu em direção dos meninos. Quando chegou perto, percebeu que Cora não estava bem. Nervoso, disse:

— Paulinho, vá até lá fora e, se o Luiz do táxi estiver lá, pede para ele vir me ajudar e você, Rafael, que mora perto da casa de Nanci, vá até lá e diga para me encontrar no hospital, estou levando a mãe dela para lá.

Os meninos saíram correndo. Poucos minutos depois, um senhor entrou correndo na igreja. Quando chegou perto, perguntou, assustado:

— O que está acontecendo, padre?

— Não sei, Luiz! Ela não está bem, precisamos levá-la para o hospital! Já pedi para o Rafael ir avisar Nanci. Vamos, me ajude a levantá-la.

Cora era pequena e magra, o que tornou mais fácil sua remoção. Com ela nos braços de Luiz, saíram o mais rápido que puderam. Ademir, Donata e Marina os acompanharam. Antes de saírem, acenaram para outras entidades que, quando chegaram à igreja, já estavam lá e assim que viram Cora começar a passar mal, juntaram-se a eles. Enquanto ela não fosse levada para o hospital, junto com eles, ficaram jogando luzes sobre ela para que suas energias não ficassem muito fracas.

Assim que chegaram ao hospital, imediatamente ela foi levada a uma sala, onde um médico a examinou e para consolo de todos, disse:

— Não é nada grave, ela só teve uma queda de pressão. Vou lhe aplicar uma injeção e ficará por um tempo em observação, depois poderá ir para casa.

Menos de quinze minutos depois, Nanci chegou ao hospital, encontrou o padre que conversava com o médico. Ela se aproximou e perguntou, desesperada:

— Padre, onde está minha mãe? Que aconteceu com ela?

— Fique calma, minha filha. Ela está bem. O médico acabou de me dizer que ela só teve uma queda de pressão, mas já está bem, não é doutor?

— É sim, padre. Sua mãe foi medicada e está muito bem.

— Que susto! Já pedi mil vezes para que ela se mude lá para casa, mas ela não quer, insiste em continuar morando na sua casa. Não sei mais o que fazer.

— Não se preocupe, ela, embora tenha um problema no coração, está muito bem. Não é hoje que vai morrer...

— Nem brinque com isso, doutor. Não me imagino sem minha mãe. Ela sempre foi muito minha amiga. Ela não pode morrer, nunca...

— Infelizmente, esse dia vai chegar, não só para ela, como para todos nós, mas ela, se depender do coração, viverá por muito tempo. Se quiser, pode ir vê-la, ela está naquele quarto, só repousando.

Nanci, mesmo antes que ele terminasse de falar, já estava se dirigindo para o quarto. Entrou, já brigando com a mãe:

— Mamãe, que susto me deu! Quando sair daqui, vai para minha casa. Sabe o quanto ficamos preocupados com a senhora morando sozinha! Já está com oitenta e um anos, não pode mais ficar sozinha naquela casa...

— Claro que posso, Nanci, e não estou sozinha, a Luzia está sempre ao meu lado.

— Sei que ela cuida muito bem da senhora, mas acho que ela nem percebeu que a senhora saiu.

— Tem razão, quando saí, ela estava no fundo do quintal, lavando roupa. Não quis avisar porque ela ia querer vir comigo e largar o que estava fazendo. A igreja fica tão perto de casa. Só vim rezar pelo meu neto e agradecer a Deus por ter vivido até hoje. Sabe como estou feliz.

— Sei, mãe, também estou, mas ficaria mais feliz se, quando sair daqui, ao menos hoje, fosse lá para casa. Precisamos estar bem bonitas para a cerimônia.

— Está bem, se é para que fique sossegada, eu vou, mas só por hoje. Amanhã, quero voltar para minha casa.

— O médico disse que a senhora está bem. Assim que ele a liberar, passaremos na sua casa, pegaremos a sua roupa e avisaremos a Luzia para que ela não fique preocupada. Na hora de cerimônia, a senhora vai estar linda...

— Vou estar mesmo. Está bem, por hoje, vou aceitar ir para sua casa. Já estou bem, acho que podemos ir embora...

— Nada disso! Precisamos esperar que o médico a libere. Fique aí deitada!

— Não podemos ficar aqui, Nanci. Está chegando a hora e não podemos nos atrasar.

— Não vamos nos atrasar, ainda tem muito tempo.

Marina começou e rir e disse:

— Ela sempre foi assim, uma mulher independente, que sempre soube o que quis da vida. Quando seu marido morreu, ela ficou sozinha com duas crianças, e cuidou delas sozinha. Trabalhou muito, sempre foi enérgica, mas amiga dos filhos. Desde criança, eu gostava muito de ir à sua casa, ela fazia um bolo de chocolate delicioso. Eu e Nanci sempre fomos amigas. Nascemos e fomos criadas na mesma rua e, quando fiquei doente, tanto ela como dona Cora estiveram sempre ao meu lado.

— Vocês conservam há muito tempo esse tipo de amizade. São espíritos amigos que decidem vir ao nosso lado para nos ajudar e, você mesmo pôde constatar, Marina, como elas foram importantes. Assim como elas, deve ter encontrado outras pessoas que a ajudaram, não só na hora da doença, mas em outras oportunidades também. Pessoas que só viu uma vez, mas que ajudaram você de alguma maneira. Isso sempre acontece.

— Tem razão, Donata. Quando chegar a hora de dona Cora voltar para casa, sua equipe virá buscá-la?

— Sim, Marina, mas não será hoje, levará algum tempo.

— Gostaria de vir também.

— Você está nos acompanhando somente para aprender, desde o começo sempre soube que, se não quisesse, não precisaria nos acompanhar sempre.

— Se eu quiser vir mais vezes, posso, Donata?

— Você pode tudo, Marina.— Donata disse, rindo.

O padre entrou no quarto e percebeu que a cor no rosto de Cora havia voltado. Sorrindo, disse:

— Parece que está bem, Cora. Você me deu um susto tremendo.

— Não sei o porquê, padre. O senhor sabe que eu não ia morrer sem assistir a formatura do meu neto!

— Você sempre me disse isso, mas, sabe como é...

— Sei, sim, por isso eu disse que não ia morrer. — ela disse sorrindo e piscando um olho.

— O senhor vai também, não é, padre?

— Claro que sim, Nanci. Conheço você mesmo antes de nascer, acompanhei toda a gravidez de sua mãe, batizei você, fiz sua primeira comunhão, seu casamento, como poderia deixar de comparecer em uma data tão feliz?

— Obrigada, padre. Assim que o médico liberar a mamãe, vamos para casa, pois temos muito o que fazer.

— Bem, já que está tudo bem, também vou para a igreja, nos encontraremos lá.

Dizendo isso, saiu e foi para a igreja.

— Podemos ir na cerimônia, também, Ademir.

— Não quer ir para sua casa, Marina?

— Claro que quero, mas gostaria de ir à cerimônia também. Queria estar presente nesse dia de tanta felicidade para Nanci.

— Está bem, iremos, mas não poderemos ficar por muito tempo, sabe que precisamos voltar.

— Está bem.

— Antes, porém, vamos à sua casa e, depois da cerimônia, iremos embora.

— Agora, vamos para minha casa? Obrigada, Ademir.

— Sim. Chegou a hora e não precisa agradecer, você, além de merecer, teve muita paciência e sabemos o quanto isso lhe custou.

Dizendo isso, olhou para Donata que concordou com a cabeça.

Saíram de lá.

A hora da verdade sempre chega

Chegaram à rua e à casa onde Marina morava antes de morrer. Puderam notar que ela estava bem pintada e, que no jardim, havia flores coloridas e também bem cuidadas. Marina ficou olhando e de seus olhos, mesmo sem perceber, lágrimas começaram a se formar e a cair por seu rosto. Ela estava emocionada por estar ali. Donata, percebendo que ela estava chorando, preocupada, perguntou:

— Por que está chorando, Marina? Não está feliz por estar aqui na sua casa e poder rever tudo e todos? Matar saudade e ver como todos estão?

— Claro que estou, Donata, mas não consigo me controlar. Foi aqui, nesta casa, que fui muito feliz e que também sofri tanto... não posso deixar de me emocionar ao me relembrar de como tudo aconteceu.

— Sei disso, Marina, só estou tentando alegrar você e fazer com que se sinta bem.

— Nesta casa, vim morar quando me casei. Meus pais nos deram de presente. Depois, meus filhos nasceram... eu era muito feliz. Vivi momentos inesquecíveis e outros de muita tristeza também. Isso aconteceu quando descobri que estava doente e durante todo o tratamento. A casa continua igual, nada foi modificado. Algumas vezes, fico pensando, Donata, por que tive de ficar doente e morrer tão jovem, sem ter tido tempo para cumprir minha missão. Na verdade, nem sei se tinha alguma e, muito menos, qual era...

— Tudo aconteceu na hora em que precisava acontecer, Marina, e você cumpriu sim, sua missão. Posso lhe dizer que cumpriu muito bem e que voltou para casa, vitoriosa.

— Como pode dizer isso, Donata? Não vi meus filhos crescerem, nem sei como estão hoje... meu filho queria ser aviador. Será que ele é? Minha filha queria ser professora, será que ela é? Norberto, como ficou depois da minha morte? Como estará hoje? Tudo isso me entristece muito, Donata...

— Mas não deveria ficar triste, Marina. Vamos entrar, sabe que não temos muito tempo. Precisamos voltar, terminamos nosso trabalho. Além do mais, Humberto deve estar ansioso pela nossa volta. Sabe disso, não sabe? Ele está preocupado desde que saímos. Não sabia se conseguiríamos cumprir, com êxito, todas as missões a que nos propusemos fazer.

— Sim, sei disso. Ele demorou muito para permitir que eu voltasse. Até hoje, não entendi o porquê, pois como vimos, Jaime voltou com muito pouco tempo e eu levei todo esse tempo. Por quê, Donata?

— Não sei responder a essa sua pergunta, Marina, mas isso agora não importa mais. Você está aqui e poderá rever a todos e matar sua saudade. Vamos entrar?

Marina, com lágrimas nos olhos, disse que sim com a cabeça. Entraram e chegaram à sala da casa. Ela parou e ficou olhando tudo. Depois, disse:

— Os móveis e as cortinas são diferentes daqueles que havia quando fui embora.

Donata olhou para Ademir e os dois riram. Ela disse:

— Claro que isso teve de ser mudado, Marina. Passaram-se quase vinte anos...

Marina também começou a rir.

— Tem razão, Donata, mas, para mim, parece que foi ontem. Em minha mente, está tudo tão recente...

— É assim mesmo, mas parece que não tem ninguém em casa. Será que todos estão se preparando para a festa?

— Acho que sim. Vamos olhar o resto da casa, Donata?

— Sim. Logo mais, com certeza, todos chegarão.

Começaram a andar pela casa. Foram até a cozinha, onde uma mulher, cantarolando, estava junto ao fogão, colocando água para ferver. Marina, ao vê-la, disse, feliz:

— É a Joana, Donata! Ela continuou aqui cuidando da casa e das crianças! Mas está tão envelhecida!

— Sim, Marina, depois que você partiu, ela continuou cuidando da casa e das crianças. Sabe como ela gostava de seus filhos, mas ficou por pouco tempo, pois você sabe que ela estava para se casar e ir morar em outro estado. Ela se casou e foi embora. Dois anos depois de casada, ficou viúva, voltou para cá e pediu para que Norberto a aceitasse novamente. Como ele sabia o quanto você e as crianças gostavam dela, aceitou imediatamente e ela está aqui até hoje. Está casada novamente, mas passa o dia todo cuidando da sua casa e da sua família, nunca abandonou a sua família, Marina. Claro que está envelhecida. O tempo passou para ela. Só você continua a mesma.

Marina se aproximou de Joana, mas permaneceu a uma certa distância. Sua vontade era de abraçá-la, porém sabia que não poderia fazer isso, pois poderia prejudicá-la. Com a ponta dos dedos, lhe enviou um beijo. No mesmo instante, Joana, segurando a chaleira nas mãos, pensou:

Dona Marina, que pena que a senhora não está aqui junto com a gente. Se estivesse, com certeza, assim, como todos nós, estaria muito feliz. Mas, sei que deve estar no céu e sabendo de tudo o que está acontecendo e também deve estar feliz, sim...

Marina, ao ouvir aquilo, disse emocionada:

— Estou muito feliz, sim, Joana e muito agradecida por ter continuado a cuidar, com tanto carinho, da minha família. Deus a abençoe...

Saíram para o quintal, que estava todo coberto por uma grama, rente, verde e muito bem cuidada. Em cada canto do quintal, havia várias roseiras plantadas com rosas de várias cores. Marina, ao vê-las, ficou emocionada e falou alto:

— Minhas roseiras continuam aí, Donata! Joana cuidou delas durante todo esse tempo? Estão da maneira como deixei, claro que em mais quantidade, mas estão lindas como sempre...

— Sim, Marina. Elas sempre foram muito bem cuidadas, não só por Joana, mas por todos da casa. Por isso, elas estão lindas, abertas e perfumadas, somente para você... parece que eles sabiam que você estava voltando...

Marina, emocionada, foi até cada uma das roseiras, acariciou as rosas e sentiu seu perfume. Depois, voltaram para a cozinha. Joana colocava pó de café no coador. Marina mandou outro beijo para ela e foram para a sala.

Estavam indo em direção à escada que os levaria ao andar superior da casa, quando ouviram a porta da frente se abrindo. Voltaram-se e viram um rapaz que entrava. Ao perceber que não havia ninguém, somente Joana que deveria estar em algum lugar da casa, começou a subir os degraus que o levaria ao andar superior. Marina, ao vê-lo, não se conteve e perguntou ansiosa e tremendo muito.

— Donata, esse moço é Joel, meu filho?

— É sim, Marina.

Ao ouvir aquilo, sem pensar correu em direção ao rapaz e o abraçou com toda força e saudade que sentia, dizendo:

— Joel, meu filho! Como você está bonito!

No mesmo instante, Joel sentiu uma tontura que quase fez com que caísse. Donata, imediatamente, puxou Marina pelo braço, que se afastou, assustada.

— Meu Deus, Donata, que eu fiz para que ele se sentisse mal? Parece que ele vai desmaiar...

— Com o seu abraço, sua energia se misturou com a dele. Sabia que não podia se aproximar dele, Marina.

— Desculpe, eu sabia... fui muito avisada quanto a isso, mas quando o vi, me esqueci. Ainda bem que vocês estão aqui...

— Ainda bem, mesmo. Mas agora está tudo bem, ele já se recuperou.

Realmente, Joel, um pouco assustado com aquela tontura, balançou a cabeça com força e pensou:

Que tontura foi essa? Deve ser a ansiedade pelo dia de hoje, também não me alimentei bem.

Continuou subindo os degraus e chegou a um corredor, abriu uma porta e entrou.

Marina, Ademir e Donata o acompanharam. Assim que entrou no quarto, ele se deitou, de costas na cama, colocou os dois braços sobre a cabeça e ficou pensando:

Finalmente, o dia chegou. Estou feliz por ter conseguido me formar, mas tenho ainda uma longa caminhada para conseguir o meu objetivo.

Marina ria sem parar. Estava feliz por ver que seu filho se tornara um homem de bem. Disse, emocionada:

— Ele não é lindo, Donata?

— É sim, Marina...

Joel, ainda deitado, tirou do bolso uma carteira, abriu e ficou olhando para uma fotografia de Marina. A fotografia era pequena, mas bem nítida e fiel. Marina, que até ali sorria, feliz, se emocionou ao perceber que seu filho pensava nela. Ele, com a fotografia na mão, pensou:

Que pena que a senhora não está aqui, mamãe. Sei que estaria muito feliz...

Ela, ao ouvir aquilo, viu quando uma luz muito forte saiu da cabeça dele e veio com muita felicidade sobre ela, fazendo com que quase caísse. Olhou para Donata e Ademir que sorriam, mas ficaram calados, olhando para Joel, que continuava olhando para a fotografia e pensando:

Por tudo que me lembro e me contaram, sei que a senhora era maravilhosa e que deve estar no céu. Se estiver e puder me ouvir, quero que saiba que estou muito feliz...

— Eu estou aqui e também muito feliz, meu filho! — Marina disse, gritando.

Ele continuou olhando para a fotografia e pensando nela e em todo o tempo em que ela esteve doente.

Eu era muito pequeno e vi o quanto sofreu, mamãe. Até agora, ainda não entendi por que teve de morrer tão jovem...

Estava pensando, quando a porta se abriu e se ouviu uma voz que perguntou:

— Posso entrar, Joel? Que está fazendo?

— Claro que sim, mamãe. Estou descansando, sabe como esses últimos dias têm sido intensos...

Ao ouvir aquilo, Marina se voltou para Ademir e Donata e perguntou, muito nervosa e quase gritando:

— Mamãe! Que história é essa, Donata?

Donata olhou para Ademir e disse:

— Continue ouvindo a conversa, Marina, e vai entender tudo o que aconteceu depois que você partiu.

— Entender o que, Donata, para ela estar aqui em casa e meu filho a chamar de mãe, quer dizer que ela se casou com Norberto! Vou matá-la!

Dizendo isso foi para junto de Nanci na clara intenção de se jogar sobre ela, mas Donata e Ademir se colocaram na sua frente, impedindo-a de fazer o que desejava. Com a voz baixa, mas firme, Donata disse:

— Espere, Marina! Não pode fazer isso!

— Como não posso fazer isso, Donata? Ela sempre disse ser minha amiga, mas, na realidade, não era, se casou com meu marido, roubou não só ele, mas também meus filhos, a minha casa, a minha vida? Como posso não ficar irritada?

— Continue ouvindo a conversa, Marina...

— Não quero ouvir mais nada, Donata! Ela me traiu, mas isso não vai ficar assim!

— Acalme-se, Marina. Essa atitude só pode lhe fazer mal...

— Como me acalmar, Donata? Ela roubou tudo o que era meu! Meu marido, meus filhos, minha casa e minha vida!

— Já devia ter aprendido que nada é nosso e que tudo o que conquistamos ou temos aqui na Terra, quando partirmos, continua aqui, Marina. A única coisa que temos é nosso espírito e sua caminhada para a luz, nada além disso...

— Sei que devia ter aprendido, mas não consigo entender, como o Jaime fez com Sandra, vou fazer da mesma maneira! Vou ficar aqui ao lado dela para sempre! Vou me agarrar ao seu corpo e ficar até que morra!

— Não deve fazer isso, Marina. Precisa entender o que aconteceu. Não pode continuar aqui.

— Como não posso? Você mesma disse que o espírito é livre e que pode fazer tudo o que quiser! Você mesma disse que Jaime poderia, se quisesse, continuar ao lado de sua família! Sendo assim, também posso e também quero! Vou ficar aqui e me vingar dessa traidora! Vou fazer com que morra!

— Eu disse e é verdade, mas seu caso é completamente diferente do de Jaime.

— Diferente, por quê, Donata? Se ele pode ficar, também posso! Vou ficar, e nada o que diga poderá fazer com que eu mude de idéia! Ela vai me pagar pela traição!

— Não, Marina. Sua situação e a de Jaime são diferentes. Ele ficou ao lado da família por amor, pensando poder ajudar Sandra e seu filho. Você, ao contrário, quer ficar por ódio, desejo de vingança e de destruição. Entendemos a situação de Jaime, ele poderá ficar o tempo que desejar e terá sempre o nosso auxílio, além de poder voltar para trabalhar em qualquer equipe, assim que desejar. Com você é o contrário. A cada momento de ódio e desejo de vingança, sua energia está se modificando e, em breve, não poderá mais nos ver e, por suas energias se tornarem pesadas, mesmo que quiséssemos, não poderemos nos aproximar. Será muito difícil que volte para casa ou a trabalhar em qualquer equipe. Com suas energias de ódio e desejo de vingança, só poderá atrair, como companhia, outros espíritos com a mesma energia. O espírito, encarnado ou não, é livre, sim, para escolher a companhia que deseja ter ao seu lado. Pense bem. Está em suas mãos o que deseja para si.

Marina começou a chorar. Durante a viagem ao lado da equipe de Ademir e Donata, já havia aprendido muito sobre o perdão e o mal que as energias do ódio podiam causar tanto aos encarnados como aos desencarnados, mas, enquanto aprendia, nunca poderia imaginar que teria de usar tudo o que aprendeu consigo mesma. Desesperada, disse:

— Não sei o que fazer, Donata...

— Entendo que o que descobriu foi muito repentino e inesperado, mas nada acontece sem a vontade de nosso criador. Tudo estava planejado e foi por isso que a convidamos para que viesse ao nosso lado. Este momento é muito importante, pois, para todos, sempre chega a hora da verdade e para você a sua hora é agora. Chegou a hora de mostrar se realmente aprendeu tudo o que lhe foi ensinado e mostrado desde o início desta viagem. Está em suas mãos. Como fazemos com o espírito encarnado, podemos intuir, dizer o que é certo, mas jamais poderemos interferir no livre-arbítrio de cada um. Só você pode decidir, Marina, e o que escolher, acataremos sem discutir.

— Preciso decidir agora, Donata?

— Não, ainda temos tempo. Pode pensar à vontade no que deseja fazer. Mas, para ajudar na sua decisão, sugiro que continuemos ouvindo a conversa de Joel com Nanci. No final, talvez tenha mais facilidade para decidir.

Marina se calou, olhou para Nanci que se aproximou da cama. Trazia, em suas mãos, pendurada em um cabide, uma beca de formatura e disse:

— Trouxe sua beca para que use esta noite, Joel. Ela está bem passada, eu mesma a passei. Vou colocar aqui no guarda-roupa para que não amasse.

— Obrigado, mamãe. Que aconteceu? Quando cheguei, não tinha ninguém em casa. Só ouvi a Joana lá na cozinha. Fiquei preocupado, vim para o quarto, mas já ia descer e perguntar a Joana se ela sabia de alguma coisa e por que não havia ninguém em casa.

— Foi sua avó que novamente me deu um susto tremendo.Tive de sair às pressas.

— Que aconteceu?

— Ela passou mal na igreja e o Rafael, por sorte, estava lá. O padre Luiz a levou para o hospital e pediu que ele viesse me chamar. Fui imediatamente.

Ao ouvir aquilo, ele levantou-se assustado e perguntou:

— O que ela sentiu, mamãe. Onde ela está?

— Nada grave, o médico disse que foi só uma queda de pressão, mas que logo ficaria boa e, realmente, ficou. Está aqui em casa e, desta vez, mesmo contra sua vontade, não irá mais embora. Não vou permitir!

— Até parece que poderá não permitir. A senhora não conhece a vovó... — ele disse, com ironia na voz.

— Por que está dizendo isso?

— Ela sempre fez o que quis. Nunca permitiu que ninguém interferisse em sua vida. Não vai mudar agora. Nada fará que venha morar conosco, a não ser que ela mesma decida.

Nanci começou a rir e disse:

— Tem razão, Joel, ela é mesmo uma figura e gosta muito de você e de sua irmã. Ela nem se lembra que não é a verdadeira avó de vocês.

— Também gostamos muito dela, mamãe e, também, nos esquecemos de que não é a nossa verdadeira avó...

— Sabe o que me disse quando cheguei apavorada no hospital?

— Não, o quê?

— Que eu não precisava ficar preocupada, pois sabia que ela não ia morrer antes de assistir a sua formatura. Pode uma coisa dessa? Ela falou com tanta segurança que fiquei sem saber o que dizer.

Joel também riu.

— Essa é a minha avó...

— Onde estão o papai e a Berenice?

— Seu pai disse que não podia deixar de ir à empresa, mas disse, também, para eu não me preocupar que, na hora certa, estaria aqui. Berenice está toda empolgada com a cerimônia e por ter um irmão médico. Foi arrumar o cabelo e buscar, na costureira, o vestido que mandou fazer e que vai usar na festa.

— Acha que a vovó Bethe e meu avô Alfredo virão para a formatura?

— Não sei. Quando sua mãe morreu, eles ficaram muito abalados. Seu avô resolveu que seu tio e seu pai cuidariam da empresa e eles foram para Portugal, para junto da família. Desde então, nunca mais voltaram para o Brasil. Você e sua irmã é que, todos os anos, passam as férias lá. Eles têm muito medo de viajar de avião. Por isso, acho que não virão.

— É uma pena, gostaria muito que eles estivessem aqui.

Joel sorriu e, por um momento, pensou em Marina. Voltou a se deitar na cama. Nanci percebeu aquela nuvem que passou por seus olhos e disse:

— Posso adivinhar o que está pensando...

Ele olhou para ela e, curioso, perguntou:

— O que acha que estou pensando?

— Não no que está pensando, mas em quem...

— Está bem, mas em quem?

— Na sua mãe.

— Como soube?

— Também estive pensando muito nela e em como deve estar feliz por ver você recebendo o diploma de médico...

— Estava pensando nela, sim, e em todo o tempo que esteve doente. Eu era muito pequeno, mas acompanhei tudo. Ela sofreu muito, não foi?

— Foi, sim, Joel, e o mais triste era que nada se podia fazer a não ser lhe dar carinho e atenção e isso não lhe faltou. Todos se esmeraram nesse sentido.

— Depois que ela morreu, embora criança, decidi que me tornaria médico para cuidar das pessoas doentes. Agora que recebi meu diploma, vou fazer especialização em oncologia. Vou me dedicar a cuidar das pessoas com câncer. Se não conseguir curar, ao menos lhes darei toda a assistência, carinho e atenção para que se sintam confortáveis. Depois que fizer a especialidade, vou também me juntar a um grupo que faz pesquisas e tenho fé que encontraremos um remédio ou, quem sabe, até uma vacina que possa ser aplicada em todas as crianças com poucos meses de nascidas, assim como já existem outras que evitam doenças, antes consideradas mortais. Alguns tipos de câncer já estão sendo curados, mas precisamos encontrar uma cura para todo tipo e isso vai acontecer. Devo isso a minha mãe. Se, quando ela morreu, já existisse esse remédio ou essa vacina, ela não teria sofrido tanto e estaria aqui conosco. Ouvi dizer, não sei onde, que todos temos uma missão, por isso acho que a sua missão, aqui na Terra, foi exatamente essa, fazer com que eu me dedique com carinho a todo doente de câncer e tente encontrar a cura para essa doença.

Ao ouvir aquilo, Marina, espantada, olhou para Ademir e Donata, que sorriram. Voltaram os olhos para Nanci, que disse:

— Sim, deve ter sido uma das suas missões...

— Por que, acha que ela teve outra?

— Acho, não. Tenho certeza.

Novamente, Marina olhou para Ademir e Donata, demonstrando que não estava entendendo o que Nanci disse.

Donata e Ademir voltaram a sorrir e também a olhar para Nanci, que continuou falando.

— Já lhe disse várias vezes que eu e sua mãe éramos amigas inseparáveis, Joel. Ela se casou, eu continuei solteira, mas, mesmo assim, continuamos amigas. Um dia, ela me contou que estava sentindo dores e, sem que seu pai soubesse, fomos juntas ao médico que, após vários exames, constatou que era câncer. A princípio, ela não quis acreditar nem contar ao seu pai, mas eu a convenci de que ele precisava saber e, juntas, contamos, primeiro a ele e, depois, ao resto da família. Pode imaginar como todos ficaram desesperados. Ela era muito jovem, cheia de vida e tinha vocês ainda pequenos. Durante todo o tempo da doença, ficamos ao seu lado e fizemos tudo para que ela ficasse confortável e se curasse, mas foi em vão. Ela faleceu. Não preciso nem dizer como todos sofremos, tanto que seus avós foram embora do país. Depois que ela morreu, seu pai ficou desesperado, mas tinha vocês dois e precisava trabalhar. Joana, que já trabalhava para sua mãe há muito tempo, também foi muito dedicada, mas estava se preparando para se casar e precisava ir embora com o marido para outro estado. Eu amava você e a Berenice como se fossem da minha família. Quando você nasceu, fui a primeira a chegar e a vê-lo pelo vidro do berçário. O mesmo aconteceu com Berenice. Estive sempre ao lado de vocês. Marina insistiu e eu acabei sendo a madrinha dos dois. Depois que ela faleceu, vendo o desespero de seu pai, conversei com ele e disse que, como eu não trabalhava fora, poderia ficar cuidando de vocês e da casa, até que ele encontrasse alguém para cuidar de tudo. Conversei, também, com minha mãe. Ela, por também gostar muito de vocês e de sua mãe, concordou. Eu vinha pela manhã, cuidava da casa, mandava vocês para a escola, fazia o jantar e, quando seu pai chegava, jantávamos. Enquanto eu arrumava a cozinha, ele colocava vocês dois para dormir. Muitas mulheres se apresentaram para o trabalho, mas eu ou ele nunca encontramos alguém em quem confiássemos e o tempo foi passando. Ele me pagava um salário e eu estava muito feliz. Em uma noite, isso mais de um ano depois da morte de sua mãe, quando terminamos de jantar, ele foi colocar vocês na cama. Voltou logo em seguida e, olhando bem em meus olhos, disse:

— *Nanci, você é tão dedicada aos meus filhos e a mim, que estive pensando em lhe fazer uma proposta.*

— *Que proposta?*

— *Já que fica o tempo todo aqui e só vai para sua casa à noite, por que não se muda de vez e fica morando conosco definitivamente?*

— Olhei assustada para ele, Joel, pois nunca tinha pensado naquilo. Havia me acostumado e não via problema algum em ter de ir à noite para casa e voltar no outro dia pela manhã. Sem entender aquela pergunta, respondi:

— *Não tem problema algum, Norberto. Já me acostumei. Essa rotina já faz parte da minha vida.*

— *Você não entendeu a minha proposta.*

— *Como, não? Claro que entendi, mas acho que não é preciso, está muito bem da maneira como está...*

— *Não, não está bem. Vou esclarecer a minha proposta. Para que você durma aqui, nesta casa, e para que não haja comentários, terá de ser minha esposa.*

— *Esposa?*

— *Sim, esposa. Eu e meus filhos precisamos de alguém que fique ao nosso lado, não como empregada, mas como mãe e esposa. Quer se casar comigo?*

— Eu nunca havia pensado naquela possibilidade. Minha única intenção, quando resolvi ajudar, foi somente pensando em você e na sua irmã. Nunca tinha olhado para seu pai de maneira diferente. Embora algumas vezes houvesse pensado em como ele era bonito e dedicado. Ele, sem que esperasse a minha resposta, continuou falando:

— *Sabe o quanto amei e ainda amo Marina. Ela foi a mulher da minha vida, mas não sei por que e, infelizmente, Deus achou que ela deveria partir. Você sabe o quanto sofri com sua doença e sua morte, mas a vida continua. Meus filhos e eu precisamos de alguém ao nosso lado e ninguém é melhor do que você, que sei, nos ama, para ocupar esse espaço que foi dela.*

— Fiquei olhando para ele, abismada e sem saber o que responder. Ele insistiu:

— *Não vou negar que ainda penso em Marina e que ela me faz muita falta, mas sou ainda jovem e preciso continuar com a minha vida. Se você aceitar, ficarei muito feliz. Se nos casarmos, poderemos ter os nossos filhos e todos viveremos felizes. O que acha da minha proposta?*

— Fiquei sem saber o que responder, mas sabia que aquilo era o que mais queria. Nunca havia olhado para Norberto de uma maneira que não fosse de amigo ou de irmão, mas, naquele instante, olhei para ele de uma maneira diferente e descobri que, embora nunca houvesse pensado ou admitido, gostava dele e poderíamos ser felizes. Aceitei, e um mês depois, nos casamos.

— Lembro-me daquele dia e o quanto eu e Berenice estávamos felizes com aquele casamento. Também gostávamos muito de você, tanto que, logo depois, resolvemos que a chamaríamos de mãe. Só posso lhe dizer que meu pai fez a escolha certa. Você foi e é uma ótima mãe.

Dizendo isso, se levantou e a abraçou com muito carinho e continuou falando:

— Sempre foi uma excelente mãe. Nunca deixou que nos esquecêssemos de que nossa mãe tinha morrido e que estava no céu olhando por nós. Sempre nos falou de como ela era bonita e de suas qualidades e nos fazia rezar todas as noites em sua intenção. Só podemos agradecer a você e ao papai por tanta dedicação. Obrigado, mamãe. Sei que, de onde minha mãe estiver, também deve estar feliz por papai ter escolhido a senhora para ocupar o lugar que era dela. Mas disse que papai queria ter filhos seus, por que não tiveram?

— Acredito que essa foi a segunda missão de sua mãe. Depois que nos casamos, tentei engravidar, mas, como não acontecia, fui ao médico e ele, depois de alguns exames, disse que, para eu poder engravidar, teria de fazer um tratamento complicado e, mesmo assim, não poderia garantir se daria resultado. No princípio, fiquei arrasada. Seu pai queria que eu fizesse o tratamento, mas eu disse:

— *Se eu fizer esse tratamento que será complicado, se, no final, não conseguir engravidar, será uma frustração maior. Já temos dois filhos. Eu amo essas crianças e, para mim, são meus filhos. Não precisamos de mais um.*

— Ele não queria concordar, mas, diante de minha insistência, não tocou mais no assunto. Essa foi a segunda missão de sua mãe. Ela nasceu somente para ter vocês dois e, já que eu não poderia ter meus próprios filhos, me deu os dela de presente. Sua missão foi abençoada... estamos todos felizes...

Os dois, abraçados, choravam. Marina, depois de ouvir aquela conversa, também, emocionada, começou a chorar. Olhou outra vez para Donata e Ademir que, novamente, sorriram. Ela ia dizer alguma coisa, mas foi interrompida por um grito, olhou em direção à porta e viu uma moça que entrava e gritava feliz:

— Mamãe, Joel! Olhem como o meu cabelo e maquiagem estão bonitos.

Joel e Nanci se separaram e olharam para ela que continuou falando:

— Vocês nem imaginam como meu vestido para esta noite está lindo! E o do baile, então, na próxima semana, é maravilhoso! Vou ser a moça mais linda do baile e vou até arrumar um namorado.

Marina agarrou o braço de Donata e disse, espantada:

— É a Berenice, minha filha?

— Sim, Marina! É ela mesma...

— Como ela está linda, Donata e parece muito feliz!

— Sim, Marina, e está muito bonita e feliz, também. Nanci fez um ótimo trabalho com seus filhos...

Berenice, que entrou correndo e falando sem parar, percebeu que os dois estavam chorando, preocupada, perguntou:

— Por que estão abraçados e chorando? Aconteceu alguma coisa que eu não estou sabendo?

Nanci e Joel se separaram. Nanci disse:

— Nada aconteceu, Berenice, só estamos nos lembrando do passado e nos emocionamos, mas está tudo bem.

— Está dizendo que estão se lembrando da mamãe e em como ela estaria feliz se estivesse aqui, não é?

— Sim, Berenice, é isso mesmo que estamos fazendo.

— Também, enquanto o cabeleireiro arrumava meu cabelo, pensei nela e em como deve estar orgulhosa de você, meu irmão. Todos os pais querem um filho doutor...

— Ela deve estar orgulhosa, sim, e ficará mais orgulhosa ainda, quando, daqui a dois anos, for a sua vez de se formar e também em medicina, Berenice. Se os pais querem ter um filho doutor, nossa mãe terá dois que, por sinal, serão muito bons e cuidarão com muito carinho, dando-lhes toda atenção que os pacientes merecem, pois, se eles já estão assustados com a doença, precisam de uma palavra amiga, não é mesmo?

Berenice sorriu e disse:

— Tem razão, também vou ser médica. Só que não quero ser oncologista como você. Quero ser obstetra e ver muitas crianças nascendo. Lindas e, se possível, sem doença. Não quero participar da morte, quero participar da vida! Podem parar de chorar, pois se ela estiver nos vendo, vai ficar muito triste!

— Tem razão, minha filha. Não podemos nos lembrar da sua mãe com tristeza. Ela, antes de ficar doente e, por um bom tempo, depois de ter descoberto a doença, sempre foi de brincar, rir e estava sempre alegre. Além de muito curiosa. Quando ela sabia de algum fato, mexia e remexia até descobrir tudo. Ela era uma mulher maravilhosa...

— Você sempre falou muito bem de nossa mãe, eram amigas mesmo...mãe, não é, Joel?

— É sim, Berenice, e nunca deixou que nos esquecêssemos dela. Por que fez isso, mamãe?

— Por que Marina foi minha melhor amiga. Eu gostava muito dela e fiquei triste quando ela morreu, tão jovem. Não achei justo que ela, além de perder vocês, fosse esquecida. Joel, tenho um presente para lhe dar por sua formatura. Sei que vai gostar. Ia lhe dar mais tarde, mas acho que agora é o momento. Está lá no meu quarto. Vou buscar.

Nanci saiu do quarto. Joel e Berenice olharam para ela enquanto saía. Berenice perguntou:

— O que será que ela comprou para lhe dar de presente, Joel? Será que é uma camisa? Ela gosta de comprar camisas para você e para o papai...

— Não tenho idéia, Berenice, mas deixe de ser curiosa...

Nanci, logo depois, voltou do quarto e trouxe um pacote embrulhado com um papel de presente, azul claro e enfeitado com fita e um laço em um azul mais escuro. Entregou o pacote para Joel e, sorrindo, disse:

— Espero que goste, mandei fazer com muito carinho.

Joel pegou o pacote, sentou-se na cama e o abriu. Para surpresa de todos, e muito mais de Marina, apareceu um porta-retratos com a sua fotografia. Joel, emocionado, disse:

— A fotografia da minha mãe! A mesma que tenho na minha carteira! Como conseguiu, mamãe?

— Seu pai tem, também na carteira, uma fotografia como a que você tem. Pedi e ele me emprestou. Mandei ampliar e colocar nesse porta-retratos. Espero que goste.

— Claro que gostei! Ela está linda nessa fotografia! Vou colocar no meu criado-mudo e poderei vê-la todos os dias antes de dormir. Muito obrigado, mamãe...

Nanci ficou calada e feliz por ver que havia acertado no presente e pensou:

Marina, minha amiga... espero que esteja em um lugar muito bom. Seus filhos estão criados e são maravilhosos. Sinto muita saudade de você, mas sei que deve estar feliz vendo que todos estamos bem e felizes. Deus a abençoe e desejo que esteja cercada de luz.

No mesmo instante, outro facho de luz caiu sobre Marina que, emocionada, sorriu e disse:

— Obrigada, minha amiga, por ter cuidado tão bem dos meus filhos e do Norberto também. Fiquei muito braba quando descobri que havia tomado o meu lugar, mas agora entendo que não poderia ter acontecido nada melhor. Obrigada por sua amizade e pelo muito que fez para os meus filhos. Deus a abençoe e também lhe mando muita luz.

Marina, agora, deixou que suas lágrimas caíssem por seu roso. Olhou para Donata e Ademir e, chorando, disse:

— Não sei o que falar nem como me desculpar pela minha atitude de agora há pouco. Não entendo como pude me deixar levar pelos sentimentos de ódio e vingança... não sei como pude duvidar de que Deus é sábio. Obrigada por terem me trazido nesta hora de volta. Obrigada por toda felicidade que estou sentindo.

— Não precisa ficar assim, Marina. O espírito é formado de energias e de sentimentos, se assim não fosse, seríamos todos como máquinas. Todos os sentimentos podem e devem aflorar. O que não se pode é cultivá-los e torná-los companheiros de nossa jornada. Quando ficamos nervosos e até muito brabos por algo que julgamos não ser justo, podemos brigar, xingar, sentir raiva e até odiar, por alguns instantes, isso é compreensível e perdoado, o que não podemos é guardar esses sentimentos negativos para sempre. Os únicos sentimentos que devem ser cultivados e guardados são o do amor e o do perdão. Esses, sim, só acrescentam.

— Obrigada por essas palavras, Donata. Estou envergonhada, mas ao mesmo tempo feliz por ver que meus filhos se tornaram pessoas de bem e por saber que minha amiga continuou cuidando deles para mim.

— Você, que sempre disse não ter tido missão nem tempo para cumpri-la, descobriu que não teve só uma, mas duas e que, por sinal, as cumpriu muito bem. A missão, Marina, não precisa ser algo importante, que seja reconhecido por todos, mas qualquer coisa que o espírito escolhe antes de renascer. Até o simples fato de deixar uma criança nascer ou ser bons pais, dedicando-se a eles e lhes dando um rumo para a vida, encaminhando-os para o caminho do bem. Ser um bom trabalhador e agir com orgulho e honestidade no trabalho que escolheu e que lhe dá o sustento. Algumas vezes, apesar de toda dedicação, os filhos tomam outro rumo e não aquele desejado, mas, mesmo assim, se os pais deram e fizeram tudo o que tinham e o que sabiam, a culpa nunca pode ser deles, mas do próprio filho que tem seu livre-arbítrio e fez suas escolhas. Por isso, não importa qual trabalho seja, todos são importantes e todos são uma missão. Assim, também, como o simples ato de viver, pois, com isso, estamos evoluindo e caminhando. Todos somos importantes e estamos vivendo da maneira que nós mesmos escolhemos. A missão pode estar em um simples gesto de carinho ou em uma palavra amiga. Portanto, tudo o que fizermos, terá de ser bem feito.

— Tem razão, Donata. Agora entendi e, perdão novamente por meu rompante. Prometo que não se repetirá...

— Sinto muito, minha amiga, mas se repetirá muitas vezes. O espírito precisa ser muito iluminado para que isso não aconteça, mas, para isso, não poderá mais nascer na Terra, pois sua luz será tão forte que cegará a todos.

Ouviram um chamado que vinha da parte debaixo da casa. Prestaram atenção e Marina, feliz, disse:

— É a voz do Norberto, Donata! Ele chegou e vou poder vê-lo! Por que será que está gritando tanto?

Prestaram mais atenção e ouviram Norberto, chamando:

— Nanci, Joel, Berenice onde estão?

Eles ouviram, saíram do quarto e desceram correndo a escada. Ademir, Donata e Marina também fizeram o mesmo. Assim que chegaram à sala, Joel gritou, no que foi acompanhado por Nanci e Berenice que chegaram logo depois dele.

— Vovô, vovó, vieram para minha formatura! Não podem imaginar como estou feliz! Mas por que não nos contaram que viriam?

Os avós se abraçaram ao neto e o senhor respondeu:

— Queríamos fazer uma surpresa, meu filho! Acreditou, mesmo, que nós não viríamos? Como poderíamos deixar de estar aqui, no dia da sua formatura? É o primeiro médico da família!

— Mas não ficará só nele, meu velho! Não se esqueça que, daqui a dois anos, Berenice também se formará e teremos, na família, dois médicos!

— Isso mesmo, minha velha. Você está muito bem e bonito, Joel! Você também, Berenice! Está linda e cada vez mais parecida com sua mãe!

— Estou muito feliz que tenham vindo, vovô, e muito mais por dizer que sou parecida com minha mãe, pois, por tudo o que ouvi dela, era muito boa e sei que era linda...

— Era, sim, muito boa, minha filha e, também, linda. Por isso, será lembrada sempre com muito amor e saudade, mas, agora, podemos entrar? Sabe que estamos velhos e cansados, além do mais, vocês sabem como temos medo de avião e que só viemos porque não poderíamos perder um acontecimento como esse. Estamos muito orgulhosos de vocês, meus netos.

— Sabemos que os dois têm medo de avião, vovó, por isso acreditamos quando disseram que não poderiam vir.

— Somente seu pai sabia, nem para Nanci ele contou.

Norberto olhou para Nanci, fez uma careta e sorriu.

Marina acompanhava toda a conversa. Olhou bem para os pais e para Norberto, depois disse:

— Como eles estão velhos, Donata...

— Já lhe disse que, para eles, o tempo passou. Essa é a vantagem de se morrer cedo. — disse rindo e, também, fazendo uma careta de deboche.

— Norberto, apesar de mais velho, ainda está muito bonito... eles estão felizes, não Donata?

— Estão sim. São pessoas boas de coração e merecem a felicidade que estão sentindo. Deus não se cansa de mandar felicidade para aqueles que merecem e que se amam. O mesmo fez com você e com Nanci.

— Como assim?

— Você e Nanci estão há muito tempo juntas. Sempre uma procurou ajudar a outra. Na encarnação passada, ela fez algumas escolhas erradas, se desviou do caminho e fez alguns abortos. Nesta encarnação, ela não teria filhos, mas você, para poder ajudá-la, quis nascer e dar a luz aos filhos que seriam dela. Foi você quem fez a escolha, Marina.

— Eu, Donata?

— Sim, Marina, você. Por isso, não podemos julgar ou condenar aqueles que nos parecem inimigos. O sentimento de ódio, raiva e julgamento nos levam a imaginar coisas que realmente não existem. Quando você viu Nanci tomando o seu lugar, imaginou uma porção de coisas que na, realidade, não eram verdadeiras. A ansiedade e a falta de fé no amor de Deus nos fazem muito mal e nos fazem praticar atos impensáveis. Agora, que já entendeu o que aconteceu, nossa missão terminou e podemos ir embora.

— Não podemos ficar para assistir à cerimônia de formatura, Donata? Gostaria muito de estar presente...

— Quer mesmo, Marina?

— Sim, não sei quando poderei voltar outra vez...

— Está bem, mas assim que terminar a cerimônia, iremos embora.

Marina sorriu e pensou:

Obrigada, meu Deus, por esta oportunidade. Valeu a pena o tempo que demorou e que esperei...

Todos, da família, conversavam alegres e, como não poderia deixar de ser, falaram muito em Marina e na falta que sentiam dela e como estaria feliz, estivesse onde estivesse, por ver o filho se formando. Ademir, Donata e Marina, também felizes, acompanhavam a conversa.

À noite, estavam todos presentes, vestidos com suas melhores roupas. Dona Cora, sentada ao lado de Nanci e de Bethe, disse, baixinho.

— Nossos netos estão mesmo muito bonitos, não é, Bethe?

— Estão sim, Cora. Neste momento, só posso agradecer a você e a Nanci por terem cuidado deles tão bem. Muito obrigada... sei que ela deve estar feliz por ver a nossa felicidade...

Joel recebeu o diploma e em pensamento, disse:

Este diploma é para a senhora, mamãe. Sei que deve estar olhando por mim. Obrigado por permitir que eu nascesse...

Marina, que estava chorando ao seu lado, com a ponta do dedo lhe enviou um beijo.

Assim que terminou a cerimônia, Ademir, disse:

— Chegou a hora, Marina, precisamos ir embora. Humberto está nos esperando. Sabe que deveríamos voltar hoje.

— Precisamos mesmo ir agora, Ademir?

— Sim, nossa maior preocupação quando iniciamos essa viagem, era saber como você se comportaria ao ver que Nanci estava na sua casa e era tratada com tanto carinho por seu marido, família e filhos. Graças a Deus, o que pensávamos que ia acontecer, aconteceu e você entendeu e aceitou. Agora, está na hora de voltarmos e prepararmos uma nova viagem.

— Está bem. Sei que é preciso. Espere um momento, que vou me despedir de todos.

Ele consentiu com a cabeça e ela se aproximou de todos eles que, após a cerimônia conversavam. Sorriu e mandou um beijo para todos, que no mesmo instante se lembraram dela. Depois, Ademir disse:

— Agora, vamos nos dar as mãos, fazer uma oração e iniciarmos a nossa viagem de volta.

Estavam dando-se as mãos, quando ouviram uma voz que disse:

— Estão pretendendo partir sem mim?

Olharam para o lado de onde vinha a voz e viram Jaime que sorria. Marina ao vê-lo, perguntou, feliz.

— Você voltou, Jaime, vai conosco?

— Sim, Marina, voltei e, se permitirem, gostaria de ir com vocês.

— Claro que sim, Jaime. Seja bem-vindo.

— Por que decidiu voltar, Jaime?

— Percebi que Sandra e a minha família estão muito bem e que minha presença não será necessária, Marina. Sei que, voltando com vocês, poderei ajudar a muitos outros que realmente precisam. Poderei voltar sempre que quiser para ver como estão ou em uma hora difícil, não é mesmo, Ademir?

— Claro que sim, Jaime e, se for necessário, voltaremos com você. Estou feliz que tenha decidido isso.

— Também estou, Ademir. Ainda bem que tive tempo para decidir. Já pensou como seria se me visse aqui sozinho?

— Como todos os espíritos, encarnados ou não, nunca estaria sozinho, Jaime. Sempre que precisasse, haveria algum amigo para ajudá-lo.

— Obrigado, Ademir, e espero poder corresponder a tanta bondade.

— Bem, Ademir. Acho que já podemos ir embora, não é?

— Vamos, sim, Donata, mas, antes precisamos fazer uma oração, agradecendo pelo êxito de nossa viagem e para pedirmos que tudo corra bem na nossa volta.

Deram-se as mãos. Marina agradeceu por poder rever sua família novamente e por poder constatar que eles estavam bem, principalmente, seus filhos que estavam caminhando no rumo certo. Também agradeceu por saber que o elo que os separava fora quebrado e que todos, dali para frente, estariam bem. Ademir e Donata agradeceram por sua missão ter sido cumprida e terem alcançado todos seus objetivos. Depois da oração, desapareceram e iniciaram a viagem de volta.

O retorno

Quando entraram na sala de Humberto, foram recebidos com um sorriso e abraços. Ele sabia como havia sido a viagem, mas queria ouvir deles. Depois dos abraços, olhou para todos e, ansioso, disse:

— Por seus rostos e por terem voltado tão depressa, Ademir, posso deduzir que tudo correu bem e que cumpriram muito bem o trabalho que lhes foi confiado.

— Graças a Deus, Humberto. Tudo saiu como o planejado e como imaginávamos e estamos felizes por estarmos de volta. Sabe o quanto gostamos de viver aqui.

— Também estou feliz por tudo ter dado certo e por estarem de volta. Tinha certeza de que não precisava me preocupar, conheço a dedicação de vocês dois.

Ademir e Donata apenas sorriram.

Humberto, dizendo isso, olhou a todos nos olhos e perguntou a Marina:

— E você, Marina, o que achou da viagem?

Marina, que estava feliz por ter voltado e que não conseguia disfarçar a alegria que estava sentindo, sorriu e respondeu:

— Estou muito feliz, Humberto, e só posso agradecer a todos por terem me dado essa oportunidade.

— Fico contente por ver que está feliz. Quando saíram daqui, estava preocupado com a reação que você teria ao visitar sua casa e ver como tudo havia mudado. Temi que não entendesse o que havia acontecido, mas, por sua expressão, acho que minhas preocupações eram infundadas. Você me parece muito bem.

Marina olhou para os outros e depois para Humberto e, emocionada, disse:

— Preciso confessar que, no início, foi muito difícil. Quando vi Nanci na minha casa, tomando o meu lugar e o amor de meu marido e dos meus filhos, confesso que me precipitei e quase coloquei tudo a perder.

— A reação dela foi melhor do que esperávamos, Humberto. Sabíamos que ela ficaria nervosa e isso aconteceu, mas logo depois ela entendeu e ficou feliz.

— Você sabe, Donata, que o espírito estando encarnado ou não tem sempre as mesmas reações. Quase sempre se deixa levar pela ansiedade e pela precipitação. Quando algo acontece, antes mesmo de constatar se é verdade, já começa a imaginar como foi e onde e, na maioria das vezes, tudo o que pensa não passa de imaginação. Muitas vezes, quando descobre o seu erro, já é tarde e tem muita dificuldade de consertar o erro cometido. Foi isso que quase aconteceu com você, não foi, Marina.

— Sim, foi isso exatamente o que aconteceu, Humberto. Quando descobri que Nanci estava em minha casa e que havia tomado meu lugar, me esqueci de como éramos amigas e de tudo o que, juntas, havíamos passado. Julguei que ela houvesse me traído e a nossa amizade também. Fiquei tão nervosa que minhas energias começaram a se modificar e eu fui me afastando de Ademir e Donata. Quando ela chamou minha atenção sobre isso, me assustei e resolvi esperar e pensar. Ela insistiu para que eu ouvisse a conversa de Nanci e de meu filho, Joel, até o fim. Quando terminaram de conversar, graças a Deus, pude perceber, a tempo, o engano que estava cometendo.

— Sua revolta era de se esperar, mas o importante é que, depois, entendeu e percebeu que a ida de Nanci para sua casa foi a melhor coisa que poderia ter acontecido, não foi?

— Foi, sim. Ela dedicou sua vida para o bem-estar de todos e nunca deixou que meus filhos, embora fossem crianças quando parti, me esquecessem. Não só meus filhos, como meu marido também. Você acredita, Humberto, que meu marido, até hoje, traz uma fotografia minha em sua carteira e que ela sabe e não se importa?

— Acredito, Marina. Vocês são amigas de muito tempo. Uma sempre esteve ao lado da outra.

— Hoje sei. Donata me contou o que aconteceu e porque eu me casei, tive meus filhos e morri. Precisei voltar para entender qual tinha sido a minha missão. Nunca imaginei que havia cumprido uma, imagine duas!

— Isso sempre acontece, Marina. As pessoas não imaginam que um simples gesto de amizade para alguém que precisa seja uma missão. Todos querem fazer coisas grandes, que sejam reconhecidas, mas nem sempre isso acontece.

— Agora aprendi isso e nunca mais vou reclamar...

— Como foi a sua ida ao hospital e sua ajuda com aqueles que estavam se preparando para voltar? Conseguiu ficar ao lado deles sem problema?

— Assim que conheci Leopoldo, fiquei com muita pena dele. Seu corpo estava coberto por feridas e tive de me retirar, mas, em seguida, conheci Irene e me comovi com sua história e com sua vontade de me ajudar. Além deles, conheci Marconi, ele é um espírito maravilhoso e muito iluminado.

— Sim, embora ainda esteja um pouco preso ao sentimento que sente por Aurélia, não deixa de continuar ajudando a todos que precisam. Ele é muito dedicado e isso já lhe tem rendido dividendos que ele próprio não imagina. Vamos continuar torcendo para que ele, com o tempo, consiga se libertar de Aurélia e que ela também encontre seu caminho.

— Tem razão, Humberto. Ele está se esforçando e vai conseguir. Enquanto isso não acontece, sabemos que ele continuará ajudando a muitos, na hora do retorno.

— Como está Aurélia, Ademir?

— Quando a deixamos, parecia estar bem. Conseguimos afastar as entidades que estavam com ela. Ficando só, poderá pensar sobre sua vida e no que fará com Alberto e Matilde. Esperamos que ela entenda que esse amor é impossível e continue com sua vida e possa fazer tudo o que prometeu.

— É, Ademir, só nos resta esperar. Tudo o que poderia ser feito por ela, vocês fizeram. Agora, só depende do seu livre-arbítrio. Quem mais conheceu, Marina?

— Outra figura maravilhosa, Bartolomeu! Ele é um espírito iluminado, nunca vi tanta luz, nem tanta humildade. Ele me ensinou que não importa a aparência, mas sim o valor de cada um. Até hoje, embora seja um espírito de muita luz, está ao lado de Levi, seu amigo de sempre, ajudando-o. Nunca pensei que houvesse espíritos que, por uma amizade, preferissem renascer e viver na simplicidade como aquela que vi.

— Sim, Marina, Bartolomeu e Levi, assim como você e Nanci, estão juntos há muito tempo. Bartolomeu caminhou mais rápido, mas, mesmo assim, está esperando que seu amigo o alcance. Essa é a força da amizade e do amor, mas, por tudo o que estou sabendo, parece que Levi, desta vez, está se saindo muito bem e cumprindo tudo o que prometeu e, logo, Bartolomeu poderá, se quiser, voltar para cá e nos ensinar muito.

— Também percebemos isso, não foi, Donata?

— Tenho certeza que sim. Levi está determinado a continuar praticando e ensinando para muitos a religião que tanto perseguiu. Desta vez, ele e Bartolomeu poderão se encontrar e continuar juntos na caminhada.

— Você, Jaime, ficou feliz em poder estar presente na hora do nascimento do seu filho?

— Muito, Humberto. Foi um momento maravilhoso e mais feliz por ver que minha família está unida e que ele poderá crescer em paz.

— Sim, o elo de ódio foi quebrado. Daqui para a frente, só haverá muito amor para ser trocado.

— Estou feliz por vocês, Marina e Jaime, e espero que possam voltar a trabalhar em outras equipes.

— Esse é meu desejo. Como médico, aprendi muito e sei que poderei ajudar a muitos.

— Também aprendi muito e gostaria de continuar trabalhando com vocês, Donata e Ademir, que tiveram tanta paciência comigo. Como Marconi disse, vocês são os melhores.

Donata e Ademir sorriram. Ele disse:

— Vamos ver, Marina... vamos ver. Existem outras equipes que precisa acompanhar para aprender e ser, no futuro, a líder da que escolher e mais gostar.

— Poderei escolher aquela de que mais gostar?

— Claro que sim, Marina. A corrente de seu grupo, que começou há muito tempo, está em paz, com elos só de amor, por isso, você, por enquanto, não precisará renascer e terá, assim, tempo para aprender muito.

— E se eu quiser renascer, Ademir?

— Sempre, usando de seu livre-arbítrio, poderá fazer o que quiser. Humberto, preciso lhe fazer uma pergunta.

— Pode fazer, Ademir.

— Assim que chegamos e estávamos olhando a praça na cidade onde Marina havia vivido a última encarnação, encontramos Maria, um espírito guardião que precisava de ajuda. Nós ajudamos no que foi possível, mas não entendi por que não fomos avisados que isso aconteceria.

— É verdade, Ademir. Depois que foram embora, recebemos o pedido de ajuda. Maria estava sozinha e não sabia como agir. Dissemos para ela que não precisaria se preocupar, que a ajuda logo chegaria. Eu sabia que vocês estavam por ali e que vocês, mesmo que não tivessem sido avisados, se encaminhariam para o lugar e que a encontrariam. Foi isso que aconteceu. Como foi, conseguiram ajudar Leni?

— Não entendo como ela pode reclamar da vida! Aquela moça tem tudo para ser feliz e fica procurando problema onde não existe!

Todos olharam para Marina que, novamente, havia interrompido a conversa. Donata sorriu e disse:

— Como pode ver, Humberto, apesar de tudo, Marina continua a mesma curiosa de sempre.

Ele sorriu e disse:

— Sabe que isso acontece sempre, Donata. Marina sempre foi curiosa e continuará sendo por muito tempo, mas, com isso, aprenderá muito.

Marina baixou os olhos. Humberto continuou:

— Tem razão, Marina. O que viu acontecer com Leni

acontece com muitos espíritos quando estão encarnados e até com muitos que não estão. Embora os outros, assim como você, pensem que eles têm tudo para serem felizes, eles não enxergam dessa maneira e sofrem sem motivo aparente e agindo assim, atraem para o seu lado, outros espíritos que como ele, sentem a mesma coisa e isso, muitas vezes, como aconteceu com Leni, pode ser muito perigoso.

— Percebi isso, mas, no final, acho que ela ficou bem, não foi, Donata?

— Foi sim, Marina. Com nossa ajuda, mas principalmente com a de sua mãe, ela, ao menos, parou para pensar. Tomara que consiga encontrar seu caminho.

— Se isso não acontecer?

— Sempre terá amigos espirituais a intuindo para o bem. Como sabe, nunca estamos sozinhos, Marina.

Marina sorriu, Humberto disse:

— Agora acho que precisam descansar. Sei que estão cansados e precisando refazer suas energias.

— Tem razão, Humberto, estamos mesmo. Podemos ir?

— Claro que sim, Ademir. Que Deus os abençoe por tanta dedicação.

Sorrindo, despediram-se e saíram. Já no corredor, Marina disse, alegre:

— Não vejo a hora de contar para Ana e para as companheiras lá de casa como foi a nossa viagem.

— Faça isso, Marina. Se transmitir tudo o que viu, com certeza as ajudará muito.

Sorrindo, desapareceram.

Epílogo

Marina chegou a casa e foi recebida, com muito carinho e alegria, por Ana e suas companheiras. Como podia se esperar, ela contou em detalhes o que havia acontecido durante a viagem e o quanto havia aprendido. Quando terminou de falar, Ana perguntou:

— Seu receio quanto aos doentes e aos hospitais mudou, Marina?

— Graças a Deus, Ana. Entendi que tanto a doença como a morte fazem parte do aprendizado. Hoje, posso cuidar de qualquer doente ou entrar em qualquer hospital que não sentirei nunca mais o medo e horror que sentia.

— Isso é muito bom, Marina. Vejo que essa viagem lhe fez muito bem, mas, agora, acho que está na hora de descansar e se preparar para a próxima.

— Tem razão, Ana, é isso que vou fazer.

Dizendo isso, se afastou e foi para seu quarto.

O tempo passou e Marina continuou trabalhando no hospital, não mais no serviço burocrático, mas, agora, ao lado de Jaime, atendendo aos doentes que chegavam e precisavam de auxilio. Ademir e Donata continuaram trabalhando, viajando e levando, nessas viagens, outros que precisavam aprender.

Um dia, Marina estava no hospital e foi avisada de que Humberto a estava chamando. Ficou eufórica, pois sabia que sempre que isso acontecia era sinal de que uma missão importante lhe seria dada. Isso era o que mais esperava desde o dia em que voltou.

Rapidamente, foi se encontrar com Humberto. Assim que chegou, ficou mais feliz ainda por encontrar Donata,

Ademir e Jaime. Eles a receberam com sorrisos e abraços, no que foram correspondidos.

Após os abraços, Humberto disse:

— Marina, nós a chamamos para perguntar se quer fazer parte, novamente, da equipe de Donata e do Ademir!

Ela não conseguia acreditar que aquilo estava acontecendo, sabia que só assim poderia voltar para sua casa e rever os seus. Respondeu, muito emocionada:

— Claro que quero, Humberto. Quando os acompanhei, aprendi muito, mas sei que tenho ainda muito o que aprender. Se quiserem me levar, vou ficar muito agradecida.

— Está bem, se todos estão de acordo, podem se preparar.

Todos saíram dali, alegres. Já lá fora, Marina pôde abraçar Donata e dizer:

— Que bom que está aqui, Donata! Não pode imaginar como estou feliz em rever você e também você, Ademir, não precisa ficar triste...

Ele sorrindo, disse:

— Ainda bem que se corrigiu, pensei que não estivesse feliz por me ver...

— Claro que estou. Vocês dois foram, para mim, amigos preciosos e estou muito feliz por poder acompanhá-los outra vez. Muito obrigada.

— Não precisa agradecer, Marina. Você se comportou muito bem. Como estamos voltando para rever nossos amigos e saber como estão, conversamos com Humberto sobre o fato de que nada seria mais justo do que levá-la conosco.

— Vamos visitar todos eles?

— Sim. Precisamos ver como estão.

— Vamos até minha casa?

— Claro que sim, Marina. Não teria sentido chamarmos você se não fosse para que pudesse visitar sua casa e rever os seus. Sabemos que, embora esteja envolvida em seu trabalho no hospital, deseja saber como eles estão.

— Fazer parte de uma viagem com vocês já me deixou muito feliz, imagine agora, sabendo que poderei rever todos os que ficaram.

— Está bem, amanhã bem cedo, iremos. Fiquem prontos. Sabem que a viagem, embora tranqüila, requer alguns cuidados e preparação.

Como o combinado, no dia seguinte bem cedo se encontraram na sala de Humberto e, após uma oração, seguiram viagem.

Chegaram à praça da cidade onde Marina havia morado. Outra vez, ela ficou feliz por estar ali novamente. Assim que chegaram, Ademir disse:

— Fizemos uma programação para esta viagem e decidimos que iremos, em primeiro lugar, até a casa de Leni para ver como ela está. Maria está nos esperando.

Marina e Jaime apenas ficaram olhando, sabiam que deveriam fazer o que Donata e Ademir decidissem.

A um sinal de Ademir, todos deram as mãos e, em poucos minutos estavam na casa de Leni e foram recebidos com um sorriso alegre por Maria, que disse:

— Estou muito feliz por terem voltado.

— Como estão as coisas, Maria?

— Muito bem, Donata, mas acho que seria bom vocês mesmo verem. Estão todos dormindo, somente Isabel está preparando o café. Logo mais, todos acordarão. Vamos até a cozinha?

Concordaram e foram. Isabel estava junto ao fogão. Logo em seguida, Leni entrou, dizendo:

— Bom-dia, mamãe.

— Bom dia, minha filha. Parece que está muito bem.

— Estou sim e estive pensando que, desde aquele dia em que a senhora me disse aquelas coisas a respeito da minha vida, de como ela era boa e que não me faltava nada, comecei a refletir sobre tudo e vi que a senhora, como sempre, tinha razão.

— Você sabe que, até agora, não sei de onde saiu tudo aquilo! Não sei como comecei a falar.

— Não importa como, mamãe, mas no que resultou. Pensando em minha vida, percebi como estava sendo tola e egoísta, pois tinha tudo para ser feliz e estava me preocupando com coisas que só existiam na minha cabeça. Hoje, estou feliz e devo à senhora...

— Não, minha filha, deve a você mesma que, graças a Deus, entendeu e mudou seu pensamento.

— Sim, mudei mesmo...

— Mudou até em relação ao Flávio. Nunca pensei que desmancharia o namoro.

— Nem eu, mas, com a mudança do meu pensamento, descobri que estava dando uma importância exagerada a ele e a tudo que tinha à minha volta. Descobri que era muito jovem e que tinha uma vida toda pela frente, que precisava, antes de pensar em me casar, ter uma profissão, me realizar como pessoa e, só depois de conseguir isso, teria condição de saber o que queria realmente para minha vida. Conversei a respeito de tudo isso com Flávio e pedi um tempo. Ele, a princípio, não acreditou no que eu estava falando, mas depois percebeu que eu estava falando muito sério e concordou. Hoje, estou estudando, trabalhando e me encontrando com ele, de vez em quando. Estamos livres para descobrir se nos gostamos realmente.

— Como você mudou, minha filha...

Mudei mesmo, mamãe, e estou feliz por isso. Obrigada por todas aquela coisas que me disse.

Ademir e os outros, ao ouvirem aquelas palavras, sorriram. Marina disse:

— Parece que ela está feliz mesmo...

— Está sim, Marina. Tanto que quase não fico mais aqui. Só venho de vez em quando e hoje, especialmente, porque sabia que viriam. Com a melhora dela, posso me dedicar a outros trabalhos. Preciso agradecer por terem me ajudado naquele dia.

— Nada disso, Maria, só fizemos a nossa obrigação. Nós lhe demos a direção, ela, usando do seu livre-arbítrio, fez suas escolhas, — Ademir disse, não conseguindo disfarçar a imensa felicidade que estava sentindo. Olhou para os outros que sorriam também. Em seguida, abraçou Maria e continuou falando:

— Agora, Maria, já que tudo está bem, precisamos ir embora. Leni continuará na sua caminhada e, se continuar assim, apesar de alguns problemas que surgirão, continuará a superar a todos e ser feliz.

— Sei que precisam ir embora e só posso agradecer mais uma vez por terem atendido ao meu pedido de ajuda.

Despediram-se e foram embora.

Em poucos instantes, estavam novamente no hospital onde Marconi trabalhava e foram recebidos por Luci que, ao vê-los, correu, abraçou-os e disse, feliz:

— Que bom que chegaram! Estava morrendo de saudade! Marconi sabe que chegaram e logo estará aqui.

— Também estamos felizes por termos voltado e encontrado você que, como sempre, só tem amor para nos dar.— Donata disse abraçando a amiga.

— Vocês chegaram?

Todos se voltaram para o lado de onde vinha a voz e viram Marconi que, com os braços abertos, caminhava na direção deles. Abraçaram-se e Ademir disse:

— Como sempre, você está muito bem. Estamos passando por aqui por pouco tempo. Viemos rever a todos e saber como as coisas continuaram depois que fomos embora.

— Tenho muito para contar, mas vamos para minha sala? Hoje, tudo aqui está tranqüilo, só teremos trabalho mais tarde, quando um irmão nosso vai chegar.

Foram para a sala dele, depois de todos sentados, Ademir perguntou:

— Como todos ficaram, Marconi?

Leopoldo, infelizmente, se uniu a alguns amigos que o conduziram por caminhos não muito bons. Ele vai e volta até sua antiga casa para ver se alguém mexeu em seu cofre, mas não consegue ver. Irene continua ao seu lado, tentando fazer com que ele se modifique. Já dissemos a ela que não adianta fazer isso, pois somente ele poderá modificar sua situação, mas ela insiste em continuar tentando.

— Poderia dizer que ela está errada, mas também sabemos que, fazendo isso, talvez ela consiga, não só a ele, mas também a alguns daqueles que estão ao seu lado.

— Olhou para os outros e continuou falando: — Vocês viram como é triste o fim daquele que é preso ao dinheiro ou a qualquer coisa? O espírito não evolui, fica preso no tempo e no espaço...

— Donata, Irene, ficando ao lado dele, deixará de evoluir também?

— Não, Marina, pois apesar de estar ao seu lado, está tentando fazer com que ele entenda e só tem sentimento de amor. Sabemos que mais cedo ou mais tarde, ele entenderá.

— Alice e Fernando, como estão?

— No começo foi muito difícil para eles aceitarem a morte do filho. Alice se revoltou, pois não entendia o porquê, apesar de ter sido sempre tão dedicada à espiritualidade, seu filho tinha morrido daquela maneira, mas com o tempo e a ajuda de Fernando e de Rosa, ela foi aceitando e, hoje, continua trabalhando na casa espírita, conversando com as pessoas, agora com mais seriedade e verdade. Sabe como falar com alguma mãe que perdeu seu filho. Ela está muito bem, Fernando e Rosa, também.

— Que bom, Marconi! Estou muito feliz em ouvir isso. Quando partimos, eu estava um pouco preocupada com Alice, mas Ademir me alertou que, embora ela estivesse nervosa e frustrada, tudo o que havia aprendido durante tantos anos não poderia ser esquecido e, mais uma vez, graças a Deus, ele tinha razão.

— Foi isso mesmo que aconteceu, Donata. Com o tempo e aos poucos com a ajuda do plano espiritual e, principalmente, com a de Rosa, Alice foi se lembrando de tudo e conseguiu aceitar aquilo que não poderia ser mudado. Vocês não vão acreditar no que aconteceu com Maria Isabel e com a Ieda...

— Que aconteceu, Marconi?

— Lembram-se quando Maria Isabel disse que o doutor Evaristo estava interessado em Ieda?

— Sim, claro que nos lembramos...

— Pois é, Maria Isabel estava com a razão. Depois que ela foi levada e Ieda ficou definitivamente sozinha, se aproximou de Evaristo e eles descobriram que tinham muito em comum, se casaram e estão muito bem.

— Que ótima notícia! Por essa nem nós esperávamos...

— Essa você não conseguiu prever, Donata, — Ademir disse, com ironia e sorrindo.

Donata, fingindo estar nervosa, disse:

— Não percebi, mas que eu estava desconfiada... eu estava. Marconi, e a Aurélia, conseguiu se libertar daquela obsessão por Alberto? Conseguiu ficar livre das entidades que poderiam chegar a qualquer momento?

— Infelizmente não, Donata. Ela ainda sente o mesmo por Alberto, mas como ele e Matilde têm muita proteção e para que Aurélia tenha tempo para repensar sua vida, ela foi mandada embora do trabalho e agora, estando distante de Alberto, já não pode fazer muito. O bom é que nunca mais voltou a procurar alguém que lhe fizesse outro "trabalho" como aquele. Espero que, com o tempo e estando longe dele, ela encontre um novo caminho. Sabem o quanto gosto dela e ficarei, ansioso, esperando esse dia. Alberto voltou para casa e, tanto ele como Matilde, estão bem, continuando a caminhada.

— Tenho certeza de que esse dia chegará, meu amigo. Falando em amigo, sabe como está Bartolomeu?

— Ele continua lá, ao lado de Levi, mas está feliz, pois Levi está se comportando muito bem e levando a sério a religião que tanto combateu, mas em que agora acredita com todas as suas forças. Bartolomeu sabe que, se continuar assim, quando chegar a hora, poderão ir embora juntos e continuar a caminhada em paz.

— Bem, de um modo geral, a nossa viagem produziu bons frutos. À exceção de Leopoldo e Aurélia, parece que todos encontraram seu caminho. Só podemos pedir a Deus que eles continuem caminhando e que, tanto ele como ela, também encontrem o deles.

— Nossa visita aqui terminou, Marconi. Precisamos ir até à casa de Jaime e depois à de Marina, para vermos como anda tudo por lá. Só assim, poderemos avaliar os resultados de nossa viagem, — Ademir disse, sorrindo aliviado.

— Está bem, Ademir. Só posso dizer que estou muito feliz com a visita de vocês e que estarei esperando por uma próxima. Espero que não demorem muito.

— Também estamos felizes por termos voltado, Marconi e não demoraremos muito, não. Em breve estaremos aqui para continuarmos o nosso trabalho, mas agora, vamos? Precisamos saber como está sua família, Jaime.

Jaime sorriu, feliz, e disse:

— Pode imaginar como estou morrendo de saudade de todos eles, mas, principalmente, de meu filho, o pequeno Mariano.

— Sabemos, sim, e, por isso, estamos indo agora.

Despediram-se de Marconi e desapareceram.

Em poucos instantes, estavam na casa de Gina e Armando. Ainda do portão, Jaime disse, muito feliz:

— A casa está linda, Ademir! Toda pintada e o jardim também está lindo!

— Sim, tem razão, Jaime. No momento em que o elo de ódio foi quebrado, a paz entrou nesta casa e, com a felicidade de todos, o mal foi afastado, por isso não só as pessoas estão felizes, como a própria casa demonstra isso e, principalmente, as flores no jardim.

Entraram na sala e o rosto de Jaime se iluminou. Perguntou, entusiasmado:

— Que está acontecendo aqui, Ademir?

Realmente, ele tinha que se emocionar. A sala estava toda enfeitada com o tema de circo e em uma mesa, também enfeitada, havia, além de doces e refrigerantes, um bolo no formato de um rosto de palhaço e em seu centro, uma velinha com o número um.

— Não está acontecendo nada, Jaime, apenas seu filho está fazendo um ano e esta é uma festa para ele...

— Um ano, Donata? Já faz um ano?

— Sim, Jaime, já faz um ano. Nem parece que o tempo passou, não é? Você tem trabalhado tanto que nem se deu conta, mas já se passou um ano...

Jaime, com lágrimas nos olhos, continuou olhando. Gina, Armando e seus irmãos estavam ali. Sandra, sorrindo, mostrava o bolo para Mariano, que, um pouco incomodado com tantas pessoas e parecendo não entender o que estava acontecendo, olhava para tudo. Olhou para um lado e sorriu.

Marina acompanhou o olhar do menino e, assustada, perguntou:

Donata, essas crianças que estão aqui, não estou vendo os fios prateados, quer dizer que elas estão...

— Sim, Marina. Elas não estão encarnadas, foram convidadas por Mariano para sua festa.

— Como convidadas?

— A criança, quando nasce, traz presente em sua memória tudo o que se passou. Ela é acompanhada por espíritos amigos que estão sempre protegendo-as. Essas crianças que estão aqui são amigos espirituais que se transformaram em crianças e estão aproveitando a festa.

— Nunca pensei que isso pudesse acontecer.

— Claro que acontece. Os amigos espirituais ficam felizes quando aqueles a quem protegem estão felizes e sempre comparecem a suas festas e comemorações. Não foi isso que fizemos, quando Joel, seu filho, se formou? Você, mesmo que eles não soubessem, estava ali e muito feliz!

— Tem razão, eu estava ali e muito feliz...

— Pois então, como Mariano é uma criança e como esta festa foi feita para crianças, nada mais justo que crianças do plano espiritual estivessem aqui.

— Nunca pensei, mas estou adorando tudo o que estou vendo. As crianças parecem felizes...

— Parecem, não, Marina, estão. Mas quem está mais feliz é Jaime, olhe para ele.

Marina olhou e viu Jaime se aproximando de Sandra, que estava com o menino nos braços. O menino virou o rosto para o lado em que ele se aproximava, estendeu a mãozinha e disse:

— Papa... papa...

Sandra e Gina, que também estavam ali, se admiraram, pois foi a primeira palavra que Mariano falou. Acreditando que entenderam o que estava acontecendo, voltaram-se para o lado em que o menino estava olhando. Sandra, emocionada e com lágrimas, disse:

— Seu pai está aí, Mariano, ele veio visitar você.

Jaime, com a ponta dos dedos, mandou um beijo para o menino, Sandra e Gina. Mariano soltou uma gargalhada. Gina e Sandra apenas deixaram as lágrimas caírem. Jaime, embora emocionado, sorriu, olhou para os outros e disse:

— Ele está cada vez mais parecido comigo, não é, Marina?

— Está sim, Jaime. Ele é lindo...

Um rapaz se aproximou, colocou o braço sobre o ombro de Sandra e disse:

— Sandra, está na hora de assoprar a velinha e cortar o bolo.

Sandra enxugou as lágrimas com a mão, olhou para o lado em que pensava estar Jaime, sorriu e respondeu:

— Está mesmo, Anselmo. As crianças estão ficando impacientes.

Foram para o lado da mesa, onde as crianças que compareceram à festa, já estavam preparadas para cantar e soprar a velinha. Não só aquela que os presentes podiam ver, mas todas as outras também. O ambiente era só de alegria.Jaime ficou olhando para o amigo, Anselmo e para Sandra. Depois, intrigado, perguntou:

— Que está acontecendo, Donata? Ele parece que está interessado nela! Ele era meu amigo!

— Era, não, Jaime. Continua sendo. Por ser seu amigo, ficou muito triste com sua morte. Quando Mariano nasceu, ele veio visitar e dali para frente começou a freqüentar sua casa. Ele adora o menino. Entre ele e Sandra está nascendo algo que é além de uma amizade.

— Que está querendo dizer, Donata?

— Estava programado que eles se encontrariam e, juntos, criariam Mariano com muito amor e carinho.

— Eles vão se casar?

— Ainda não sabem, mas isso vai acontecer.

— Sandra vai me esquecer?

— Claro que não, Jaime. Ela e ele continuarão gostando de você da mesma maneira, mas eles têm uma missão para cumprir juntos: criar Mariano.

— Não entendo como isso pode acontecer, sempre pensei que ela me amava...

— Isso era verdade, ela amava você e ainda ama, mas seu caminho agora é outro. Seu compromisso é com a espiritualidade, o dela é com sua caminhada e essa caminhada deverá ser feita ao lado de Anselmo.

— Estou um pouco confuso...

— Sim, mas essa confusão passará. Estamos aqui para comemorarmos a felicidade de Mariano e de toda sua família que, hoje, vive em paz. Sua mãe, finalmente, aceitou sua morte e, com a ajuda de Diogo, compreendeu que não teve culpa do que aconteceu a você. Hoje, ela sabe e aceita que foi tudo uma vontade sua e que você planejou antes de nascer e que está feliz no plano espiritual, trabalhando e continuando sua caminhada. Como pode ver, todos estão felizes.

Jaime olhou para os presentes. Realmente, estavam felizes. Mariano, cansado e sem entender muito bem o que estava acontecendo, olhou para Jaime, sorriu e se aconchegou no colo de Anselmo, que o segurava com muito carinho e pensava:

Jaime, meu amigo. Sei que deve estar em um lugar muito bom, só quero lhe dizer que sinto muito sua falta e que amo seu filho e farei tudo para que ele seja feliz. Esteja em paz, meu amigo...

Jaime, sorriu. Entendeu o que Donata disse, olhou para o amigo e disse:

— Obrigado, meu amigo, sei que ele e Sandra estarão em boas mãos.

De onde estava, olhou para todos e, com a ponta dos dedos, jogou luzes brancas que iluminaram toda a sala. Os outros fizeram o mesmo. Naquele momento, tanto Sandra como os outros familiares lembraram-se dele.

Emocionado, olhou para Ademir, dizendo:

— Agora, acho que podemos ir, Ademir. Estou feliz por ver todos bem, mas não posso me esquecer que preciso continuar minha caminhada, enquanto eles continuam a deles.

— É isso mesmo, Jaime. Vamos passar rapidamente pela casa de Marina, depois, voltaremos para casa.

Saíram dali e em poucos instantes estavam na casa de Marina. Outra vez, ainda do portão, ela olhou para casa e pôde perceber que ali, também, parecia que a paz reinava. Entraram.

Nanci, com uma toalha branca nas mãos, subia a escada. Eles a seguiram e entraram em um quarto. Sobre uma cama, Cora estava deitada e, ao seu lado, estavam Marconi e Luci, que sorriram ao vê-los. Marina olhou primeiro para ela, depois para eles e perguntou, assustada:

— Que estão fazendo aqui, Marconi?

— Posso responder a essa pergunta, Marina, mas acredito que já saiba a resposta.

— Vieram buscar dona Cora?

— Sim, Marina, esse é o nosso trabalho. Achamos que, por ser sua amiga, gostaria de estar aqui para poder acompanhá-la de volta para casa.

Marina se aproximou, olhou para Cora, que parecia dormir. Nanci sentou-se em um banquinho que havia perto da cama e ficou olhando, com muito carinho, para a mãe. Norberto entrou no quarto e perguntou:

— Como ela está, Nanci?

— Está dormindo, aliás, como tem feito nos últimos dias.

— O médico disse que ia ser assim.

— Tem razão, Norberto, mas, por mais que tente, não consigo aceitar que ela vai partir para sempre.

Cora abriu os olhos. Nanci perguntou:

— Está tudo bem com a senhora, mamãe?

— Está sim, Nanci. Não precisa se preocupar, Marina está aqui, ela veio me buscar.

Nanci e Norberto se olharam. Ela, assustada e intrigada, perguntou:

— Marina está aqui, mamãe?

— Está sim, aqui, bem pertinho e está sorrindo...

Norberto e Nanci olharam para o lado para onde Cora estava olhando. Não viram Marina, mas ela sim e sorriu. Norberto, com lágrimas nos olhos, pensou:

Você está aqui, Marina? Obrigado por ter vindo. Preciso lhe dizer que eu e nossos filhos estamos bem, mas quero lhe pedir que, assim como veio buscar dona Cora, venha também, quando chegar minha hora, me buscar.

Sabe que a amei, amo e continuarei amando para sempre. Embora Nanci seja uma mulher maravilhosa e tenha me ajudado a criar nossos filhos, nunca esqueci você, meu amor...

Marina ouviu o que Norberto pensou e, com lágrimas, sorriu e acenou com a cabeça.

Ademir e Marconi começaram a cortar os fios que prendiam o espírito de Cora ao corpo e ela voltou a dormir. Nanci tentou falar com ela, mas percebeu que não adiantava, pois ela não a ouvia. Nanci, voltando o olhar para onde pensava estar Marina, pensou:

— *Obrigada, minha amiga, por estar aqui. Sabe como estou sofrendo por saber que minha mãe está para partir, mas, sabendo que você está aqui, sei que ela estará bem encaminhada e que a conduzirá em paz. Sabe que fiz o possível para cuidar da sua casa, do seu marido e de seus filhos com muito carinho e amor. Até mais, minha amiga, e que Deus abençoe você...*

Marina, agora, chorava, de emoção e felicidade. Os fios que prendiam o espírito de Cora ao corpo foram cortados lentamente. Nanci e Norberto perceberam quando ela deu um suspiro bem fundo e parou de respirar. Nanci segurou com força o braço de Norberto e começou a chorar e a dizer:

— Vá em paz, mamãe, sei que Marina está aqui e, por isso, sei também que a senhora será encaminhada com muito amor e carinho. Até logo, mamãe, sabe que vou sentir muito sua falta, mas, um dia, nos reencontraremos.

Norberto ouviu e acompanhou em pensamento as palavras de Nanci e, também emocionado, pensou:

Marina, sei que está aqui, por isso quero repetir que sempre a amei e que, um dia, nos reencontraremos. Vá em paz, meu amor...

Marina sorriu, e com a ponta dos dedos, enviou beijos aos dois. Cora, assim que deu o último suspiro, abriu os olhos e viu Marina que estava ao seu lado. Sorriu, dizendo:

— Sabia que você estava aqui, Marina. Obrigada por ter vindo me buscar...

— Estou, sim, dona Cora, e não poderia deixar de vir

buscá-la. A senhora e Nanci foram muito importantes em minha vida. Estes são meus amigos que também estão aqui.

Cora olhou para todos e percebeu o grande amor que era transmitido em cada olhar. Donata disse:

— A senhora agora está em nossas mãos, durma e não se preocupe com mais nada.

Cora sorriu e, sem perceber, adormeceu.

Ademir e Donata despediram-se de Marconi e Luci. Depois, seguraram em seus braços, cada um de um lado, e desapareceram. Marina, feliz por ter estado ali naquele momento, os acompanhou.

Chegaram à casa de Ana, que já os esperava. Levaram Cora para um quarto e a colocaram em uma cama. Marina, após cobri-la com um lençol azul claro, perguntou:

— Quando ela vai acordar, Donata?

— Quando estiver pronta. Não se preocupe, Marina, ela está muito bem.

— Sei disso e não sei como transmitir a alegria que senti por ter estado ali no momento em que ela se desprendeu do corpo. Obrigada a vocês dois por terem me dado essa oportunidade e desejo fazer um pedido, posso?

— Claro que sim, Marina.

— Vocês permitiriam que eu continuasse a fazer parte desta equipe? Quando me convidaram para participar, não imaginei como seria maravilhoso trabalhar nela e ao lado de vocês...

Donata olhou para Ademir, sorriu e respondeu:

— Também ficamos felizes em trabalhar com você, Marina, saiu-se melhor do que imaginávamos, mas não pode continuar conosco, não por enquanto.

— Por que, não, Donata? — perguntou desapontada.

— Nossa equipe é apenas uma das muitas que existem. Como você mesma viu, existem outras que cuidam de outros casos. Aquela que cuida da reencarnação, da ajuda em hospitais, que dá atendimento aos jovens que se deixam enganar pelas drogas, as que cuidam das crianças e de suas mães, no momento do nascimento e tantas outras. Achamos melhor que você participe de todas ou quase todas para, depois, decidir em qual quer permanecer. Em nossa equipe, além de estarmos presentes na hora do desligamento, levamos espíritos, como você e Jaime, para que aprendam. Somos, sim, uma espécie de professores. Por isso, após descansarmos alguns dias, levaremos para a nossa viagem outros dois como vocês.

Marina não gostou daquela resposta, mas sabia que eles tinham razão. Sorriu e disse.

— Está bem, Donata. Como sempre, vocês têm razão. Vou participar de outras equipes, mas tenho certeza de que, no final, vou querer continuar com vocês.

Donata sorriu, a abraçou, dizendo.

— Está bem, Marina. Vamos ver como vai ficar. Precisamos descansar e você também. Fique em paz.

Ademir sorriu e balançou a cabeça, concordando com Donata. Abraçaram-se e, sorrindo, desapareceram.

Chegaram a uma praça, onde, de uma fonte jorrava uma água cristalina. Sentaram-se em um banco e Donata disse:

— Ela se saiu muito bem, não foi, Ademir?

— Sim, Donata, muito mais do que imaginamos. Nosso trabalho está completo. Agora, ela poderá participar de qualquer outra equipe. Está preparada.

— Você também, Jaime. Está preparado para trabalhar em qualquer outra equipe.

— Sinto que sim, Donata, e só posso agradecer a vocês por tanta paciência e bondade...

— Nada de agradecimentos, Jaime. Também já estivemos como vocês, participando pela primeira vez de uma equipe. Como Bartolomeu nos disse quando o agradecemos por ter permitido que participássemos de sua equipe: não precisam agradecer, só fiz o meu dever. Além do mais, o conhecimento traz muito mais responsabilidade. Hoje, sabemos que ele estava com a razão. Agora precisamos ir, Jaime. Continue sua caminhada, sabendo que, por mais difícil que possa parecer, que em momentos de dificuldade, uma equipe de socorro estará dizendo:

Não se desespere meu irmão, estamos a caminho...

— Aprendi isso, Donata, sei que é assim que funciona, pois nosso Pai celestial nunca nos abandona.

Donata e Ademir sorriram. Abraçaram Jaime e, cercados de muita luz, desapareceram.

Jaime, com os olhos, seguiu a luz e pensou:

Até breve, meus amigos, e que essa luz aumente cada vez mais.

Sorriu e também desapareceu.

Fim

Leia, a seguir,
o 1º capítulo
do livro

A Vida é Feita
de Escolhas

Elisa Masselli

A Vida é Feita de Escolhas

Preciso falar com alguém

Marilda estava dormindo, quando o telefone tocou. Acordou assustada. Atendeu. Do outro lado da linha uma voz desesperada disse:

— Marilda! Algo terrível aconteceu! Preciso da sua ajuda! Venha, por favor!

— Que aconteceu? Alguém está doente? Algum acidente?

Não é nada disso, mas preciso de você! Preciso falar com alguém senão vou cometer uma loucura!

— Calma! Está me deixando nervosa! Diga ao menos alguma coisa! Dê uma pista!

— O Antero me abandonou!

— O quê? Como foi isso?

— Não consigo falar por telefone! Preciso que venha!

Marilda olhou para o relógio.

— Já são mais de duas horas da madrugada! Está muito tarde! Não quer deixar para amanhã?

— Não! Não posso esperar! Estou ficando louca!

— Deixe para amanhã!

Não! Tem que ser agora! Você é ou não é minha amiga?

— Claro que sou sua amiga, mas são duas horas da manhã. – disse, sonolenta.

A voz do outro lado da linha disse gritando e chorando:

— Não está entendendo? O Antero me abandonou!

Marilda sentou-se na cama; embora sonolenta e ainda aturdida com aquela notícia, pensou: "A situação parece mesmo grave."

— Está bem, estou indo ai, só vou pegar minha bolsa e as chaves do carro. Irei em seguida.

— Venha depressa, sinto que vou enlouquecer!

— Fique calma! Estou indo agora mesmo...

Foi o que fez. Levantou-se, foi até o banheiro, lavou o rosto, passou um pente pelos cabelos, pegou a bolsa, as chaves e saiu apressada. Já no carro, enquanto dirigia, pensava: "Embora seja muito tarde para sair de casa, preciso ir, já que sou, e sei disso, a melhor amiga dela. Que terá acontecido? Por que ele fez isso?"

Chegou na casa de Fernanda o mais rápido possível. Estava nervosa, preocupada. Tocou a campainha. Fernanda abriu a porta, toda descabelada e, chorando muito, abraçou-se à Marilda.

— Por que demorou tanto? Não podia ter vindo mais rápido? Estou desesperada! Não sei o que fazer!

Marilda quis responder, dizer a ela que aquela não era hora de alguém sair de casa, que teve medo e estava preocupada, mas percebeu que não adiantaria. Sentiu que ela não a ouviria, notou que, naquele momento, a única pessoa que existia no mundo para Fernanda era ela mesma, com todo o seu sofrimento. Mas, mesmo assim, embora sentindo um pouco de raiva pelo modo como foi recebida e tentando entender a amiga, disse:

— Fique calma! Estou aqui. Deixe-me entrar!

Fernanda soltou-a, calada, saiu da frente da porta e Marilda conseguiu entrar. Dentro da sala sentou-se em um sofá. Fernanda sentou-se em outro, na ponta, quase caindo e chorando muito.

— O Antero foi embora! Me abandonou!

— Como foi isso e por quê? Quando foi?

— Não sei! Chegou dizendo que estava indo embora, porque não me amava mais, quer viver a sua vida. Não entendi!

— Disse isso? Falou dessa maneira?

Fernanda, chorando com mais intensidade, gritou:

— O pior você não sabe ainda! Fui trocada por outra!

Marilda ao ouvir aquilo não acreditou. Sem saber o que dizer e preocupada, ficou calada por alguns segundos:

— Está bem, Fernanda. Vai me contar tudo, mas antes sente-se direito. Desse modo como está vai cair do sofá.

Fernanda ajeitou-se no sofá, mas continuou chorando.

— Como posso ficar calma, Marilda? Fui trocada por outra! Fui largada! Jogada fora! Depois de tantos anos, tantas lutas!

— Por outra? Ele disse isso? Quem é essa outra?

— Não, ele não disse que estava me trocando por outra, mas só pode ser isso! Não sei quem ela é! Tentei argumentar com ele, perguntar, mas Antero não quis conversar, me deixou, arrumou suas roupas em uma mala e foi embora...

— Foi para onde?

— Não sei! Simplesmente foi embora!

Marilda percebeu que a amiga estava muito nervosa e sabia que a primeira coisa a fazer era acalmá-la:

— Já está tarde, eu estou com sono...pode me oferecer um café? Preciso manter-me acordada.

Percebeu que Fernanda ficou nervosa. Sabia que ela poderia querer fazer qualquer coisa naquele momento, menos café. Mas Marilda apenas sorriu, não deixando outra alternativa para Fernanda a não ser fazer um café. Muito a seu contragosto, dirigiram-se para a cozinha. Lá, Fernanda começou a preparar o café. Marilda ficou olhando para a amiga, sem saber o que falar. Afinal, elas eram amigas desde criança, moraram na mesma rua, estudaram na mesma escola. Sabia que ela estava desesperada. Entendia a situação. Sabia que era muito difícil aceitar um abandono, muito pior quando é por outra pessoa.

— Que pretende fazer, Fernanda? Qual é o seu plano?

Tentando enxugar os olhos, Fernanda respondeu:

— Não sei! Estou desolada, não consigo pensar!

— Entendo que não saiba o que fazer, mas o que você não pode mesmo é ficar nesse estado!

— Quer que eu fique como? Quer que eu saia rindo, dançando ou cantando? Será que não entendeu? Fui abandonada!

— Espere aí! — disse Marilda ao perceber o tom de ironia da amiga. — Está bem que esteja nervosa, mas isso não te dá o direito de ser rude comigo! Estou aqui tentando te ajudar e você vem com toda essa grosseria!? Estou indo embora!

Fernanda percebeu que a amiga estava brava e disse:

— Desculpe, não pretendi ser grosseira, só estou nervosa!

Marilda apenas sorriu, compreensiva. Tentava entender. Ficou olhando para ela e pensando? "O que te dizer? Eu estou sentindo muita pena de você, por tudo que está passando. Entendo que esteja fora de si e por isso nem pensa no que diz. Sei que preciso te dizer algo, mas o quê? O que se diz em uma hora como esta?"

Fernanda terminou de preparar o café, colocou sobre a mesa duas xícaras, o açucareiro e o bule. Em seguida, sentou-se ao lado de Marilda. Enquanto tomavam o café, Marilda pensava em sua amiga Dinorá, que é psicóloga e faz terapias de casais, e no que ela sempre diz:

"Sabe, Marilda, o ser humano é engraçado. Pode ter lá as suas diferenças. Ele pode ser de qualquer raça, seguir qualquer religião, torcer para qualquer time de futebol, pertencer a qualquer partido político, ser pobre ou rico... mas quando se trata de amor, de sentimento, somos todos iguais e reagimos da mesma forma. Por exemplo, quando tomamos conhecimento que nós ou alguém a quem amamos está com uma doença grave, a nossa primeira reação é a de negociação. Nunca aceitamos que aquilo esteja acontecendo conosco, porque, no íntimo, todos nós julgamos livres de qualquer mal. Tudo pode acontecer com os outros, mas conosco, nunca! Quando algo de ruim nos acontece, não aceitamos, pois somos orgulhosos, mas isso não é errado! Somos apenas seres humanos."

— Não posso acreditar, isso não está acontecendo, não comigo! — Fernanda disse, com a xícara na mão.

Ao ouvir a amiga, Marilda voltou dos seus pensamentos. Tentou mais uma vez confortá-la:

— Talvez não esteja acontecendo mesmo. Deve ser uma crise passageira! Você só tem que ter paciência. Tenho certeza que logo Antero voltará e pedirá desculpas!

— Não vai, não! Ele falou com muita tranqüilidade! Sabia o que estava dizendo!

— Acredita mesmo nisso?

— Claro que sim! Acha que estou dessa maneira por quê? Senti que ele estava sendo sincero! Já o conheço há muito tempo! Sei que pensou muito antes de tomar essa decisão...

Novamente Marilda não soube o que dizer. Ficou apenas olhando para um ponto distante. Fernanda, mais calma, mas ainda chorando, levou a xícara até os lábios. Marilda ficou calada, respeitando o silêncio da amiga, mas sentia que precisava dizer algo, só que não sabia o quê. Só conseguiu pensar: "Ninguém pode imaginar a situação em que um amigo fica diante de uma cena como esta. Na maioria das vezes, como acontece agora, se é amiga do casal. Eu sou amiga dos dois e sempre julguei que fossem um casal perfeito. Nunca havia passado por minha cabeça que um dia estariam nessa situação. Estou mesmo sem saber o que dizer."

Marilda percebeu que Fernanda estava distante, parada, sem dizer uma palavra, parecia estar se distanciando da realidade. Ficou preocupada. Sabia que precisava ajudá-la, mas como? O que dizer naquele momento? Com voz firme, perguntou:

— Fernanda, em que está pensando?

— Estou fazendo uma pergunta a mim mesma, mas não encontro resposta. Mesmo assim, não consigo parar de perguntar – respondeu, voltando os olhos para Marilda.

— Que pergunta é essa?

— Por que isso aconteceu? Por que ele me deixou?

Marilda sorriu intimamente ao constatar que Dinorá tinha razão. Só que ela, Marilda, não era psicóloga, por isso estava ali sem saber o que responder. Também nervosa, disse:

— Não sei, eu era a última pessoa neste mundo que poderia um dia imaginar estar, a esta hora da madrugada, aqui, ao teu lado, discutindo um assunto como esse...não sei o que te dizer.

Novamente se calaram.

De acordo com a Dinorá, Marilda pensou:

"Após a aceitação, geralmente essa é a pergunta que todos fazem. Por que comigo? No dia em que conversávamos sobre isso, lhe perguntei, intrigada:

— Por que isso acontece?

— Porque somos orgulhosos.

Lembro que olhei assustada e espantada para ela, que sorrindo me perguntou:

— Está assustada? Não precisa se assustar, graças a Deus somos orgulhosos. O orgulho é um sentimento humano e como todos os sentimentos é divino. Isso mesmo, divino. Em todos os sentimentos e coisas, existem sempre dois lados. O certo e o errado. O orgulho, quando bem direcionado, pode e deve ser usado. Não entendeu?

Com a cabeça, eu disse que não, e ela continuou:

— Podemos e devemos sentir orgulho de nossa família, do nosso trabalho, quando feito com amo; do nossos filhos, quando fazem algo que nos dê prazer, ou alguma coisa que encha de orgulho; da casa que construímos; do diploma que conseguimos após muito estudo; de uma luta vencida e de muitas outras coisas. Eu por exemplo, tenho muito orgulho dos pacientes que consegui ajudar. Fico feliz quando eles me dizem: — Obrigado, doutora, a senhora abriu os meus olhos.

— Isso sempre acontece? — perguntei.

— Nem sempre, mas quando acontece me causa um prazer enorme. Aí, eu me orgulho do meu trabalho.

— Orgulha-se?

— Sim, o orgulho nos empurra para a conquista, para a felicidade. Mas, se ele for usado do modo errado, pode nos destruir. Quando colocamos nosso orgulho à frente de tudo. Quando queremos nos mostrar a outra pessoa de uma maneira que sabemos não ser a verdade, pois nos conhecemos. Quando ficamos tristes por não sermos aceitos em determinadas ocasiões ou lugares. Quando o nosso orgulho nos leva a esconder os nossos sentimentos em relação a outra pessoa. Quando sentimos orgulho do que temos e, por isso, achamos que podemos desprezar aqueles que não têm. Quando somos trocados por outra pessoa. Quando nos sentimos abandonados. Aí sim, o orgulho é pernicioso."

Pensando sobre o que Dinorá lhe disse, Marilda ficou com uma vontade enorme de contar tudo aquilo para Fernanda, mas não podia, pois sabia que, da maneira como ela estava, não entenderia. Mesmo assim, sentindo ser necessário, falou:

— Fernanda, preciso lhe contar algo que Dinorá falou.

— Lá vem você com psicologia. Não estou para isso.

— Sei o que sente a respeito de psicólogos, algumas vezes sinto o mesmo. Mas parece que aquilo que ela disse tem lógica. Não esqueça que ela faz terapia de casais.

— O que ela disse?

Marilda contou tudo que Dinorá havia lhe dito. Quando terminou de falar, Fernanda a olhou com os olhos arregalados:

— Você e ela estão loucas! Não sou orgulhosa! Só estou sofrendo porque eu amo muito e porque ele foi embora! Porque estou vendo o meu casamento se destruindo! Para vocês é fácil dizer isso, não estão na minha pele! Não está acontecendo com vocês! Eu amo meu marido! Não sei viver sem ele!

— Será que o ama mesmo ou será que apenas o suporta?

— Está louca mesmo! — Fernanda respondeu furiosa. – Claro que amo. Estamos juntos! Claro que o amo!

Será que o estar juntos — Marilda pensou — "há muito tempo, ter uma casa e uma filha, significa amar? Será que ela nunca pensou, que, se não tivesse se casado, poderia ter feito isso ou aquilo? Poderia ter se tornado uma profissional? Será que conseguiu realizar todos os seus sonhos? Será que sua filha a completa? Será que você é feliz Fernanda?"

— Ela se fez todas essas perguntas, mas não teve coragem de fazê-las para Fernanda. Continuou olhando para ela, que estava com um lenço enxugando as lágrimas, e continuou pensando: "Neste momento, tenho uma vontade imensa de te perguntar tudo isso, mas não posso; mas agora, neste momento em que está sofrendo tanto. Sou sua amiga, estou aqui para confortá-la, não para enchê-la de dúvidas."

Olhou fixamente para Fernanda, que estava com a xícara na mão e os olhos tristes, esperando que ela lhe dissesse alguma coisa. Nesse momento, Marilda sentiu a língua arder com vontade de dizer tudo que estava pensando, mas ficou calada. Fernanda, percebendo que ela estava distante, disse:

— Marilda! Responda! Por que isso aconteceu?

Marilda voltou os olhos para ela e pensou: "Agora não tem jeito, vou ter que responder. Você está sofrendo e precisando de uma resposta. Sou sua amiga e preciso dizer o que estou achando de tudo isso. Mas sei que não vai adiantar. Você não entenderia, nem aceitaria, mas vou tentar".

— Não sei. Estou aqui pensando, tentando te ajudar, mas não sei como. Sempre julguei o teu casamento perfeito. Não era?

— Claro que era perfeito! Nos dávamos muito bem. Tivemos algumas brigas como todo casal, mas nada mais sério. Ele foi sempre um ótimo marido e sempre fez tudo que eu quis. É um marido perfeito!

— Você também fez sempre tudo que ele quis?

— Claro que sim!

— Nunca lhe disseram um "não"?

— Não! Claro que não!

— Não sei o que dizer, pois sempre achei que não tinha problema algum!

— Éramos não! Somos um casal perfeito! Ele vai voltar e seremos felizes novamente!

"Preciso encontrar uma maneira de te ajudar, Fernanda. Tenho que levantar teu ânimo, mas como?"

Não encontrando as palavras certas para confortá-la, disse:

— Sendo assim, se tudo estava bem, acredito que isso seja só uma crise da idade e que ele logo voltará. Só precisa ter paciência e esperar.

— Não! Ele não voltará! Ele foi embora.

— Por favor, não volte a chorar. Isso não vai adiantar.

— Será que não entende! — Fernanda gritou furiosa

— O pior de tudo é que fui trocada por outra!

— Pior, por quê?

— Não imagina o que estou sentindo! Estou humilhada! Magoada! Com muita raiva! Tenho vontade de matar aquela sem-vergonha!

— Calma! Isso não vai adiantar. Procure ficar calma para poder encontrar uma solução! Se continuar assim, não conseguirá.

— Que solução? Não sei o que fazer!

— Também não sei, mas sempre há uma solução. Vamos pensar com cuidado! Sei que encontraremos um caminho.

Fernanda tentou se acalmar. Marilda precisava pensar rápido, estava cansada, com sono, mas não podia abandonar a amiga em um momento de crise como aquele.

— Sabe quem é essa outra? Ele disse que tinha outra?

— Não! Ele não disse. Perguntei, mas ele não quis dizer. Mas só pode ter sido por causa de outra. Não existe outro motivo. Preciso descobrir. Preciso saber quem é essa sem-vergonha que roubou o meu marido e destruiu o meu lar. Assim que descobrir vou matá-la! Vou mesmo!

— Ao ouvir aquilo, Marilda voltou a pensar: "Novamente ela está entrando no lugar comum. Porque a outra é a culpada? Por que ela, e não você , é a culpada? Por que o seu marido não é o culpado?"

Ela pensou, mas não falou. Percebeu nos olhos da amiga um brilho diferente, que já conhecia.

"Está tendo uma idéia" pensou: — "Disso tenho certeza."

Fernanda levantou-se, olhou Marilda, bem nos olhos:

— Vou descobrir quem é essa sem-vergonha! Vou descobrir! Aí, ela vai ver com quem está lidando!

— Como vai fazer isso?

— Vou segui-lo por toda parte! Ele vai ter que ir até ela!

— Seguir? Vai mesmo fazer isso?

— Vou sim! Preciso descobrir quem é ela!

— Como vai fazer isso?

— Você vai me ajudar!

— Eu! Como?

— Ele conhece o meu carro e o seu, por isso não podemos usar nenhum dos dois!

— Não estou entendendo...

— Vamos arrumar um carro emprestado de alguém que ele não conheça!

— Vamos?! Está dizendo que nós vamos?

— Claro que vamos! Você irá junto comigo! Não poderei fazer isso sozinha! Não sei qual vai ser minha reação quando encontrar os dois juntos!

— Espere aí! Você não disse que eu teria de participar de tudo isso! Além do mais, quem vai te emprestar um carro?

— Sei lá! Temos muitos amigos, não temos?

— Acredito que sim, mas quem vai querer te emprestar um carro? Ainda mais nas condições em que se encontra?

— Que condições? Estou muito bem!

Marilda percebeu que ela estava nervosa novamente. Precisava pensar rápido no que iria dizer ou fazer: "Que vou fazer? Não posso sair por aí dando uma de detetive! Mas sou sua amiga! Preciso ajudá-la de alguma forma."

— Sei que estou nervosa — Fernanda continuou — Mas também queria o quê? Você tem que arranjar o carro!

— Eu? Não sei a quem pedir!

— Você sempre disse ser minha, agora chegou a hora de provar! Preciso de um carro e você vai ter que conseguir.

— Como vou ter!?

— Claro que vai ter! É a única amiga que tenho! A única em que posso confiar! Não sei o que fazer! Precisa me ajudar! Só tenho você neste momento!

"Você não percebe, mas está confundindo as coisas. A amizade tem um limite. Não podemos exigir, de nossos amigos, coisas que talvez eles não possam fazer. Sei que para você, no momento, isso não tem importância. O que está importando agora é só você e seu enorme sofrimento. Os outros...ora, os outros. Estou nervosa, a minha vontade é sair, ir para minha casa e dormir, mas não posso fazer isso. Não posso te abandonar. Não neste momento, e da maneira como está."

— Estou pensando, mas não encontro alguém que possa ou queira emprestar um carro, Fernanda. Sabe como é, as pessoas, normalmente, têm muito ciúmes de seus carros.

— Que ciúmes! Que nada! Esta é uma hora de desespero! Preciso de um carro! Tente lembrar de alguém! Eu não consigo pensar em ninguém! Você tem mais conhecidos do que eu!

— Nem eu, neste momento, consigo lembrar de ninguém! Espere... Talvez a Ivete...Ela também passou por essa mesma situação! Talvez ela entenda e nos ajude!

— Ótimo! Não a conheço muito bem, mas se passou por isso vai entender e me ajudar. Tem o número do telefone dela?

— Sim, está aqui na minha agenda.

— Então procure e vamos ligar para ela agora!

— Agora? Sabe que horas são? Não podemos fazer isso!

— Não me importo! Preciso de ajuda e não posso esperar!

— Espere aí! As coisas não podem ser feitas dessa maneira! A Ivete tem um emprego, deve estar dormindo! Não temos o direito de acordá-la por um probleminha desse!

— Probleminha! Probleminha!? Como pode dizer isso?

Marilda percebeu que havia dito uma bobagem. Mas agora já está feito. Fernanda estava braba e com razão. Marilda precisava encontrar um meio de se desculpar, mas estava cansada, e no fundo, lá no fundo, achava que era um probleminha mesmo. Sabia também que para Fernanda o problema era imenso.

— Desculpe, mas você está muito nervosa e não está podendo pensar direito. Não podemos telefonar para a Ivete neste momento. Ela tem que levantar cedo e ir trabalhar. Precisamos respeitar a privacidade das pessoas.

— Privacidade? Privacidade? A minha foi mais que desrespeitada. Alguém entrou dentro da minha casa e roubou o meu marido! Destruiu o meu lar!

— Espere aí, ninguém entrou na sua casa. Você foi quem não notou que seu casamento estava terminando!

Fernanda começou a chorar novamente. Marilda percebeu que, mais uma vez, havia falado demais e essa não era a sua intenção. Levantou-se da cadeira em que estava sentada, aproximou-se de Fernanda e a abraçou:

— Desculpe mais uma vez, estamos cansadas. Vamos fazer o seguinte: eu vou embora, vamos tentar dormir. Amanhã bem cedo eu volto e traçaremos um plano. Prometo que vou pensar. Falarei com a Ivete. Está bem assim?

Fernanda não respondeu, apenas continuou chorando. Marilda sentiu que já não poderia mais ajudá-la, não naquele momento. Após alguns instantes, Fernanda disse:

— Não vou conseguir dormir! Não consigo para de sofrer e muito menos de chorar! Estou desesperada!

— Tente! Amanhã terá que estar inteira para poder agir. Eu estou um "prego" e preciso dormir. Boa-noite.

Fernanda não queria que ela fosse embora, mas não disse coisa alguma. Percebeu, finalmente, que Marilda estava cansada mesmo, e que, em seu devaneio, chegou a pensar que ela não queria ajudá-la, que não era mais sua amiga. Ficou calada.

Marilda, embora com um sentimento de culpa, não por não tê-la ajudado, nem por não sentir sua amiga, mas por não ter tido tudo aquilo que realmente estava pensando, entrou no carro. O caminho até a sua casa era longo.

" Como as pessoas sofrem sem necessidade", foi pensando enquanto dirigia. "Eu já havia aprendido com a vida que tudo nela é ilusão. O bem, como o mal, passam. Quando um momento termina, em seguida vem outro. Quando estamos passando por uma situação ruim, julgamos ser o fim do mundo, mas ela passa e, depois de algum tempo, ao nos lembrarmos dela, não acreditamos como foi difícil. Mas não temos mais tempo para pensar nela, pois quase sempre estamos com um outro problema. Assim vamos vencendo as dificuldades. O vencer dificuldades depende de cada um. Alguns conseguem com facilidade, outros não. Mas de uma coisa eu tenho certeza: A cada dificuldade vencida, ficamos cada vez mais fortes. Fernanda está agora vivendo algo novo e, por ser novo, diferente de tudo que conheceu até hoje, está nervosa e ansiosa, mas sei que conseguirá superar".

Finalmente chegou em casa. Ao entrar na sala, olhou para o relógio. Eram cinco horas da manhã. Estava realmente muito cansada. Foi direto para o quarto, deitou-se e adormeceu.

Editora Mensagem de Luz

Títulos da Escritora:

A vida é feita de escolhas
A missão de cada um
À beira da loucura
Deus estava com ele
É preciso algo mais
Encontros com a verdade
Nada fica sem resposta
Nem tudo está perdido
O destino em suas mãos
O passado não importa
Quando o passado não passa
Sempre existe uma razão
Tudo a seu tempo

Recomendado pela escritora:

Desfazendo nós, criando laços
Autor: Wadson P. Souza

Mulheres Fênix - recomeçando a vida
Suas verdades o tempo não apaga
Autor: Américo Simões

Se não amassemos tanto assim
Autor: Américo Simões

ZAP
design & publicidade

Este livro foi impresso na
LIS GRÁFICA E EDITORA LTDA.
Rua Felício Antônio Alves, 370 – Bonsucesso
CEP 07175-450 – Guarulhos – SP – Fax: (11) 3382-0778
Fone: (11) 3382-0777 – e-mail: lisgrafica@lisgrafica.com.br